高职高专“十二五”规划教材

房地产市场调查与预测

第二版

崔发强　臧炜彤　主编

化学工业出版社

·北京·

本书主要讲述了房地产市场调查概论；房地产市场调查的方法和内容；房地产市场调查计划书与问卷设计、态度测量技术；样本设计；房地产市场调查资料的收集、整理与分析；房地产市场调查报告的撰写；房地产市场预测基本理论；定性预测法；时间序列预测法；回归分析题测法等内容。本书坚持基础性、技能性和实用性的特点，以提升就业质量和规划职业发展为主线，将房地产与房地产市场和市场调查与预测有机结合在一起。

本教材适用于应用型本科、高职高专房地产、物业管理、市场营销专业学生及房地产市场调查员、房地产置业顾问、租赁专员，也可作为相关岗前培训教材。

图书在版编目(CIP)数据

房地产市场调查与预测/崔发强，臧炜彤主编．—2版．北京：化学工业出版社，2015.7（2024.2重印）
高职高专“十二五”规划教材
ISBN 978-7-122-24038-5

Ⅰ.①房… Ⅱ.①崔…②臧… Ⅲ.①房地产市场-市场调查-高等职业教育-教材②房地产市场-市场预测-高等职业教育-教材 Ⅳ.①F293.35

中国版本图书馆CIP数据核字（2015）第106280号

责任编辑：李彦玲　　文字编辑：张　阳
责任校对：王素芹　　装帧设计：王晓宇

出版发行：化学工业出版社（北京市东城区青年湖南街13号　邮政编码100011）
印　　装：北京科印技术咨询服务有限公司数码印刷分部
780mm×1184mm　1/16　印张15　字数371千字　2024年2月北京第2版第7次印刷

购书咨询：010-64518888　　售后服务：010-64518899
网　　址：http://www.cip.com.cn
凡购买本书，如有缺损质量问题，本社销售中心负责调换。

定　　价：39.80元

第二版前言

实践是检验真理的唯一标准。历经7年，作为我国出版较早的房地产市场调查与预测专业书籍，在全国50余所本、专科院校，4万余名师生选用和建议下，第二版终于和大家见面了。

在新版中，我们尊重绝大部分教师意见，在不减少知识结构的前提下，增加【案例导入】和【案例引导】，便于学生对章节内容进行形象化的理解，引导学生做好课前准备工作；通过增加【知识目标】和【能力目标】，让学生更加清晰地辨别理论知识和实操技能，便于重点问题重点学习；每章后增加【项目实训】，项目力求真实化，以便更好地培养和提升学生的实践动手能力。

新版由崔发强（山东商业职业技术学院）、臧炜彤（吉林建筑大学）任主编，参加编写的还有：刘柳（山东商业职业技术学院）、于英慧（辽宁信息职业技术学院）、张立辉（吉林亚泰房地产开发有限公司）、赵进（北京交通大学）、李放（北京交通大学）等。本书最后由崔发强、臧炜彤共同修改、总纂和定稿。

借新版出版的机会，特别感谢一贯支持我们的师生和读者朋友。尤其感谢化学工业出版社对修订版的统一筹划和修订建议，才使新版如期与大家见面。

为更好地为读者提供长期不断的服务，便于编读交流，读者朋友可以通过微信搜索公众号 docopy 添加为朋友，即时沟通和交流，也可以发送邮件到 cuifaqiang@126.com 进行交流。期待读者朋友提供更多宝贵的意见，为本书质量提升夯实基础。

新版不仅适用于高职高专院校，同时适用于改革后的应用型本科院校。也可作为房地产市场调查员、预测研究员培训教材及房地产置业顾问、租赁顾问和咨询顾问的参考读本。

由于编者的知识、能力及时间有限，书中难免存在不足之处，敬请专家与读者批评指正。

编者

2015年5月8日

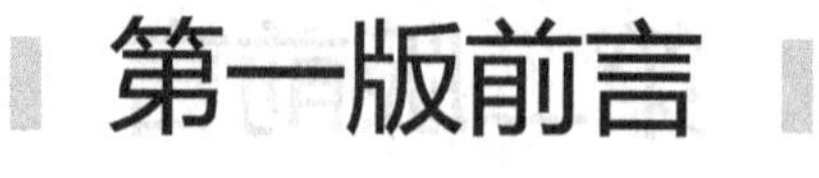

第一版前言

房地产市场信息的不完全透明，加速了房地产市场调查与预测行业的发展。自1992年我国房地产市场出现转折以来，专门从事房地产市场调查与预测的机构和人员大量涌现。

如何更科学、低误差、高效率、低成本地调查与预测房地产市场中时刻变幻的信息，更好地为企业发展决策与营销策略的制定提供更准确的参考依据，就需要更专业的调查与预测的人员参与到活动中来。

本书立足于房地产市场，以职业规划发展为导向，以执业标准实施为依托，以理论学习为基础，以技能训练为重点，由经验丰富的一线老师和相关人士编写而成。

本书由山东商业职业技术学院崔发强、刘柳主编，山东建筑大学赵雷主审。

参加编写的有：刘柳（第一、六章），于英慧（第二、十一章），张立辉（第三章），崔发强（第四、五章），赵进（第七章），沙凤娟（第八、九章），刘亚栋（第十章），李放（第十二章），孙雪亮（第十三章）。本书最后由崔发强、刘柳共同修改和定稿。

本书在编写过程中得到了山东商业职业技术学院（全国重点职业技术学院、全国示范性职业技术学院），齐齐哈尔职业技术学院，辽宁信息职业技术学院，吉林亚泰房地产开发有限公司（中国房地产上市公司十强、中国房地产100强企业），北京交通大学，100.1房地产研究中心的大力支持，在这里一并感谢。

本书可作为高职高专房地产、物业管理、市场营销（房地产方向）、电子商务（房地产方向）等专业教学用书，也可作为房地产市场调查员或预测研究员培训教材及房地产置业顾问、租赁顾问和咨询顾问的参考读本。

由于编者的知识及时间有限，书中难免存在不足之处，敬请专家与读者批评指正。

编者

2008年1月

目录 CONTENTS

Chapter 1 第一章 房地产市场调查概论 Page 001

第一节 房地产与房地产市场 …… 002
一、房地产概述 …… 002
二、房地产市场 …… 007
第二节 房地产市场调查概述 …… 010
一、房地产市场调查的重要性与概念 …… 011
二、房地产市场调查的特征与类型 …… 012
第三节 房地产市场调查的原则和程序 …… 013
一、房地产调查的原则 …… 013
二、房地产调查的程序 …… 013
本章小结 …… 016
思考题 …… 017
项目实训 …… 017

Chapter 2 第二章 房地产市场调查方法 Page 018

第一节 房地产市场调查方法概述 …… 019
一、房地产市场调查的资料来源 …… 019
二、市场调查方法的分类 …… 019
三、房地产市场调查方法的选择 …… 020
第二节 实地调查法 …… 021
一、实地调查法概述 …… 021
二、实地调查的特点 …… 021
三、实地调查的优点和局限 …… 022
四、实地调查的适用范围 …… 022
五、实地调查的过程 …… 022
六、实地调查收集资料的方法 …… 026
七、实地调查法的注意事项 …… 029
第三节 询问调查法 …… 031
一、询问调查法的概念和特点 …… 031
二、询问调查法的种类 …… 031
三、访谈过程及其技巧 …… 032
四、询问调查的实施 …… 035

五、询问调查法的优点 …… 036
六、询问调查法的缺点 …… 036
第四节　网络调查法与电话调查法 …… 036
一、网络调查法常用手段 …… 036
二、进行网络调查法应注意的问题 …… 037
三、网络调查法的优点 …… 037
四、网络调查的目的 …… 037
五、网络调查的对象 …… 038
六、网络调查法技巧 …… 038
七、电话调查法 …… 039
第五节　问卷调查法 …… 039
一、问卷调查法概述 …… 039
二、问卷调查法的特点 …… 040
三、问卷调查法的适用范围 …… 041
四、问卷调查的过程 …… 041
本章小结 …… 043
思考题 …… 043
项目实训 …… 044

Chapter 3　第三章　房地产市场调查内容　Page 045

第一节　房地产市场环境调查 …… 046
一、宏观环境调查 …… 046
二、微观环境调查 …… 048
第二节　房地产市场供需调查 …… 049
一、房地产市场供应调查 …… 049
二、房地产市场需求调查 …… 051
三、房地产市场供求调查常用方法及指标 …… 053
第三节　房地产市场客户需求调查 …… 055
一、房地产市场客户需求属性调查 …… 055
二、房地产市场客户需求动机调查 …… 055
三、房地产市场客户需求行为调查 …… 057
第四节　房地产市场营销组合情况调查 …… 061
一、房地产市场营销活动调研 …… 062
二、房地产价格调研 …… 062
三、房地产促销调研 …… 062
四、房地产营销渠道调研 …… 062
本章小结 …… 062
思考题 …… 063
项目实训 …… 063

Chapter 4 第四章 房地产市场调查计划书与问卷设计 Page 066

第一节 房地产市场调查计划书的撰写 …… 067
一、房地产市场调研计划书的特点 …… 067
二、房地产市场调研计划书的内容 …… 067
三、房地产市场调研计划书基本格式 …… 068
第二节 房地产调查问卷设计概述 …… 069
一、房地产调查问卷的含义 …… 069
二、房地产调查问卷的类型 …… 070
三、房地产调查问卷的目的 …… 071
第三节 房地产调查问卷的基本结构 …… 072
一、房地产调查问卷的基本要求 …… 072
二、房地产调查问卷的基本结构 …… 072
第四节 房地产问卷设计的过程 …… 075
一、确定所需信息 …… 075
二、确定问卷的类型 …… 075
三、确定问题的内容 …… 076
四、确定问题的类型 …… 076
五、确定问题的措辞 …… 081
六、确定问题的顺序 …… 083
七、问卷的排版和布局 …… 085
八、问卷的预试 …… 085
九、问卷的定稿 …… 085
十、问卷的评价 …… 085
本章小结 …… 086
思考题 …… 086
项目实训 …… 086

Chapter 5 第五章 态度测量技术 Page 089

第一节 量表 …… 091
一、态度测量 …… 091
二、测量的量表 …… 091
第二节 测量的基本技术 …… 094
一、评价量表 …… 094
二、等级量表 …… 096
三、配对比较量表 …… 097
四、沙氏通量表 …… 099
五、李克特量表 …… 100
六、语意差异量表 …… 101
七、量表选择对应考虑基本的因素 …… 102
本章小结 …… 103
思考题 …… 104
项目实训 …… 104

Chapter 6 第六章　样本设计 Page 105

第一节　样本设计概述 …… 106
一、样本的选择 …… 106
二、房地产抽样调查的概述 …… 106
第二节　抽样技术 …… 107
一、抽样调查的作用 …… 107
二、抽样设计的过程 …… 107
三、抽样方法的分类 …… 108
第三节　样本容量 …… 110
一、样本容量概述 …… 110
二、抽样误差 …… 111
三、样本容量计算 …… 113
四、样本分配方法 …… 115
五、分配样本时需要注意的事项 …… 116
本章小结 …… 117
思考题 …… 117
项目实训 …… 117

Chapter 7 第七章　房地产市场调查资料的收集、整理与分析 Page 118

第一节　房地产市场调查资料的收集 …… 119
一、原始资料的收集 …… 119
二、二手资料的收集 …… 125
第二节　房地产市场调查资料的整理与分析 …… 130
一、资料的整理 …… 130
二、资料初步列表分析 …… 134
三、资料的分析与解释 …… 137
本章小结 …… 139
思考题 …… 139
项目实训 …… 139

Chapter 8 第八章　房地产市场调查报告的撰写 Page 140

第一节　房地产市场调查报告的写作要求 …… 141
一、调查报告的基本要求 …… 141
二、调查报告的语言运用 …… 141
第二节　房地产市场调查报告的基本结构 …… 142
一、呈送函件 …… 142
二、报告题目 …… 142
三、报告目录 …… 143
四、摘要 …… 143
五、报告的正文 …… 143
六、附录文件 …… 144

第三节　房地产市场调查成果口头报告 …… 144
　一、准备介绍时使用的材料 …… 144
　二、介绍的技巧 …… 144
　三、介绍内容的注意事项 …… 145
本章小结 …… 145
思考题 …… 145
项目实训 …… 145

Chapter 9 第九章　房地产市场预测基本理论 Page 149

第一节　房地产市场预测的含义与作用 …… 150
　一、房地产市场预测的含义 …… 150
　二、房地产市场预测的作用 …… 151
第二节　房地产市场预测的内容与分类 …… 151
　一、房地产市场预测的内容 …… 151
　二、房地产市场预测的分类 …… 153
第三节　房地产市场预测的基本原理 …… 154
　一、类推原理 …… 154
　二、惯性原理 …… 154
　三、概率原理 …… 155
　四、相关性原理 …… 155
第四节　房地产市场预测的一般步骤 …… 155
　一、确定预测的目标，制定预测计划 …… 155
　二、整理、分析市场调查所取得的资料 …… 156
　三、选择预测的方法和模型 …… 156
　四、数据处理并估计预测误差 …… 156
　五、撰写预测报告 …… 156
　六、跟踪并调整预测结果 …… 157
本章小结 …… 157
思考题 …… 157
项目实训 …… 157

Chapter 10 第十章　定性预测法 Page 166

第一节　定性预测方法的概念 …… 167
　一、定性预测方法的优点 …… 167
　二、定性预测方法的不足 …… 167
第二节　对比类推法 …… 168
　一、产品类推法 …… 168
　二、地区类推法 …… 168
　三、行业类推法 …… 168
　四、局部总体类推法 …… 168
第三节　集合意见法 …… 169

一、意见集合法的预测步骤 …… 169
二、常用于房地产市场定性预测中的集合意见法 …… 170
第四节　德尔菲法 …… 171
一、德尔菲法的基本概念 …… 171
二、德尔菲法的应用 …… 171
第五节　其他定性预测法 …… 174
一、购买意见预测法 …… 174
二、消费水平预测法 …… 174
三、转导预测法 …… 174
四、市场因子推演预测法 …… 175
第六节　定性预测法在房地产中的应用 …… 175
本章小结 …… 176
思考题 …… 176
项目实训 …… 176

Chapter 11　第十一章　时间序列预测法　Page 179

第一节　时间序列预测法概述 …… 180
一、时间序列预测法与时间序列 …… 180
二、时间序列预测法的步骤 …… 180
三、时间序列预测法的分类 …… 181
第二节　简单平均法 …… 183
一、简单算术平均法 …… 183
二、加权算术平均算法 …… 184
三、几何平均算法 …… 184
第三节　移动平均法 …… 184
一、简单移动平均法 …… 184
二、加权移动平均法 …… 185
第四节　指数平滑法 …… 186
第五节　趋势外推法 …… 187
一、直线趋势外推法 …… 188
二、曲线趋势外推法 …… 189
三、线性外推法 …… 190
四、指数曲线法 …… 190
五、生长曲线法 …… 190
六、包络曲线法 …… 191
第六节　季节指数法 …… 191
本章小结 …… 192
思考题 …… 192
项目实训 …… 192

Chapter 12 **第十二章　回归分析预测法** Page 193

第一节　回归分析预测法概述 …… 194
第二节　一元线性回归分析预测法 …… 195
一、一元线性回归模型 …… 195
二、随机误差项的假定条件 …… 196
三、回归参数的最小二乘估计 …… 196
四、参数最小二乘估计量的统计性质 …… 199
五、一元线性回归模型的统计检验 …… 201
六、一元线性回归分析预测 …… 204
第三节　多元线性回归分析预测法 …… 207
一、多元线性回归模型 …… 208
二、多元线性回归模型的参数估计 …… 209
三、多元线性回归模型的统计检验 …… 213
四、多元线性回归模型预测 …… 217
第四节　非线性回归分析预测法 …… 219
一、变量间的非线性关系 …… 219
二、非线性回归模型的线性化转换 …… 220
三、非线性普通最小二乘法 …… 222
第五节　回归分析预测法在房地产市场中的应用 …… 225
本章小结 …… 226
思考题 …… 227
项目实训 …… 227

参考文献 …… 228

第一章 房地产市场调查概论

名师导学

房地产市场营销的关键是发现和满足消费者不断变化的需求。为了更好地认知和了解消费者的需求，制定和改进市场营销决策，选择能够满足消费者需求和利润最大化的最佳营销方案，房地产企业管理者就必须对消费者、竞争者、相关群体以及企业所处的环境有相当的了解。房地产市场调查与预测是企业充分了解市场和把握消费者需求的必要手段，是辅助企业决策的基本工具。

知识目标

- 房地产与房地产市场
- 房地产市场调查原则
- 房地产市场调查特征

能力目标

- 房地产市场调查程序
- 房地产市场运行环境

案例导入

在实力参差不齐的开发商中，并不是每一个开发商都清楚地认识到了房地产市场调查的重要性。在许多城市，特别是二级城市中，许多开发商只是委托设计院把图纸设计出来，依样画葫芦地建起了楼房，到了要销售的时候，才知道麻烦来了：设计的户型早已过时，无法满足消费者的需求。特别是民营开发商往往损失惨重。于是，许多"玩房地产成了房东"的个案就成为大家茶余饭后的谈资。

也有一些没有做调查就获得成功的案例。一种是偶然，即碰巧和消费者的心理对路了；另一种是设计者或销售者凭借经验积累已经摸透了市场，并将这些经验应用于设计或销售之中，从而取得了成功。

实际上，后者也是一种房地产市场调查，因为经验是建立在长期的资料收集过程之中的。没有调查就没有发言权，同样，没有调查就没有贴近实际的规划设计和营销策略。

案例引导

在我们身边是否也存在案例中的项目或产品呢？不妨从日常生活中的小物件说起，找一找被我们抛弃了的产品及其被抛弃的原因。如果让你改造一下这个产品，再把它推荐给身边的人购买，你打算怎么做？

第一节　房地产与房地产市场

一、房地产概述

（一）房地产的概念

房地产是指土地以及建筑物等土地定着物，是实物、权益、区位三者的综合体。也可以理解为土地及土地一定垂直空间内的自然物及经过人工劳动的改良物，同时包括以上组成部分所衍生的各种权利的集合体。

（二）房地产的特征

房地产与其他经济物品，包括房地产市场与其他经济物品市场，房地产价格与其他经济物品价格，有许多不同之处。这些不同之处是由房地产的特性决定的。

房地产包括土地、建筑物和其他土地定着物，其中，土地是大自然的产物，是永存的；建筑物和其他土地定着物为人工建造，它定着在土地上。因此，房地产的特性主要取决于土地的特性，是以土地的特性为基础的。从把握房地产价值的角度来看，房地产主要有不可移动、独一无二、寿命长久、供给有限、价值量大、流动性差、用途多样、相互影响、易受限制和保值增值十个特性。

1. 不可移动

土地上的土壤、砂石等虽然可以移动、搬走，但作为立体空间的、完整意义上的土地是不可移动的。建筑物由于“扎根”在土地之中，通常也是不可移动的。有时为了城市道路建设和保护古建筑等，需要对建筑物进行迁移，如广西壮族自治区一级保护文物“英国领事馆旧址”，因城市道路扩建而被整体平移了35m。但是，被迁移的建筑物的数量相对于现存建筑物的数量是微不足道的，而且这种迁移是不得已和很短距离的移动。建筑物被拆除的情况倒是经常发生，但建筑物被拆除后就不是建筑物了，而还原为建筑材料或变成了废物。

由于不可移动，每宗房地产的温度、湿度、日照、交通、周围环境、景观、与其他地方（如市中心）的距离等，均有一定的状态，从而形成了每宗房地产独有的自然地理位置和社会经济位置，使房地产有区位优劣之分。同时值得注意的是，房地产的自然地理位置虽然固定不变，但其社会经济位置却有可能发生变化。因为周围环境、交通条件、与公共服务设施及商业中心的接近程度等，均可以影响房地产的社会经济位置，而这些是可变的。

房地产的不可移动特性，决定了任何一宗房地产只能就地开发、利用或消费，并要受制于其所在的空间环境（邻里及当地的社会经济），而不像其他商品，原料地、生产地、销售地和消费地可以不在同一个地方，可以在不同地区之间调剂余缺，从产地或过剩地区运送到供给相对短缺或需求相对旺盛的地区（你不能够把一宗价值低的房地产搬到一个房地产价值较高的地区）。因此，房地产市场不存在全国性市场，更不存在全球性市场，而是一个地区性市场（城市房地产一般是以一个城市为一个市场），其供求状况、价格水平和价格走势等都是地区性的，在不同地区之间各不相同。

2. 独一无二

独一无二特性又称独特性、异质性、个别性。房地产不像工厂制造出来的产品那样整

齐划一，每宗房地产都有自己的独特之处，可以说没有两宗完全相同的房地产。有时即使两处的建筑物一模一样，但由于坐落的位置或朝向不同，地形、地势不同，周围环境、景观不同，该两宗房地产实质上也是不相同的。

房地产的独一无二特性，使得不可能出现相同房地产的大量供给，从而房地产之间不能实现完全替代，房地产市场不能实现完全竞争，房地产价格千差万别并容易受交易者个别行为的影响。此外，房地产交易难以采取样品交易的方式（尽管有样板房、样板间、位置图、平面图等），应到实地观察、体验，房地产调查也应进行实地查勘。

3. 寿命长久

尽管土地可以被洪水淹没、荒漠化，但它在地球表面所标明的场所、作为空间是永存的。实际上，人们对土地只要给予适当的保护，其生产力或利用价值一般也不会丧失，土地能够被一次又一次地反复利用。因此，可以说土地具有不可毁灭的特性。而其他物品，不论如何保管，经一定年限或较长久的使用之后，最终均难免会损耗，失去使用价值。

建筑物虽然不像土地那样具有不可毁灭的特性，但是一经建造完成，寿命通常可达数十年，甚至上百年。在正常情况下，建筑物很少发生倒塌，只是为了土地的更好利用或更高价值才会被拆除。

由于寿命长久，房地产可以给其占用者带来持续不断的利益。但需要说明的是，从具体占用者的角度来看，土地在有些情况下是有寿命的，特别是通过政府出让方式取得的土地使用权是有期限的。目前，土地使用权出让的最高年限，居住用地为70年，工业用地为50年，教育、科技、文化、卫生、体育用地为50年，商业、旅游、娱乐用地为40年，综合或者其他用地为50年。以出让方式取得土地使用权的，转让房地产后，其土地使用年限为原土地使用权出让合同约定的使用年限减去原土地使用者已经使用年限后的剩余年限。土地使用权出让合同约定的使用年限届满（土地使用者未申请续期，或虽然申请续期但未获批准），续期的到续期届满，土地使用权由国家无偿收回。对此点的认识在房地产市场调查上具有重要的意义。

例如，坐落位置很好、建筑物状况也很好的房地产，可能由于土地使用年限较短而价值较低。另外，对于耕地来说，如果采用一种会破坏土壤肥力的方式耕作，或不注意环境保护，土地也有“毁灭”的可能。

4. 供给有限

土地是大自然的产物，人工生产不出来，地表面积是一个常数，因此，土地总量不仅有限，而且面积不能增加。但对于狭义的土地（可用的陆地）来说，如果地价高到一定的程度，可以吸引人们移山填海或者将荒漠改造为良田，从而“创造”出可用的土地来。中国香港、澳门地区和日本、新加坡等国家，都有填海造地的大量实例。但即使如此，这种“造地”的数量相对于现存土地的数量是微不足道的。由于土地供给有限，在土地上特别是好位置的土地上可建造的建筑物数量也是有限的。

房地产的供给有限特性，使得房地产具有独占性。一定位置特别是好位置的房地产被人占用之后，则占用者可以获得生活或工作的场所，享受特定的光、热、空气、雨水和风景（如海水、阳光、沙滩），或可以支配相关的天然资源和生产力。在市场经济中，利用这些权利，除了占用者之外，他人除非支付相当的代价，否则无法享有。

进一步来看，房地产具有供给有限特性，本质上还不在于土地总量有限和面积不能增加。相对于人类的需要来说，土地的数量目前还是较丰富的。因此，房地产具有供给有限特性，主要是由于房地产的不可移动特性造成的房地产供给不能集中于一处。这可以说是房地产供给与一般物品供给的最主要区别。要增加房地产供给，一是向更远的平面方向发展，将未投入使用的土地转化、开发为人类使用的房地产，例如，对于城市房地产而言是向郊区扩展；二是向更高的立体方面发展，例如增加建筑高度或容积率。但这些又要受到资金、交通等基础设施条件（包括容量）、建筑技术、环境、城市规划等的约束。

5. 价值量大

房地产相对于一般物品来说价值很大，表现之一是单位价值高，如一平方米土地或一平方米建筑面积房屋的价格少则数百元，多则数千元，甚至上万元；表现之二是总体价值大。房地产不可以按平方米等小单位零星消费，能构成一个可利用的房地产的价格，如一块可供利用的土地或一套住房的价格，比一件家具或一台电视机、电冰箱的价格要大得多，一般在十万元以上。对于普通居民来说，其一生的积蓄都可能买不起一套普通商品住宅，更不用说上百万元的一幢别墅，上千万元甚至上亿元的一座商场了。

6. 流动性差

流动性是指在没有太多损失的条件下，将非现金资产转换为现金的速度。凡是能随时、迅速且没有损失或损失较小就能够转换为现金的，称为流动性好；反之，称为流动性差。

房地产由于价值量大，加上具有不可移动和独一无二的特性，使得同一宗房地产的买卖不会频繁发生，一旦需要买卖，通常要花费相当长的时间——几周、几个月，甚至几年来寻找合适的买者，讨价还价的时间通常也较长，因此，房地产的流动性较差。当急需资金或有其他急需而要将房地产快速变现时，只有做相当幅度的降价；有时即使做了相当幅度的降价，也有可能在短期内找不到合适的买者（注意：这里只是讲相当幅度的降价，而没有讲无限制地降价。从理论上讲，没有卖不出去的商品，只有卖不出去的价格。只要价格低到一定程度，总会有人购买）。当急需资金时，替代变卖房地产遇到的难以变现问题的办法，是将房地产抵押或典当来获得资金。

7. 用途多样

用途多样这一特性主要是空地所具有的，土地上一旦建造了建筑物，用途即被限定，一般难以改变。因为可能受到原有建筑结构等的限制而不能改变，或者改变的费用很高而在经济上不可行。当然，也有随着交通、周围环境等的变化，将原厂房改造为办公楼、超级市场或者拆除重新利用的大量实例。

多数土地就其本身来看，可以为多种不同的用途所使用，如用于林业、农业、工业、居住、办公、商业等。如果愿意的话，即使是城市商业中心的土地也可以用来种植农作物，而且该农作物可能与在农地上一样生长得很好。在不同用途中还可以选择不同的利用方式，如居住用途有普通住宅、高档公寓和别墅，有老年公寓、青年公寓和学生公寓，既可以建平房也可以建多层楼房或高楼大厦。

房地产虽然具有用途多样的特性，但现实中房地产的用途并不是随意决定的。房地产的利用存在着不同用途以及利用方式之间的竞争和优选的问题。在市场经济中，房地产拥有者趋向于将房地产用于预期可以获得最高收益的用途和利用方式。

从经济角度来看，土地利用选择的一般先后顺序是：商业、办公、居住、工业、耕地、牧场、放牧地、森林、不毛荒地。同时，土地用途的多样性还受到城市规划、土地用途管制等的制约，用途的选择还应符合这些规定。

8. 相互影响

房地产的开发、利用不像一般物品的使用那样基本上是孤立的，而会对其周围房地产产生影响；反过来，周围房地产的开发、利用也会对该房地产产生影响。例如，影响到通风、采光、视野，带来人流、噪声，使环境美化等。因此，房地产具有相互影响特性。从

而房地产的价值不仅与其本身的状况直接相关，而且与其周围房地产的状况密切相关，受其邻近房地产开发、利用的影响。例如，在一幢住宅附近兴建一座工厂，可导致该住宅的价值下降；但如果在其旁边兴建一个花园，可使其价值上升。修筑一条道路或者建造一个购物中心，对其周边房地产的价值有着更大的影响。

9. 易受限制

政府对房地产的限制一般通过下列 4 种特权来实现。

(1) 管制权 政府为了增进公众安全、健康、道德和一般福利，可以直接对房地产的使用作出限制，如通过城市规划对建筑高度、建筑密度、容积率、绿地率等作出规定，限制在居住区内建设某些工业或商业设施等。

(2) 征税权 政府为了提高财政收入，可以对房地产征税或提高房地产税收，只要这些税收是公平课征的。

(3) 征收权 政府为了公共利益的需要，如修公路、建学校等，可以强制取得公民和法人的房地产，哪怕是违反了被征收的公民和法人的意愿，但要对被征收的公民和法人给予公正补偿。

(4) 充公权 政府可以在房地产业主死亡或消失而无继承人的情况下，无偿收回房地产。

房地产易受限制的特性还表现在，由于房地产不可移动（不可搬走、不可携带），也不可隐藏，所以逃避不了未来制度、政策变化的影响。这一点既说明了房地产投资的风险性，也说明了政府制定长远房地产政策的重要性。一般来说，在社会动乱、战争年代，房地产价格低落，而动产尤其是食品的价格暴涨；在社会安定、经济发展时期，房地产价格往往有上升的趋势，而动产的价格趋于平稳或者低落（扣除通货膨胀因素）。

10. 保值增值

一般来说，豆腐、牛奶之类易腐烂变质的物品，经过一段时间之后，价值会完全丧失；计算机、电视机之类高科技产品，随着更加高新技术的出现，价值会大大降低。但是，房地产由于寿命长久、供给有限，其价值通常可以得到保持，甚至随着时间的推移，价值会自然增加，即自然增值。

引起房地产价格上升的原因主要有 4 个方面：①对房地产本身进行投资改良，如装饰装修改造，更新或添加设施设备，改进物业管理；②通货膨胀；③需求增加导致稀缺性增加，如经济发展和人口增长带动房地产需求增加；④外部经济，如交通条件或周围环境改善。其中，对房地产本身进行投资改良所引起的房地产价格上升，不是房地产的自然增值；通货膨胀所引起的房地产价格上升，不是真正的房地产增值，而是房地产保值；需求增加导致稀缺性增加和外部经济所引起的房地产价格上升，是真正的房地产自然增值。

房地产的保值增值特性是从房地产价格变化的总体趋势来说的，是波浪式上升的，不排除房地产价格随着社会经济发展的波动而波动，房地产本身的功能变得落后、周围环境恶化使房地产价值下降，甚至过度投机、房地产泡沫破灭后出现的房地产大幅度贬值。在某些情况下，房地产价格出现长时期的连续下降也是可能的。例如，日本 1955 年至 1991 年的几十年间地价持续上涨，但 1991 年以后随着“泡沫经济”的破灭，地价一路下滑。

(三) 房地产的分类

对于房地产市场调查的角度来说，有意义的房地产类型的划分主要有 4 种。

1. 按用途划分

房地产按用途来划分，可以分为居住房地产和非居住房地产两大类，具体可以分为下列 10 类。

（1）居住房地产　是指供家庭或个人较长时期居住使用的房地产，可分为住宅和集体宿舍两类。住宅是指供家庭较长时期居住使用的房地产，可分为普通住宅、高档公寓和别墅。集体宿舍可分为单身职工宿舍、学生宿舍等。

（2）商业房地产　是指供出售商品使用的房地产，包括商业店铺、百货商场、购物中心、超级市场、批发市场等。

（3）办公房地产　是指供处理公事使用的房地产，即办公楼，可分为商务办公楼（又称写字楼）和行政办公楼两类。

（4）旅馆房地产　是指供旅客住宿使用的房地产，包括宾馆、饭店、酒店、度假村、旅店、招待所等。

（5）餐饮房地产　是指供顾客用餐使用的房地产，包括酒楼、美食城、餐馆、快餐店等。

（6）娱乐房地产　是指供人消遣使用的房地产，包括游乐场、娱乐城、康乐中心、俱乐部、夜总会、影剧院、高尔夫球场等。

（7）工业和仓储房地产　是指供工业生产使用或直接为工业生产服务的房地产，包括厂房、仓库等。

（8）农业房地产　是指供农业生产使用或直接为农业生产服务的房地产，包括农地、农场、林场、牧场、果园、种子库、拖拉机站、饲养牲畜用房等。

（9）特殊用途房地产　包括车站、机场、码头、医院、学校、教堂、寺庙、墓地等。

（10）综合房地产　是指具有上述两种以上（含两种）用途的房地产。

2. 按开发程度划分

房地产按开发程度来划分，可以分为下列 5 类。

（1）生地　是指不具有城市基础设施的土地，如荒地、农地。

（2）毛地　是指具有一定城市基础设施，但尚未完成房屋拆迁补偿安置的土地。

（3）熟地　是指具有较完善的城市基础设施且土地平整，能直接在其上进行房屋建设的土地。

（4）在建工程　是指建筑物已开始建设但尚未建成，不具备使用条件的房地产。该房地产不一定正在建设，也可能停工了多年。

（5）现房（含土地）　是指建筑物已经建成，可以直接使用的房地产。它可能是新的，也可能是旧的。

3. 按是否产生收益划分

房地产按是否产生收益来划分，可以分为收益性房地产和非收益性房地产两大类。收益性房地产是指能直接产生租赁或其他经济收益的房地产，包括住宅（特别是其中的公寓）、写字楼、旅馆、商店、餐馆、游乐场、影剧院、停车场、加油站、标准厂房（用于出租的）、仓库（用于出租的）、农地等。非收益性房地产是指不能直接产生经济收益的房地产，如高级私人宅邸、未开发的土地、行政办公楼、教堂、寺庙等。

收益性房地产与非收益性房地产的划分，不是看房地产目前是否正在直接产生经济收益，而是看这种类型的房地产在本质上是否具有直接产生经济收益的能力。例如，某套公寓或某幢写字楼目前尚未出租出去而空闲着，没有直接产生经济收益，但仍然属于收益性房地产。因为同类的公寓和写字楼大量存在着出租现象，在直接产生经济收益，该尚未出租出去的公寓和写字楼的收益可以通过“市场法”来求取。收益性房地产可以采用收益法估价，非收益性房地产则难以采用收益法估价。

4. 按经营使用方式划分

房地产的经营使用方式主要有销售、出租、营业和自用四种。根据房地产可能的经营使用方式，可以将房地产分为下列4类，即：销售的房地产、出租的房地产、营业的房地产、自用的房地产。

有的房地产既可以销售，也可以出租、营业，如商店、餐馆。有的房地产可以出租、销售，也可以自用，如公寓、写字楼。有的房地产主要是营业，如宾馆、影剧院。有的房地产主要是自用，如行政办公楼、学校、特殊厂房。

二、房地产市场

（一）房地产市场的概念

房地产是一种特殊的商品，不可移动性是其与劳动力、资本以及其他类型商品的最大区别。虽然土地和地上建筑物不能移动，但它可以被某个人或机构拥有，并且给拥有者带来利益，因此就产生了房地产交易行为。

房地产市场可以理解为从事房地产买卖、租赁、抵押、典当等交易的活动场所以及一切交易途径和形式，是指当前潜在的房地产买者和卖者，以及当前的房地产交易活动。一个完整的房地产市场是由市场主体、客体、价格、资金、运行机制等因素构成的一个系统。与一般市场相同，房地产市场也是由参与房地产交换的当事者、房地产商品、房地产交易需求、交易组织机构等要素构成的。这些要素反映着房地产市场运行中的种种现象，决定并影响着房地产市场的发展与未来趋势。

（二）房地产市场的运行环境

房地产市场的运行环境，是指把房地产市场作为一个中心体时，它周围各种影响因素的总和。在整个市场经济体系中，房地产市场并不是孤立存在的，它时刻受到社会经济体系中各方面因素的影响，同时也会对这些因素产生反作用。按照这些影响因素的性质，我们将其分为8类，包括社会环境、政治环境、经济环境、金融环境、法律制度环境、技术环境、资源环境和国际环境。

（1）社会环境　是指一定时期和一定范围内人口的数量及其文化、教育、职业、性别、年龄等结构，家庭的数量及其结构，各地的风俗习惯和民族特点等。

（2）政治环境　是指政治体制、政局稳定性、政府能力、政策连续性以及政府和公众对待外资的态度等，它涉及资本的安全性，是投资者最敏感的问题。

（3）经济环境　是指在整个经济系统内，存在于房地产业之外，而又对房地产市场有影响的经济因素和经济活动。例如城市或区域总体经济发展水平、就业、支付能力、产业与结构布局、基础设施状况、利率和通货膨胀等。

（4）金融环境　是指房地产业所处的金融体系和支持房地产业发展的金融资源，这种支持主要指所能提供的金融服务、金融支持的力度和状况等。

（5）房地产法律制度环境　是指与房地产业有关的正式规则，包括现行法律与相关政策等。

（6）技术环境　是指一个国家或地区的技术水平、技术政策、新产品开发能力以及技术发展动向等。

（7）资源环境　指影响房地产市场发展的土地、能源、生态等自然资源条件。

（8）国际环境　是指国外发生的事情、状况或关系。国际环境是一种动态的过程，是

国家以外的结构体系对一国的影响和一国对国家以外结构体系的影响所做出的反应两者之间的相互作用、相互渗透和相互影响的一个互动过程。

（三）房地产市场的影响因素

1. 影响房地产市场发展的社会经济因素

房地产市场发展与社会经济环境的依存程度不断增长。影响房地产市场发展的社会经济因素有：社会因素，包括传统观念及消费心理、社会福利、人口数量及状态、家庭户数与规模、家庭生命周期等因素；经济因素，包括经济发展状况、家庭收入水平及分布、物价水平、工资及就业水平、房价租金比等；政策因素，包括房地产供给政策、住房分配和消费政策、房地产金融政策、房地产产权与交易政策、房地产价格政策。

2. 影响房地产市场转变的社会经济力量

随着全球经济一体化进程的逐步推进和信息技术的飞速发展，房地产业的发展与社会经济发展息息相关，其中影响房地产市场转变的主要社会经济力量包括如下内容。

(1) 金融业的发展　房地产业在作为产业出现时，金融资本供给方的决策会直接影响房地产市场的价格，进而影响市场供给及人们对房地产租金价格水平的预期，从而导致市场空置情况及实际租金水平的变化。

(2) 信息、通讯技术水平的提高　信息、通讯技术水平的提高和交通条件的根本改善，会缩短不同物业之间的相对距离、推动不同地域消费品的交流、减少劳动力成本和时间费用。这无疑会改变人们固有的物业区位观念，增加对不同位置物业的选择机会，促进不同地区间的资本流动。

(3) 生产和工作方式的转变　第三产业的壮大、劳动密集型向资金技术密集型的转变、高新技术产业的发展、居家办公模式的出现等，促使人们工作和生活居住模式及观念的转变。

(4) 人文环境的变化　社会老龄化、家庭小型化、受教育程度的提高等，使得对住宅的认识产生了巨大变化，老年人住宅、第二住宅和季节性住宅等概念应运而生。

(5) 自然环境的变化　城市环境污染、穷人大量涌入城市所产生的社会问题等导致住宅郊区化；环境问题和社会问题的解决、土地资源的约束，使城区内住宅重新受到青睐。

(6) 政治制度的变迁　住房问题的社会政治性特征，使得任何政府均将住房政策作为其施政纲领中的重要内容（如香港回归后，政府提出每年建设8.5万套住宅的计划，对香港房地产市场产生了深远的影响）。

（四）房地产市场的参与者

房地产市场的参与者主要由市场中的买卖双方以及为其提供支持和服务的人员或机构组成。这些参与者分别涉及房地产的开发建设过程、交易过程和使用过程。每个过程内的每一项工作或活动，都是由一系列不同的参与者来分别完成的。按照在房地产领域的生产、交易和使用过程中所涉及的角色的大致顺序，逐一加以介绍。应该指出的是，由于所处阶段的特点不同，各参与者的重要程度是有差异的，也不是每一个过程都需要这些人或机构的参与。

1. 土地所有者或当前的使用者

不管是主动的还是被动的，土地所有者或当前的使用者的作用非常重要。为了出售或提高其土地的使用价值，他们可能主动提出出让、转让或投资开发的愿望。同一开发地块上的当前使用者越多，对开发的影响也就越大，因开发商要逐一与他们进行商谈拆迁、安

置、补偿方案，遇上“钉子户”，不仅会使开发周期拖长，还会大大增加房地产开发的前期费用。

2. 开发商

房地产商从项目公司到大型的跨国公司有许多种类型。其目的很明确，即通过实施开发过程获取利润。房地产商的主要区别在于其开发的物业是出售还是作为一项长期投资。许多小型房地产商大都是将开发的物业出售，以迅速积累资本，而随着其资本的扩大，这些开发商也会逐渐成为物业的拥有者或投资者，即经历所谓的“资产固化”过程，逐渐向中型、大型开发商过渡。当然，对于居住物业来说，不管是大公司还是小公司，开发完毕后一般都用来销售，这是由居住物业的消费特性所决定的。

房地产商所承担的开发项目类型也有很大差别。有些开发商对某些特定的开发类型（如商场或住宅）或在某一特定的地区搞开发有专长，而另外一些公司则可能宁愿将其开发风险分散于不同的开发类型和地点上，还有些开发商所开发的物业类型很专一但地域分布却很广甚至是国际性的。总之，开发商根据自己的特点、实力和经验，所选择的经营方针有很大差别。开发商的经营管理风格也有较大差异。有些开发商从规划设计到租售阶段，均聘请专业顾问机构提供服务；而有些开发商则从规划设计到房屋租售乃至物业管理，均由自己负责。

3. 政府及政府机构

政府及政府机构在参与房地产运行的过程中，既有制定规则的权力，又有监督、管理的职能，在有些方面还会提供有关服务。开发商从购买土地使用权开始，就不断和政府的土地管理、城市规划、建设管理、市政管理、房地产管理等部门打交道，以获取投资许可证、土地使用权证、规划许可证、开工许可证、市政设施和配套设施使用许可、销售许可证和房地产产权证书等，作为公众利益的代表者，政府在参与房地产市场的同时，也对房地产市场其他参与者的行为发生着影响。

房地产开发投资者对政府行为而引致的影响相当敏感。建筑业、房地产业常常被政府用来作为一个“经济调节器”，与房地产有关的税费收入又是中央和地方政府财政的一个重要来源，而对物业的不同占有、拥有形式又反映了一个国家的政治取向。

4. 金融机构

房地产开发过程中需要两类资金，即用于支付开发费用的短期资金“建设贷款”和项目建成后用于支持置业投资者购买房地产的长期资金或“抵押贷款”。

房地产的生产过程和消费过程均需大量资金，没有金融机构的参与，房地产市场就很难正常运转。

5. 建筑承包商

房地产开发商往往需要将其建设过程的工程施工工作发包给建筑承包商。但承包商也能将其承包建安工程的业务扩展并同时承担附加的一些开发风险，如购买土地使用权、参与项目的资金筹措和市场营销等。但承包商仅仅作为营造商时，其利润仅与建造成本及施工周期有关，承担的风险相对较少。如果承包商将其业务扩展到整个开发过程并承担与之相应的风险时，它就要求有一个更高的收益水平。但即便如此，承包商往往能够承受较低的利润水平。

6. 专业顾问

由于房地产开发投资及交易管理过程相当复杂，房地产市场上的大多数买家或卖家不可能有足够的经验和技能来处理房地产生产、交易、使用过程中遇到的各种问题。因此，市场上的供给者和需求者很有必要在不同阶段聘请专业顾问公司提供咨询服务。

（1）建筑师　在房地产产品的生产过程中，建筑师一般承担开发建设用地规划方案设计、建筑设计、建筑施工合同管理等项工作。有时建筑师并不是亲自完成这些设计工作，而是作为主持人来组织或协调这些工作。在工程开发建设中，建筑师还负责施工合同的管理，工程进度的控制。一般情况下，建筑师还要组织定期技术工作会议、签发与合同有关的各项任务、提供施工所需图纸资料、协助解决施工中技术问题等。

（2）工程师　房地产开发中需结构工程师、建筑设备工程师、电气工程师等。这些不同专业的工程师除进行结构、供暖、给排水、照明，以及空调或高级电气设备等设计外，还可负责合同签订、建筑材料与设备采购、施工监理、协助解决工程施工中的技术问题等项工作。

（3）会计师　会计师从事开发投资企业的经济核算等多方面工作。从全局的角度为项目投资提出财务安排或税收方面的建议，包括财政预算、工程预算、付税与清账、合同监督、提供付款方式等，并及时向开发投资企业的负责人通报财务状况。

（4）造价工程师　在房地产开发过程中，经济师或造价工程师是服务于开发商、承包商、工程监理机构或造价咨询机构。其主要负责在工程建设前进行开发成本估算、工程成本预算，在工程招标阶段编制工程标底，在工程施工过程中负责成本控制、成本管理和合同管理，在工程竣工后进行工程结算。

（5）估价师及物业代理　估价师在有关房地产交易过程中提供估价服务，在房地产产品的租售之前进行估价。以确定其最可能实现的租金或售价水平。房地产估价师在就某一宗房地产进行估价时，要能够准确把握该宗房地产的物质实体状况和产权状况，掌握充分的市场信息，全面分析影响房地产价格的各种因素。物业代理或经纪人通常协助买卖双方办理出租出售手续，同时还协助委托方制定与实施租售策略、确定租售对象与方法、预测租售价格。

（6）律师　房地产产品的生产、交易和使用过程中，均需要律师的参与，为有关委托方提供法律支持和服务。例如开发商在获得土地使用权时，须签订土地使用权出让或转让合同；出租或出售物业时须签订租赁契约，这都离不开律师提供的专业服务。

7. 消费者或买家

每一个人和机构都是房地产市场上现实的或潜在的消费者。人人都需要住房，每一个机构都需要建筑空间从事其生产经营活动，而不管这些房屋是买来的还是租来的。消费者在房地产市场交易中的取向是“物有所值”，即用适当的货币资金，换取使用或拥有房地产的满足感或效用。但如果说市场上的买家，则主要包括自用型购买者和投资型购买者两种。购买能力是对自用型购买者的主要约束条件；而对投资型购买者来说，其拥有物业后所能获取的预期收益的大小，往往决定了其愿意支付的价格水平。

第二节　房地产市场调查概述

要管理好一个企业，就要安排好未来；要安排好企业的未来，必须充分掌握信息。企业的经营决策者只有收集掌握全面和可靠的信息，准确地估计市场目前和未来发展变化的方向、趋势和程度，才能发现合适的市场机会、市场威胁和预见营销中可能产生的问题，从而调整企业的市场营销决策，以适应市场的变化，使企业能更好地生存和发展。所以市场调查是企业进行市场分析与预测、正确制订市场营销战略和计划的前提。

一、房地产市场调查的重要性与概念

企业的生存环境是不断变化的，环境的变化既给企业带来发展的机遇，也带来生存的威胁。通过市场调查，企业能不断发现新的市场机会，规避市场的风险。

现代营销理论认为，企业在制定生产任何产品的产品策略、价格策略、营销渠道策略、促销策略时，必须在认真搞好市场调查的基础上进行。只有通过市场调查，才能了解消费者需要什么样的住房，需要多少住房，进而组织生产经营。建造好的房屋由于符合消费者的需求，销路畅通，也就可能达到企业预先制定的效益目标。

（一）房地产市场调查的重要性

首先，房地产行业作为资金密集型行业，项目运作资金动辄上亿元，丝毫的马虎都有可能导致严重的后果。因此，通过市场调查，使房地产开发商对现有市场充分了解，对产品及营销策略进行评估，不断发现新的市场机会，解决面临的问题，规避市场风险。

其次，消费者的需求是不断变化的，通过及时的市场调查可以掌握消费者的意向和动态。根据马斯洛的“需要层次理论”，人们的需要是不断变化的，如对住房的要求刚开始是保证遮风、挡雨、睡觉、休息，而后随着生活水平的提高，经济条件的改善，又提出了一些功能要求，包括厨房、卫生设备俱全，房间布局合理，朝向位置较好等。随着科技的发展、新材料的诞生以及人口、家庭结构和人们活动范围的变化，现今人们不仅追求住房的多功能性，室内家具、装修的和谐一体化等。房地产开发商必须通过市场调查，了解消费者对住房的需求，以及对现有住房的意见，以寻找住房开发的最佳市场切入点，从而不断开拓市场，提高市场占有率。

总之，在瞬息万变的市场中，信息的把握直接决定企业的命运，房地产市场调查就显得至关重要。房地产市场调查有助于企业发现新的市场机会，确定正确的发展方向；有利于房地产企业适时开发新产品，抢占新市场；有利于企业制订正确的营销策略；有利于企业不断提高产品质量，改善经营管理，提升市场竞争力。

（二）房地产市场调查的概念

房地产业跟其他产业一样，成败在于对市场需求的把握。作为房地产从业人员，必须对市场有一个专业的认识，所通过的途径就是市场调查。随着房地产市场由卖方市场向买方市场的转变，房地产市场竞争由价格向非价格竞争发展，使得对房地产市场营销信息的需要比过去任何时候都更为强烈。市场调查在房地产行业发挥着重要的作用，无论发展商寻求新的机会，还是抢占市场；无论是为已开发的物业制定正确的营销策略，还是为提高物业的附加值。

房地产市场调查作为市场调查的一个种类，其产品的特殊性，使得我们将房地产市场调查从一般的市场调查中独立出来研究。

房地产市场调查，就是以房地产为特定的商品对象，对相关的市场信息进行系统的收集、整理、记录和分析，进而对房地产市场进行研究与预测，为制定正确决策提供可靠依据。对于房地产市场，除了进行公开个案市场的调查、研究之外，还包括对公司营销手段的具体执行情况，目标市场状况，消费者购买动机、倾向、决策等心理过程的分析，以及广告策略在目标市场中的反应和收效研究。

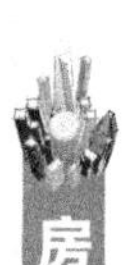

二、房地产市场调查的特征与类型

（一）房地产市场调查的特征

房地产市场调查是房地产开发企业为了及时做出正确的投资决策和营销决策，而客观、系统地收集、整理、研究、分析房地产市场有关信息资料，将其转化为决策所需信息的工作过程。

房地产调查不同于一般耐用消费品的调查，它的特征主要体现在以下四个方面。

1. 房地产市场调查的内容的广泛性

房地产市场调查具有多样性和复杂性，贯穿整个房地产市场营销过程，每个阶段具有不同的调研内容。房地产市场调查包括市场环境情况调查、市场供求关系调查、市场客户需求调查、市场营销活动调查。

2. 房地产市场调查具有很强的针对性

房地产市场营销活动及环节和阶段众多，不同项目的房地产市场调查侧重点也不相同。例如：对需要对当前总体或区域市场进行全面了解的时候，通常进行针对物业的市场调查；而不同的物业的目标市场是不同的，要进行针对消费者的目标市场调查；对于房地产营销不能脱离的市场环境因素，要进行全面的市场调查。

3. 房地产市场调查的方法是多样的

房地产产品的多样性决定了市场调查涉及对不同的空间领域的理解和掌握，熟悉一定的建筑知识。不同项目的调查难度不同，采取的方式也不同，经常用到的方法有资料法、询问法、现场调查法、小组座谈法等。

4. 房地产市场调查的对象不同

房地产市场调查不仅要调查消费者，还要针对项目基地状况、交通信息和基本信息进行调查。

（二）房地产市场调查的类型

房地产市场调查包括了许多分类，覆盖了房地产营销中需要面对的所有问题。

1. 按调查目的分类

房地产市场调查按调查目的分类主要可以分为应用性市场调查和基础性市场调查。应用性市场调查是为了更好地了解市场；基础性调查是为现有的理论提供进一步的证明或对某一现象获取更多地了解。

（1）应用性市场调查　应用性市场调查分为消费者调查、产品调查。

① 消费者市场调查分析关于特定市场的定量因素，解释消费者的购买动机以及愿意支付的价格；同时还提供了竞争对手在某个市场上的市场占有量。不同物业的目标市场是不同的，不同消费者对房屋的偏好各异，比如中等收入家庭购房时会更关注价格，而高收入家庭购房时会更注重环境与景观等。不同消费者间方方面面显著或是细微的差别都能通过市场调查和研究准确把握，最终抓住目标市场，这是物业销售成功的关键之一。

这类调查内容包括：市场的规模，未来市场的需求信息，消费者的购买力水平，消费者购买动机及消费者的特征，竞争对手的市场份额。

② 产品调查能帮助企业改善现有产品和开发潜在产品或服务，在房地产市场调查中，产品的调查可以理解为物业的调查，调查的内容包括新产品的开发机会，产品的设计要

求，与竞争产品的比较。

(2) 基础性市场调查　可以分为营销环境的调查和行业发展调查。

基础性市场调查有助于更多地了解企业的营销环境。房地产开发不可能离开一个城市的社会、经济发展状况，因此一个完整全面的市场调查应该包括宏观的背景情况，如社会政治环境、自然环境分析以及整个市场的物业开发量、消化量、需求量、总体租金水平、空置率等内容；再逐步细化到畅销物业、滞销物业、各区域街区功能分析及重点项目对比。

① 营销环境调查是用来监测对房地产营销产生影响的政治、经济、文化、社会和科技方面的信息。

② 行业发展调查是调查在环境因素影响下房地产市场的总体变化。

2. 按资料来源分类

按资料来源可以分为文案调查和实地调查。

① 文案调查（二手资料调查），是通过收集已有的与调查目的相关的二手信息，加以整理分析的一种市场调查方法。这种方法在调查初期的探索研究阶段中经常得以应用。

② 实地调查，是在系统的调查计划的基础上，由调查人员收集特定的原始信息，经进行整理、分析、报告的过程。

第三节　房地产市场调查的原则和程序

一、房地产调查的原则

房地产市场调查的原则是遵循客观性、科学性与道德性。

① 客观性要求调查人员具备高度的职业道德，自始至终保持客观的态度去寻求反映事物真实状态的准确信息，正视事实，接受调查的结果。从事调查活动不允许带有任何个人主观的意愿或偏见，也不应爱任何个人或管理部门的影响或“压力”。

② 科学性要求采用科学的方法去设计方案、定义问题、采集数据和分析数据，从中提取有效的、相关的、准确的、可靠的、有代表性的当前的信息资料。调查中的任何问题及建议都应在调查报告中指出，以帮助决策者做出相应的反应。

③ 道德性要求调查人员遵守职业道德及规范。在信息的取得和利用过程中，不采用欺骗行为，不强迫被调查者接受调查，不侵犯被调查者的隐私，为被调查者保密等。遵循职业道德既是对被调查者的保护，也是对调查信息真实性的保障。

二、房地产调查的程序

为了使市场调查工作顺利进行，在进行市场调查时应遵循一定的程序。房地产市场调查的程序包括调查准备阶段、正式调查阶段和结果处理阶段。

（一）调查准备阶段

在调查准备阶段中，应该先确定调查目标；再进行初步信息分析；然后制定调查计划。

1. 确定调查目标

这是进行市场调查时应首先明确的问题。目的确定以后，市场调查就有了方向，不至于出现太大的过失。也就是说，调查人员应明确为什么要进行市场调查，通过调查要解决哪些问题，有关调查结果对于企业来说有什么作用。如果开始抓的问题就不够准，就使以后一系列市场调查工作成为浪费，造成损失。一般来说，确定调查目的要有一个过程，一下子是确定不下来的。根据调查目的的不同，可以采用探测性调查、描述性调查、因果性调查等来确定。

2. 初步信息分析

初步调查的目的是了解产生问题的一些原因，通常是通过二手资料的搜集，与相关人员的非正式座谈以及市场情况的了解这三个方式进行的。通过初步的信息分析，进而确定是否有必要进入下一阶段的调查。

3. 制定调查计划

市场调查计划是关于资料收集、样本选择、资料分析、研究预算及时间进度安排等方面的计划方案，是调查过程中非常重要的指导性文件。

（二）正式调查阶段

在正式调查阶段中，要确定资料来源，确定资料收集方法，设计调查问卷，确定抽样方案，进行实地调查。

1. 确定资料来源

市场营销调查需要搜集大量的信息资料，资料可以分为两类：初级资料（或原始资料），指专为某项计划而收集或实验而得的资料；次级资料（或二手资料），指原始资料经过整理后所形成的可为他人利用的资料。如有适当的二手资料并加以利用，可以节省大量人力、财力。当二手资料无法完全满足调查需要的时候，调查人员要决定原始资料的收集方法。

2. 确定资料收集方法

原始资料的搜集最常用的方法有：访问调查法、观察法、定性研究技术法、实验法等（在第七章有详细的介绍）。

3. 设计调查问卷

在收集原始资料时，一般需要被调查者填写或回答各种调查问卷。调查问卷的设计既要具有科学性又要具有艺术性，以利市场调查工作的条理化、规范化。

在调查中，将调查表设计的周密理想是极为重要的一环。任何一条问题，只要在措辞或语气上稍有不妥，所得到的结果往往会与事实相去甚远。先将设计调查表的程序和应注意的问题列举如下。

（1）决定调查方式　调查人员运用访问调查、电话调查或通讯调查时，对于调查表内容的设计不一样。目前，业内的市场调查，大部分都忽略了市场调查表，造成调查结果不理想。在调查前，针对不同的调查内容，采用不同的调查方式，设计不同的调查表，设计有针对性的调查问题，其结果会有很大的使用价值。

（2）决定采用哪一种类型的问题　调查问题的设计有很多种，不同的目的有不同的问题设计方式，常采用的问题有以下几种类型：多项选择问题、自由做答问题和双面问题。

（3）设计调查表问题时应注意的事项

① 问题要力求简单清晰，使被调查人一看就能明白问题的内容。

② 问题本身不用模棱两可的话语，运用简单通俗的文字。一个问题不能有两个以上

的主题或内容。

③ 问题的文字间不要使用有引导性的问句，不要含有暗示。

④ 避免提出涉及私人的问题，避免提出不合理问题。

⑤ 注意问题的排列顺序。前几个问题设计的要简单有趣，以引起被调查人的兴趣和合作。问题的衔接要合理而自然，避免因主题的改变造成被调查人理解上的混淆。

一项房地产市场调查工作至少应设计以下四种调查表格。

A. 当地房屋产资源统计表，包括房地产分布、面积、类型、单位价格、单位总价、开发程度、居住密度、交易状况和规模、使用期限、抵押保险、政策限制、竞争程度、发展远景、其他具体情况和调查日期等项目。

B. 房地产出租市场统计表，包括出租房地产名称、所在地区、出租面积、租金水平、出租房的类型和等级、室内设备状况（暖气、煤气、电话、家用电器、厨卫设备）、环境条件（影响出租市场的最大因素）、具体房东记录、房地产出租公司的资料和调查日期等项目。

C. 房地产出售统计表，包括已售和待售房地产的名称、地区、开发商、数量、结构类型、成交期、成交条件（预付款、贷款额和利率、偿还约束、其他附加条款等）、出售时的房龄和状况、客户资料和调查日期等项目。

D. 房地产个案市场调查分析表，包括案名、区位、投资公司、产品规划、推出日期、入伙日期、基地面积、建筑密度、土地使用年限、单位售价、付款方式、产品特色、销售策略、客源分析、媒体广告、调查日期等项目。房地产市场调查中普遍采用抽样调查，即从被调查总体中选择部分样本进行调查，并用样本特性推断总体特性。在实地调查前，调查人员应该选择决定抽查的对象、方法和样本的大小。一旦明确下来，参加实施地的调查人员必须严格按照抽样设计的要求进行工作，以保证调查质量。

4. 抽样调查

通常调查人员要选择恰当的调查样本及抽样方式。首先要界定总体，然后决定抽样的方法，可分为随机抽样和非随机抽样，最后选取出调查样本。

5. 现场实地调查

现场调查即按调查计划通过各种方式到调查现场获取原始资料和收集由他人整理过的次级资料。现场调查工作的好坏，直接影响到调查结果的正确性。为此，必须重视现场调查人员的选拔和培训工作，确保调查人员能按规定进度和方法取得所需资料。

（三）结果处理阶段

在结果处理阶段，调查人员将资料整理分析，编写报告。

1. 资料整理分析

这一步骤是将调查收集到的资料进行汇总整理、统计和分析。

首先，要进行编辑整理。就是把零碎的、杂乱的、分散的资料加以筛选，去粗取精，去伪存真，以保证资料和系统性、完整性和可靠性。在资料编辑整理过程中，要检查调查资料和误差，剔除那些错误的资料；之后要对资料进行评定，以确保资料的真实与准确。

其次，要进行分类编号，就是把调查资料编入适当的类别并编上号码，以便于查找、归档和使用。

再次，要进行统计，将已经分类的资料进行统计计算，有系统地制成各种计算表、统计表、统计图。

最后，对各项资料中的数据和事实进行比较分析，得出一些可以说明有关问题的统计

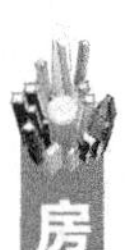

数据，直至得出必要的结论。

2. 编写调研报告

撰写和提交调查报告是房地产市场调查工作的最后一环。调查报告反映了调查工作的最终成果。要十分重视调查报告的撰写，并按时提交调查报告。撰写调查报告应做到：

① 客观、真实、准确地反映调查成果；

② 报告内容简明扼要，重点突出；

③ 文字精练，用语中肯；

④ 结论和建议应表达清晰，可归纳为要点；

⑤ 报告后附必要的表格和附件与附图，以便阅读和使用；

⑥ 报告完整，印刷清楚美观。

在撰写调查报告时，要指出所采用的调查方法，调查的目的，调查的对象，处理调查资料的方法，通过调查得出的结论，并以此提出一些合理建议。关于报告内容的纲要，美国营销协会曾经拟定了一份市场报告的标准大纲，可以作为我们的参考。

一、导言

1. 标题、扉页

2. 前言

(1) 报告根据

(2) 调查的目的与范围

(3) 使用的方法

(4) 致谢

3. 目录表

二、报告主体

1. 详细目的

2. 详细的解释方法

3. 调查结果的描述与解释

4. 调查结果与结论的摘要

5. 建议

三、附件

1. 样本的分配

2. 图表

3. 附录

以上房地产市场调查程序对房地产市场调查工作只具有一般性指导意义。在实际工作中，可视具体情况，科学合理地灵活安排调查工作的内容。

本章小结

本章概括地阐述了房地产的概念、特征与分类；房地产市场的概念、运行环境和影响因素；房地产市场调查的特征、原则与程序等。

掌握房地产的特征与分类、房地产市场的运行环境与影响因素是房地产市场调查的基本要求。熟记房地产市场调查的特征、原则与程序是房地产市场调查的前提条件。

房地产的特征主要有十个：不可移动、独一无二、寿命长久、供给有限、价值量大、流动性差、用途多样、相互影响、易受限制、保值增值。

房地产市场调查的特征：房地产市场调查的内容的广泛性、房地产市场调查具有很强的针对性、市场调查的方法是多样的、市场调查的对象不同。

房地产市场调查的原则：遵循客观性、科学性与道德性。

房地产市场调查的程序：调查准备阶段、正式调查阶段和结果处理阶段。

总之，本章是以后各章的理论基础，学好本章才能更好地从事房地产市场调查与预测的实际工作。

思考题

1. 房地产就是房产和地产的总称，这种说法对吗？
2. 编写调研报告应注意哪些内容？
3. 简述房地产市场调查的特征。
4. 简述房地产的特征。

项目实训

1. 依据房地产的分类，分别列举你所在城市的房地产项目实例。
2. 省房地产开发总公司拟在明年3月份开发位于市体育中心附近30万平方米的居住用地项目，请以小组为单位，为该公司设计一份个案市场调查分析表。

第二章 房地产市场调查方法

名师导学

解决问题的关键在于选择一些恰当的方法，这样可以帮助调查员轻松、较好地完成房地产市场调查项目。调查的方法有很多，有些源于我们的生活，还有一些来自工作的总结。因此，在学习时，一定要多联系实际，在生活和工作中总结方法，在学习中熟悉方法应用和实践能力。

知识目标

- 各种调查方法的流程
- 传统调查法与网络调查法的区别

能力目标

- 单一调查法的运用
- 调查法的组合应用

案例导入

2014 年，济南房地产市场可谓冰火两重天。

一面是本土房地产企业，花费巨资，在传统媒介上的大肆宣传，却收效甚微。

另一面是以万科为代表的全国性房地产企业，将宣传的重点由传统媒介向电商平台转移，开启泉城电商千人拼单购房，购房人独享电商优惠，拼单者高本息回报的营销模式。这种方法降低了企业的营销推广成本，大大提升了用户精准度，加快了房地产项目的销售，是传统媒介所无法比拟的。

万科项目在开盘当日，全部售罄。在冰凉的 2014 年度，是成功，更是奇迹。

同城的银丰项目，主要目标客户为青年群体，企业利用微信营销，达到了一个微信号千万受众群的效应，将投放传统媒介的成本直接让利消费者，实现了项目销售火爆的局面，在泉城均价下降的情况下，银丰的房价不降稳升。

案例引导

通过上述案例我们可以看出，选择一项恰当的营销方法，可以很好地帮助房地产项目实现快速的去化。这些方法都离不开员工对市场的精心调查和把握。我们说，方法是死的，只有把方法活用、用活，才能实现好的收效。

请大家思考，房产网销、微销能否取代传统的房地产营销模式，说说自己的想法吧！

第一节 房地产市场调查方法概述

一、房地产市场调查的资料来源

由于信息的重要性，越来越多的房地产商更多地去关注市场调查。市场调查中既要收集二手数据，同时也要收集原始数据。二手数据是已经存在的为其他目的收集的资料数据，而原始数据又被称为一手资料，实为当前的某种特定目的而收集的原始资料。当较为方便取得的、较为便宜的二手数据可以满足企业的需求，就没有必要花费较高的成本去进行原始资料的收集。

二、市场调查方法的分类

调查的方法很多，通常根据不同的依据进行分类。

1. 按照调查目的分类

房地产市场调查可以分为探索性调查、描述性调查、因果性调查和预测性调查。

（1）探测性调查　当企业对需要研究的问题和范围不明确，无法确定应该调查哪些内容时，可以采用探测性调查来找出症结所在，然后再作进一步研究。例如某房地产公司近几个月来销售下降，公司一时弄不清楚什么原因，是宏观经济形势不好所致？还是广告支出减少或是销售代理效率低造成的？还是消费者偏好转变的原因等。在这种情况下，可以采用探测性调查，从中间商或者消费者那里收集资料，以便找出最有可能的原因。从此例可以看出：探测性调查只是收集一些有关资料，以确定问题所在。至于问题应如何解决，则有待于进一步调查研究。

（2）描述性调查　描述性调查只是从外部联系上找出各种相关因素，并不回答因果关系问题。例如在销售过程中，发现销售量和广告有关，并不说明何者为因，何者为果。也就是说描述性调查旨在说明什么、何时、如何等问题，并不解释为何的问题。与探测性调查比较，描述性质调查需要有一事先拟定的计划，需要确定收集的资料和收集资料的步骤，需要对某一专门问题提出答案。

（3）因果性调查　这种调查是要找出事情的原因和结果。例如价格和销售之间的因果关系如何？广告与销售间的因果关系如何？通常对于一个房地产公司经营业务范围来说，销售、成本、利润、市场占有量，皆为因变量。而自变量较为复杂，通常有两种情况，一类是企业自己本身可以加以控制的变量，又称内生变量，例如价格、广告支出等；另一类是企业市场环境中不能控制的变量，也称外生变量，例如政府的法律、法规、政策的调整、竞争者的广告支出与价格让利等。因果关系研究的目的在于了解以上这些自变量对某一因变量（例如对成本）的关系。

（4）预测性调查　预测性调查是通过收集、分析、研究过去和现在的各种市场情报资料，运用数学方法，估计未来王码电脑公司软件中心定时期内市场对某种产品的需求量及其变化趋势。由于市场情况复杂多变，不易准确发现问题和提出问题。因此，在确定研究目的的阶段，可进行一些情况分析。例如前面所述的房地产公司发现广告没有做好，造成消费者视线转移。为此便可做若干假设，例如：“消费者认为该公司房屋设计方案较差，不如其他房地产公司广告所讲的方案”、“售房的广告设计太一般”、“消费者认为该房屋的四周环境不够理想”等。拟定假设的主要目的是限制研究或调查的范围，以便使用今后收

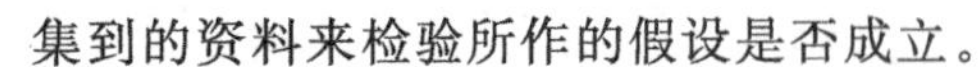

集到的资料来检验所作的假设是否成立。

2. 按照资料来源分类

可以分为资料调查法和原始数据调查法（第七章详述）。

3. 按照调查对象的数量分类

可以分为全面普查、重点调查和抽样调查。

（1）全面普查　指对调查对象总体所包含的全部个体都进行调查。可以说对市场进行全面普查，可能获得非常全面的数据，能正确反映客观实际，效果明显。如果把一个城市的人口、年龄、家庭结构、职业、收入分布情况系统调查了解后，对房地产开发将是十分有利的。由于全面普查工作量很大，要耗费大量人力、物力、财力，调查周期较长，一般只在较小范围内采用。当然，有些资料可以借用国家权威机关普查结果，例如可以借用全国人口普查所得到的有关数据资料等。

（2）重点调查　以总体中有代表性的单位或消费者作为调查对象，进而推断出一般结论。采用这种调查方式，由于被调查的对象数目不多，企业可以较少的人力、物力、财力，在很短时期内完成。如调查高档住宅需求情况，可选择一些购买大户作为调查对象，往往这些大户对住宅需求量，对住宅功能要求占整个高档商品住宅需求量的绝大多数，从而推断出整个市场对高档住宅的需求量。当然由于所选对象并非全部，调查结果难免有一定误差，市场调查人员应引起高度重视，特别是当外部环境产生较大变化时，所选择重点对象可能不具有代表性了。

（3）抽样调查　这种方法在第一章已经提到过，第六章还将详述在这里就不再赘述。

4. 按照接触对象的方式分类

主要分为直接调研法和间接调研法。

（1）直接调研法　是与被调查对象面对面的进行调查的方法，主要包括：

① 现场调查法，这是房地产调查中最常遇到的一种方法，它可以提供给调查人员高质量资料；

② 专家访谈法，用于在房地产调查中向相关的专业人士打探情况，了解基础资料或解决复杂的问题。

（2）间接调查法　是通过媒介与被调查者进行的调查方法，主要包括：

① 网络调查法，是一种随着信息技术发展产生的最快速、方便的数据收集方法；

② 电话调查法是最常用的调查方法，有一定的局限性；

③ 问卷调查法，可以辅助调查人员进行较为专业的调查。

5. 按照调查性质分类

可以分为定性调查方法和定量调查方法。

（1）定性调查方法　是利用小的典型性样本进行深度、非正规的访谈，以进一步弄清问题，发掘内涵，为随后的正规调查做准备的调查方法，包括焦点小组访谈、专家访谈法、案例研究以及投影法；

（2）定量调查方法　包括询问调查法、观察法以及实验法。

三、房地产市场调查方法的选择

确定市场调查方法，要首先明确此次调查的特定目的，才有可能明确哪些特定的调查方法可以满足特定项目的要求。确定目标后，调查人员会提出多种相关的调查方法，并一一进行评估，选择性价比最高的方案。由于房地产市场的特殊性，上述列举的市场调查方法并不是都适用于房地产市场调查。任何一种调查方法都有它不可避免的缺陷，也有它们的独特优势，通常我们会选择整合多种有效的调查方法，来增加收集到的资料的有效性及准确性。

房地产市场调查主要包括三大类调查：区域调查、项目调查和土地调查。

① 区域调查通常涉及区域内的建设及规划、区域内竞争对手的情况，区域内房地产市场中的供需量，这类的信息涉及范围广，但获取难度相对较小，大多数可通过二手数据的收集来满足。

② 项目调查的方法有很多种，包括实地调查、访问调查法、跟踪访问，专家访谈法以及二手资料收集法。项目调查中最基本、最常用的调查方法是实地调查，也被称为踏盘，针对目标楼盘进行实地勘查和调查，通常有两种形式，定期踏盘和专项踏盘。

③ 土地调查通常带有较深层次的决策问题，所以应该在调查的初期有一个全盘的思考。

在不同的环境下针对不同的调查对象，调查人员根据调查目的，综合评估各种调查方法，选择并运用最佳的方法组合得到最满意的调查成果。

第二节　实地调查法

一、实地调查法概述

实地调查是在没有理论假设的基础上，研究者直接参与市场活动收集资料，然后依靠本人的理解和抽象概括，从经验资料中得出一般性结论的研究方法。实地调查所收集的资料常常不是数字而是描述性的材料，而且研究者对现场的体验和感性认识也是实地研究的特色。与人们在社会生活中的无意观察和体验相比，实地调查是有目的、有意识和更系统、更全面的观察和分析。

二、实地调查的特点

① 研究过程持续时间长。实地者不可能在短期内对大量的现象进行细致深入地考察，而且实地调查通常以研究个案见长，需要经历较长的时间。

② 研究者与研究对象之间有更充分的认识和情感交流。研究者需要结合当时、当地的情况并设身处地解释和判断观察到的现象。这往往渗透着研究者本人对现象本质和行为意义的理解。

③ 采用多种方法收集资料。问卷调查、观察调查等收集资料方法比较单一。实地调查法综合了多种收集资料方法。这些方法包括观察法、访谈法、文件收集法、心理测验法（如投射法）等，常采用录像机和照相机等工具。其中以参与观察和访谈为最主要的资料收集方法。

④ 实地调查非常强调研究者是收集和分析资料的一种工具。研究者实地定性研究时，需要广泛地运用自己的经验、想象、智慧和情感。

⑤ 采用定性分析的方法整理收集到的资料。实地更多的是对研究对象和现场气氛的感悟和理解，没有实证性的数据。研究者根据一定的逻辑规则对资料实施定性分析。

⑥ 研究结论只具有参考的性质。实地调查结论并不是探究的最终结果，往往指导研究者进一步观察，以便获得更深刻、更新颖的资料，得出新的结论或改善先前的结论。

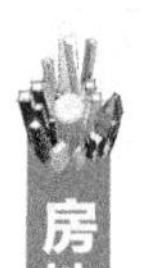

三、实地调查的优点和局限

1. 实地调查的优点

深入：实地调查对于研究行为和态度的细微差异考察长时间的过程特别有效。它可以比较深入地探寻被研究对象的特征，通过尽可能直接观察来考察一种市场现象，能给研究者提供系统的观点。

灵活：可以随时修正研究设计，甚至可以在任何机会来临随时准备进行现场调查。实地调查法的这种灵活性，随着研究的不断深入，研究结论和设想也会不断变更。

经济：实地调查的花费相对较少，研究者带着一个本子和一支笔的情况下进行。这并不是说实地调查的花费绝对很少，有些研究可能会需要许多训练有素的观察者，也可能需要昂贵的记录器材。

2. 实地调查的局限

① 由于实地调查是以定性为取向，所以很少能针对大型群体进行精确的统计性陈述。

② 实地调查得出的结论只是可能的，而不一定是客观的、精确的。

四、实地调查的适用范围

① 适用于研究那些不宜简单定量的市场调查项目。

② 适用于研究市场中结构较为松散的问题。

③ 适用于研究随时间推移而变化的市场现象。例如，不同家庭周期楼盘区域的选择重点各不相同。

④ 适用于研究只有在自然背景中才能很好理解的态度和行为。

五、实地调查的过程

经过长期研究经验的积累，一般把实地调查的过程分为三个阶段：准备阶段、进入现场和整理资料。

（一）准备阶段

1. 查阅文献

准备阶段的首要工作是阅读文献。查阅所有与研究问题相关的资料，增加对研究对象的了解，以便确定所研究问题的基本框架。

2. 请教同行

根据文献提供的信息，可以向已经做过同类研究的人请教其对于研究议题的看法。例如，研究非本土区域的市场情况时可以采用专家访谈的调查方法了解该区域内的风俗习惯以及销售情况。

3. 专门准备

如果研究问题对现场中的人来说是一个敏感的话题，他们就可能拒绝合作。那么研究者可以考虑事先到现场进行一个初步的调查，看在那里从事此类研究是否可行。或者，研究者可以先在现场做一个不太敏感的研究项目，借此了解现场中的人对外来研究者的基本态度。然后决定自己是否应该从事先前已经计划好的项目。如果研究者针对一项研究设计了几种不同的研究方案，也可以先到实地做一个预研究，了解哪种方案比较合适。

研究者应该设法了解现场的权力结构、人员关系以及普遍认可的行为规范。如果研究者认识现场的人或者他们的朋友和家人，可以和这些人取得联系，尽量充分地了解现场的情况，听取他们对进入现场的建议。如果研究者不认识现场中的人，可以事先了解现场中有没有态度比较开明、愿意帮助别人的人。如果有这样的人，研究者可亲自上门拜访，看对方对进入现场有什么建议。

为了增加自己身份的“可信度”，研究者可以在研究工作开始之前请自己单位的领导写一封介绍信，或者请被研究单位的上级领导写一封批文。但是这么做的时候必须十分小心。因为单位领导或上级的文件可能会给被研究者造成心理压力，使他们感觉自己是被迫参加研究的。此外，官方的文件还可能使被研究者认为研究者有一定的“来头”，与上级机关串通一气来对他们进行“监督检查”，因此不愿意与研究者合作。

进入现场之前，研究者还应该学习一些与被研究者建立良好关系的“诀窍”。马克斯威尔（1994）提出了协商研究关系的“4C”原则。

① 关系（connections）：指通过一定的人际关系与被研究者建立信任和友好的关系；

② 交流（communication）：指研究者应该心胸坦荡，愿意与被研究者交流自己的意见和感受；

③ 礼貌（courtesy）：指研究者尊重被研究者的风俗习惯，彬彬有礼，倾听他们的心声；

④ 合作（cooperation）：指在被研究者需要帮助时研究者主动为他们排忧解难，使研究成为一种相互受益的行为。

以上原则都非常重要，但是最重要的是获得被研究者的信任。如果被研究者对研究者产生了信任，其他一切问题都可以迎刃而解。

（二）进入现场

1. 进入研究现场

隐藏进入和逐步暴露是进入研究现场的基本方式。

（1）隐蔽进入式　当研究者无法通过商议进入现场时，研究者只能采取隐蔽的方式进入。这种方式使研究者避免了协商进入研究现场的困难，而且他有较多的个人自由，可以随时进出现场。但是，这种方式存在弊端。由于研究者成了一个“完全参与者”，他只能在自己的角色范围内与人交往。例如，一名研究人员以买房者的身份进行隐蔽式研究，他也许可以通过与其他买房者以及楼盘销售人员的交谈来了解竞争者楼盘的一些情况以及这些人的想法，但是，不可能像一位公开的研究者那样就一些敏感性话题正式与管理人员访谈。而且，如果一旦暴露真相，不仅会使研究者处境尴尬，还会使被研究者感到受了欺骗和侮辱，已经建立起来的良好关系可能毁于一旦。

（2）逐步暴露式　研究开始时，研究者可以简单地向被研究者介绍研究计划，然后随着被研究者对自己信任程度的提高而逐步展开。其实，大部分被研究者并不需要了解研究的全部内容和过程，他们最关心的是：“研究者是什么人？他到底要干什么？我能够从这个研究中得到什么？”因此，研究者只要解释一下这三个问题，不必详细介绍研究的具体程序和细节。另外，研究的问题和方法都会随着研究的进行而不断变化，研究者事先设定的步骤不一定会如期实施。一开始就向被研究者和盘托出一个复杂的研究计划不但没有必要，而且也可能不符合今后真正发生的“客观实际”。被研究者也可能会对这个复杂的计划感到不知所措，不知道自己是否可以很好地与研究者合作，因而拒绝参加研究。

在有些情况下，两种方式可以结合。例如，我们知道被研究群体中有一部分人肯定会拒绝参与研究，而其他人则没有异议。那么，我们可以对后者坦诚相告，而对前者则暂时保密。随着研究的进行，那些知道底细的人会逐步把研究的情况告诉其他不知道的人。如果他们之间相互信任，而研究者与所有的人又都已建立了良好的关系，那些事先没有被告知真相的人到这个时候多半会接受既成事实。

不过，这么做也有一定的风险。如果那些不知实情的人十分在意这件事情，而研究者尚没有与他们建立良好的关系，那么他们可能会设法让研究半途搁浅。因此，可能的话，研究者最好使用通俗易懂的语言事先与所有被研究者一起以粗线条的方式讨论一下。有些学者认为，实地调查在某种方式和程度上常常是暗中的、秘密的，其原因是：

① 许多研究者通常是因个人的兴趣先进入某个现场看看，而后决定正式进行参与观察研究。在这种情况下，除非研究者预先告知现场的人们他可能在这里进行研究，否则在进入现场的初期，不可能完全避免某些无意的欺骗。而且，研究者最初使用暗中进入的策略，常常只是为了无干扰地进入某个现场。等到他与研究对象建立了信任的关系，就可能告知其研究的意图和兴趣。

② 在很多社会行为研究中，研究者不希望研究对象知道他正在进行研究什么，以免研究对象呈现的行为受到影响。例如，在研究犯罪的亚文化时，或是为了获得真实的资料时，隐蔽的策略是需要的。

③ 有的研究者虽然使用公开进入现场的策略，也并非明白告知现场每个人其研究的目的，研究对象并不一定能同样地了解研究者所使用的所有名词，研究者和研究对象对于研究目的的概念可能是不同的。

研究对象可能拒绝研究者的请求，其原因常常有以下几种：

① 研究者自己的行为不符合研究现场的规范；

② 研究者的身份使被研究者感到威胁；

③ 研究对象太忙，对研究课题不感兴趣，对研究者印象不好，对“研究”这种形式本身就有反感等。

对研究者来说，拒绝本身是一个重要的信息。研究者应该根据当时的情况反省自己在哪些方面做得不对要设法换一个方式与被研究者进行协商。当然，被研究者不一定会直接说明原因。研究者需要多动脑，注意观察被研究者拒绝时说的话以及他们的神情举止。通过对这些线索的分析，研究者有可能了解对方拒绝的“真实”原因，然后选择其他方式与他们协商。另外，除了应该反省在协商研究关系时自己的行为以外，研究者还应该认真分析被研究者的具体情况，了解他们提供的这些理由是否“真实”。不管被研究者的理由是否“真实”，研究者都应该分析对方的拒绝对研究意味着什么。

2. 进行现场研究

(1) 提出问题　实地调查一般没有研究预设，但这并不意味着实地调查没有明确的研究主题。在实地调查过程中，研究者应该有一个大致的调查计划和提问框架，以便在研究过程中不致脱离主题。研究者要随时掌握研究的大方向，引导研究对象的表现和言谈。研究者要善于应变，充满机智，尤其是在实地调查的访谈中，更要注意这一点。

(2) 收集资料的方法　实地调查收集资料的方法有观察法、访谈法、收集文件法、投射技术等。

(3) 记录现场内容　实地研究的常用工具是笔记本和笔。笔记不但要记录观察到的，而且还要捕捉当时当地特殊氛围中产生的灵感，将“想到的”也记录下来。记录要完整翔实，除了要高度集中注意力外，还要养成当场记录的习惯，做到当场记录或事后及时记录。在记录时要分段记录，先记下关键的词语和短语，然后再做详细的整理，要努力把观察到的所有细节都记录下来。

(4) 进行现场研究的一些指导原则

① 实地笔记应该是描述性的；

② 从不同的维度收集各种不同的信息；

③ 不同途径（观察、访谈、文件记录）收集到的资料可以交叉验证；

④ 采用摘录，从参与者自己的语言描述中，捕捉参与者对其经验的看法；

⑤ 选择主要的信息提供员，并谨慎小心地利用他们，从他们所提供的观点中提炼出精华和智慧，但是同时应当切记他们的观点取向是有限的；

⑥ 注意实地工作的各个不同阶段，在进入阶段与参与者建立信任和密切的关系，在实地工作成为例行常规的中间阶段中，保持清醒、训练有素，当实地工作接近尾声时，重点放在总结出有用的综合描述，在实地工作的各个阶段中都要认真仔细地做好详细的实地笔记；

⑦ 尽可能完全参与研究的全方案，对过程有一个完整的体验；

⑧ 实地笔记和评鉴报告中要包括研究者自己的体验、想法。

(三) 整理资料

1. 整理笔记和建立档案

研究活动完毕之后，研究者要以记录的大纲为线索，整理出完整详细的笔记。然后，根据实地调查的时间，可以将这些记录编目，形成档案。档案的种类很多，研究者应根据研究性质及数据分析的需要建立档案。第一类是背景档案。第二类是人物档案，即建立研究对象档案。第三类是文献档案，包括研究过程中适用的一切资料目录。第四类是分析档案，可以按照不同的选题对所收集到的资料归类整理。

档案系统的弹性是实地调查笔记的一个重要特征。当研究者不断修正以求最恰当地组织资料时，应该要常常回头去看那些已经分类的资料，以确定是不是应该将其移到新建立的档案体系中去。

2. 资料分析

实地调查的最终目的不是检验某个理论，而是建立理论，为此必须分析所得到的资料。理论的建立往往是一个不断深入的过程，最初的资料只能得出暂时的结论，这个理论雏形又可以进一步指导研究。这种收集资料和分析资料之间的相互作用使实地调查具有更大的灵活性，研究过程可以因此得到不断的修正。

在分析资料的过程中，要特别注意以下几个问题。

频率：多长时间发生一次？

程度：程度如何？

结构：有哪些形式？是否与特定的态度相关？

过程：结构中的成分是否存在着顺序？是什么样的顺序？或是顺序有所不同？

原因：原因是什么？

后果：造成了什么样的影响？

但是，这种收集资料和分析资料之间的交互作用也有其不利的方面，它可能会导致研究者只注意到支持他的结论的事物。为了尽量减少这种情况的出现，研究者可以采取以下一些措施：可以增加定量的部分；可以寻求他人的支持；要不断进行自我反省；利用敏锐性和洞察力减少选择性注意。

3. 得出结论

在分析资料的基础上，经过一定的抽象概括，得出结论。结论的形成常常要经历很长的过程，一般而言，研究者要力图避免人的主观因素诱发的一些错误。

具体内容我们将在第七章阐述。

六、实地调查收集资料的方法

实地调查法有多种收集资料的方法，包括观察法、访谈法、收集文件法以及工艺学记录。其中观察和访谈是实地调查法中收集资料的重要方式，而且，实地调查中的观察与访谈不同于一般的观察与访谈。

（一）实地调查中的观察

1. 参与观察

（1）什么是参与观察　参与观察也称自然观察，指在自然的状态下研究者参与某一情境对研究对象进行观察。参与观察源于人类学家的现场研究。对现场研究而言，参与观察是长年累月住在当地社区，将自己融入社区人们的生活中，尽量精通人们的语言，并维持一个专业者的距离。通过这种方式，研究者观察人们的日常生活和活动，了解人们的基本信念和期望，并有系统地完成资料记录。

（2）观察活动中研究者参与的程度　观察策略的主要区别在于观察者参与程度的不同。这不仅仅是参与和不参与之间的选择。参与的程度，是作为旁观者到作为完全参与者的连续体。在参与和观察之间的连续体上，斯潘帝尼（Spradley）将观察者的参与方式区分为下列五种。

① 完全不介入研究对象的活动。例如，坐在电视机前观看电视节目、房地产广告，并分析其主体。

② 低程度介入。观察者出现于现场，但并不积极与人们互动，只是找一个观察地点做观察记录，或与人们有些交谈。在公共场所的观察都从这个程度的参与开始，场所的人们不认识观察者，也不知道他在做什么。

③ 中度介入。参与者寻求维持现场的局内人和局外人之间的平衡，即维持参与和观察之间的平衡。

④ 主动积极介入。观察者做现场人们所做的事，主动积极地参与人们的活动。

⑤ 完全介入。在研究现场，观察者已经是日常的参与者，研究自己的日常生活或工作的现场。如教师进行的行动研究就包括一个完全参与的观察活动。

参与程度会因时而异。在一些实例中，研究者可能在开始之时以一个观察者的身份出现，然后逐渐成为研究历程中的参与者。在其他实例中，研究者可能开始就成为一个完全参与者，以便体验一下开始进入方案的感受，然后在研究过程中逐渐减少参与，直到最后从一个旁观者的立场扮演临时观察者的角色。

实际上，每个人如果不是其他文化的参与者，研究者至少也是他本人所属的文化的参与观察者。但一般人通常只是无系统或不完全地观看事物，现场研究者绝不只是在那里被动地观看人们，而需要与人们有紧密和长期的接触。参与观察获得的初步资料，可以提供研究者发展访谈问题或其他更特定研究工具的基本线索，也能进一步检验和评估访谈和其他方法所获得的资料。

（3）参与观察的基本要求

① 参与观察者的活动必须有明确意识。

② 参与观察者的观察角度要大。

③ 参与观察者的观察要同时从局内人和局外人的角度出发，入乎情理中，体验局内

人的情感和经验；出乎情理外，观察现场中的人们和活动。

④ 参与观察者需要自我反省，以自己为研究工具，增进自己对情境的敏感度。

⑤ 参与观察者需要做仔细的记录，记录客观的观察和个人主观的感觉。

2. 观察角度的选取

(1) 全面观察 全面观察没有特定的焦点，往往是观察初期的一个阶段。一般参照下列三种问题，进一步观察发现某些较特定的资料：

① 什么……（地方、行动、事件、感情等）？

② 你可不可以仔细地描述……（物体、时间、目标等）？

③ 你可不可以告诉我有关所有的……（人们、活动等）？

(2) 焦点观察 研究者在现场逐渐找到观察的焦点后，就可以实施焦点观察。研究者选择观察焦点的标准包括下面几点。

① 研究者个人的兴趣。初步分析观察资料所呈现的各个领域，研究者考虑自己对哪些领域比较感兴趣。

② 研究对象的建议。有时正在被观察研究的人们也会提出他们觉得重要的事情，研究者可参照他们的建议，选择观察焦点。有时人们经常重复的话题，也可能成为观察焦点。如果研究者已经和研究对象建立密切的关系，也可直接问“你认为什么是最重要的部分？”

③ 理论的兴趣。初步分析观察资料所呈现的各个领域，有些会涉及研究者理论背景。例如，一个具有社会学理论背景的研究者在分析自己的观察资料后，可能辨认出许多社会组织的领域。

④ 符合社会的需要。初步分析观察资料所呈现的某个领域，如果是社会上人们关心的问题或文化环境中的主要问题，也可能是观察的焦点。

参与观察的过程就像是一个漏斗，先将看到的所有事物容纳进去，出来的则是经过筛选和聚焦的某些特定内容。这种观察贯穿于整个研究过程。焦点观察逐渐缩小观察的范围，这时，研究者开始在现场寻找特定类别之间的不同。例如，研究者可尝试问“这一类和那一类之间有什么不同”，如发现了一两处不同，试着继续寻找更多的不同之处。

3. 观察记录

(1) 快速、完整地记录 在直接观察中，把一切过程完整而真实地记录下来是很重要的。如果可能的话，研究者应该在观察的时候记录自己的观察，若不可行，也应该在事后尽快地记下笔记。

(2) 有区别地记录 记录应该包含研究者的经验观察和他们对事件的诠释，即要记下研究者“知道”已经发生的和他们“认为”已经发生的事。研究者也要将这种不同的记录加以区别。

(3) 有准备地记录 在研究开始之前，有些重要的观察是可以预料的，有些则会随着观察的进展逐渐明显。有时候，研究者可以准备一些标准的记录格式，那样会使记录工作简单一些。

(二) 实地调查中的访谈

1. 实地调查中的访谈

(1) 什么是定性访谈 定性访谈是根据大致的研究计划在访谈者和被访者之间的互动，而不是一组特定的、必须使用一定字眼和顺序来询问的问题。在本质上，定性访谈由访谈者确立对话的方向，再针对被访者的若干特殊议题加以追问。

(2) 定性访谈的特点

① 定性访谈设计的反复性是指在研究中重复收集信息，加以分析、筛选、验证。

② 定性访谈的持续性是指在研究过程中一再地修正问题的形式。

(3) 定性访谈的作用　参与观察是研究者在自然情境中直接看到人们所做的和所说的。如果研究者必须访谈研究对象，才会了解他们的信念、动机、判断、价值、态度和情绪。参与观察通常相当费时和费力，而且无法直接观察现场过去发生的事，因此参与观察并不完全适用于所有的研究情境。访谈能够补充参与观察的不足。

2. 访谈的注意事项

(1) 确定主要访谈对象　访谈往往和参与观察相联系。通过参与观察，研究者能注意到哪些人最值得进行访谈，判断的标准一般是研究对象拥有第一手资料的多少。

(2) 确定访谈时间和次数　研究者通常要进行访谈之后，才能知道要与访谈对象做多少次访谈。因此，研究者要在一次或者几次访谈后，再较直接地和访谈对象讨论进一步的访谈时间表。访谈的次数和时间参照研究者和访谈对象各自的时间表而定。对于成人来说，每次访谈通常需要两个小时。如果时间太短，可能无法探索许多主题；如果时间太长，则可能让研究者和访谈对象都觉得很累。为了保持访谈的流程，应该试着每个星期都和访谈对象会面。至于访谈地点，应找一个不受干扰的场所，让访谈对象觉得轻松自在。

(3) 形成良好的访谈关系　访谈者和访谈对象的关系大多数是单向的。通过这种关系，访谈者有机会进行研究以获得一定的利益。而访谈对象可以获得的，除了满足于有人认为他们的生活和观点是重要的，并没有很多实质的回报。但他们必须付出很多时间和精力接受访谈。由于这种单向的关系，访谈者必须努力维持访谈对象的访谈动机。维持关系的最好方式是将访谈对象视为一个人，而不仅仅是资料的来源。

在进行访谈期间，访谈者和访谈对象的关系可能趋向于紧张。一方面访谈对象可能厌倦回答问题或开始觉得访谈是他们生活中的负担；另一方面访谈者可能开始对访谈对象不愿回答问题或跳开特定的问题而感到不耐烦。面对这样的情形，访谈者应该试着敏感地察觉访谈对象的情绪低潮，当觉得有些事不对劲时，可对访谈对象表达关切以缓和紧张的气氛；有时也可暂时停止访谈，休息一段时间，或一起进行一些社交或娱乐活动。

3. 做好访谈记录

如果访谈是搜集资料的主要方法，研究者在访谈期间最好做仔细的访谈日记。在日记上列出每次访谈讨论到的主题，这可帮助研究者知道已经讨论过哪些话题。日记也可替代参与现场观察记录中的“观察者的评注”。在日记中可记下资料呈现的主题、解释和可以了解访谈对象语言意义的表情和姿势，这些记录有助于引导进一步的访谈。

(三) 实地调查中其他收集资料的方法

实地调查法强调丰富地描述现场和人群的现象，因此需运用多重资料来源。如参照人类学研究的“多重工具取向”，搜集资料的方法除了参与观察、访谈之外，还包括搜集文件、投射技术、其他心理研究工具和现场工作的技术设备。研究者可参照个人的研究取向，选择使用各种不同的搜集资料方式，以增进研究结果的可信性。

1. 投射技术

投射技术是可使人们产生有关文化和心理反应的过程，这些反应通常呈现个人的需要、爱好和一般的世界观。例如，罗夏克墨渍测验（Rorschach Inkblot Test）是一个古典的投射技术。心理学家或精神病学家让病人解释一系列墨渍图片，再根据病人的反应资料作论断。人类学家亦运用罗夏克墨渍测验、主题统觉测验（Thematic Apperception）、画人测验（Draw-a-Person Test）、或语句完成法等投射技术，引发人们的反应和价值态度，以探究人们的文化特质。

2. 照相机

照相机是视觉的伸展和记录，能充分地掌握现场的视觉现象，帮助研究者更密切地感觉和认识现场。尤其某些现场细节太多或太含糊，较难用语言文字描述，可以用照相机直接留存视觉的意象记录。照相机可用来拍摄人们的活动、事件和场所。所拍得的照片或幻灯片可用作访谈的参照资料，让现场人们自己解释其中的意义。在分析和撰写报告时，照片或幻灯片则能呈现研究者可能不记得或不注意的细节，也能用来呈现和解释研究发现。在实地调查使用照相机要注意：相片不是答案，而是探究的工具；照相机常常反映拍摄者的观点。

3. 录像机

录影设备能捕捉不被注意或容易被遗忘的连续性细节，能长时期正确且仔细地记录人们的行动，特别适用于微观地分析人们的沟通和互动过程。然而，录像机也和前述的照相机一样，可能受制于使用者的观点，还可能改变现场人们的日常行为。

录像机拍摄的现场影片是很直接的访谈资料。实地研究者常让当事者看着影片中自己的行为举动，描述他的感受，解释他在影片中的行为举动。

七、实地调查法的注意事项

（一）伦理道德规范

在实地调查中，研究者的伦理道德行为至少涉及如下五个方面。它们相互作用，对研究者的伦理道德原则和行为规范产生不同程度和不同方式的制约。

（1）研究者本人　研究者在研究过程中，所有的行为举止都对自己具有道德意义。

（2）研究对象群体　研究者对待研究对象的态度、处理与研究对象有关的事物的方式以及研究双方之间的关系都会反映出研究者的道德规范。研究者的道德观念和行为方式会对被研究者群体产生影响，有时甚至会直接影响他们的日常生活。

（3）研究者的职业群体　实地调查者群体享有一些共同的道德观念和行为规范，研究者所做的一切都来自这一集体规范或帮助形成这一集体规范。如果研究者违背职业规范，不仅会使这个职业在社会上遭到唾弃，而且会给后继的研究者（包括研究者自己）进入研究现场带来困难。因此，研究者遵守必要的伦理道德不仅仅是为了坚持某些原则，更是为了别人和研究者群体。

（4）资助研究的人、财团和政府机构　研究者需要对这些人和机构做出一定的承诺，而且在研究的过程中与他们频繁接触。研究者与他们的互动关系可以反映研究者本人的道德规范和行为准则，而且也会对他们的伦理道德观念产生影响。

（5）一般公众　研究者所做的一切事情都发生在社会文化的大环境中，研究者可以通过自己的具体工作推进或减弱社会公德。

虽然实地调查常常都含有某种程度的秘密性，但在基本的研究取向上，多数实地调查者都倾向于采用公开的策略。研究者在研究初始可以向被研究者简要说明自己的研究，以免造成伦理道德上的问题和其他麻烦。

（二）实地调查的信度

研究的信度是研究（包括研究方法和研究结果）能被重复的程度。如果一项研究信度高，其他研究人员运用同样的方法、变量、测量手段和条件也应当得到相同或近似的结果。戈茨（Goetz）和勒孔特（Lecompte）区分了两种类型的信度——外在信度和内在信度。外在信度指不同的研究者能否在相同或相近的情境中，会得出一致的结果；内在信度是在给定的相同条件下，资料收集、分析和解释能在多大程度上保持一致。因为实地调查都在自然情境中实施，并常关注于过程，所以它们的可重复性很令人怀疑。然而人们已经提出了一些方法来避免这些问题。

运用多种方法收集资料和三角互证法，可以提高研究的内在信度。有各种资料来源，譬如观察、访谈、现场记录、文献等其他能够提供资料的来源。同时，资料数量必须足以保证有信心去确证的需要。在可能的情况下尽量使用录像，它使人能重复观看情境或要研究的现象，直到重要概念能被一致地确认出来。而且如果有两个或更多研究者参与，重复观看能够检查不同研究者之间解释的一致性程度，并且提供了一个解决分歧的机会。

实地调查中运用的细致描述，对内在信度是有益的；当观察者缺乏一致意见时，意见不一致的原因可从那些描述中找出。如果研究者意见不一致，应该有讨论的机会，以便消除这些不一致。实地调查常常是几个人之间的合作研究。大家应一直有机会交流观点，讨论对问题的阐释和评论他人的描述。

外在信度是个程度问题，有人可能会认为没有任何东西能被完全重复。很多实地研究者并不十分关心其他人是否会复制他们的研究，是因为实地研究的方法有所不同，它们适用于不同的复杂程度。

但是，多数学者还是主张尽可能提高实地研究的外在信度。为了达到这一点，研究者必须注意研究方法的全面性。戈茨和勒孔特这样总结了这一点：研究者必须清楚地辨别、详尽地讨论资料的分析过程，并对资料是如何被分析和综合的做出回顾性的描述。因为信度取决于后来的研究者重新构建出原始分析策略的潜在可能性，而只有那些以足够的细节说明了他们的实地的描述才是可以重复的。

（三）实地调查的效度

研究效度包括内在效度和外在效度两个方面。内在效度是研究结果可被精确解释的范围。外在效度是结果能被推广的人、情景和条件。信度并不能保证效度——不管是内在效度还是外在效度。如果研究结果得出没有信心，或研究方法有缺陷，研究则可能缺乏内在效度。如果研究的结果不能被推广，那么即使研究结果具有内部一致性并且研究也是可以被重复的，研究仍然缺乏外在的效度。

实地调查是在自然情境中进行的，它不可能像实验那样严格控制无关变量。实地调查常常跨越相当长时间，这就增加了外在影响的可能性。各种事件的发生顺序，对各种来源信息的看法，以及各种无序变量的可能影响，这些都是会影响内在效度的因素。

与外在效度相关的是推广，对什么人在什么条件下研究结果能被推广？戈茨和勒孔特把这个问题看作是一种证明，是“一种现象的典型，或者是在相关的维度上与其他现场进行比较和对照的程度。”外在效度就像研究本身，在实地调查中是基于现象学的方法论，而不是定量研究的实证方法。多个场所的研究可提高研究的外在效度。如果一个现象似乎在很多研究中都显得一致，那么它的可推广性就提高了。

不论研究类型如何，在任何研究中都不可能达到绝对的信度和效度。然而，通过合适的研究方法和把各种结果之间谨慎地平衡对照，研究者便建立了研究的信度。这种一般策略也适用于教育实地调查。三角互证法是对同一研究问题，用三个不同来源或不同方式得来的资料或信息进行比较分析，看是否具有一致性，以此来评价资料的真实性。此法的特

点是：在研究同一问题时，采用两种或两种以上的研究策略，然后通过比较不同来源的信息，以确定它们之间是否交叉印证。如果信息是一致的，那么资料的真实性便被确证。如果信息不一致，资料可能不是真实的。三角互证法不仅是评价资料来源真实性的方法，也是多种资料收集的方法。

第三节　询问调查法

一、询问调查法的概念和特点

询问调查法，也称访谈法。询问调查法，就是访问者通过口头交谈等方式直接向被访问者了解社会情况或探讨社会问题的调查方法。询问调查的特点是：

① 它是访问者与被访问者面对面的直接调查。它与实地观察等直接调查方法一样，能够比各种间接调查方法了解到更多、更具体、更生动的社会情况。

② 它是通过交谈方式进行的口头调查。因而它能通过口头交谈方式反复询问某些社会情况，并深入探讨有关的社会问题。

③ 它是访问者与被访问者双向传导的互动式调查。

④ 它是需要一定访谈技巧的有控制的调查。

二、询问调查法的种类

常用的划分标准有两种：一是以询问调查内容为标准，划分为标准化访问和非标准化访问；二是以询问调查方式为标准，划分为直接询问和间接询问。

标准化访问也称结构性访问，就是按照统一设计的、有一定结构的问卷所进行的访问。

这种访问的特点是：选择访问对象的标准和方法，访谈中提出的问题、提问的方式和顺序，以及对被访问者回答的记录方式等都是统一设计的，甚至连访谈的时间、地点、周围环境等外部条件，也力求保持基本一致。

标准化访谈的最大好处是，便于对访问结果进行统计和定量分析，便于对不同被访问者的回答进行对比研究。但是，这种访问方法缺乏弹性，难以灵活反映复杂多变的社会现象，难以对社会问题进行深入探讨，同时也不利于充分发挥访问者和被访问者的积极性、主动性。

非标准化访问也称非结构性访问，就是按照一定调查目的和一个粗线条调查提纲进行的访问。这种访问方法，对访问对象的选择和访谈中所要询问的问题有一个基本要求，但可根据访谈时的实际情况做必要调整。

非标准化访问，有利于充分发挥访问者和被访问者的主动性、创造性，有利于适应千变万化的客观情况，有利于调查原设计方案中没有考虑到的新情况、新问题，有利于对社会问题进行深入的探讨。但是，这种方法对访问者的要求较高，对访问调查的结果难以进行定量分析。

直接询问，就是访问者与被访问者进行面对面的访谈。这种访问方法，又可分为“走出去”和“请进来”两种具体方式。“走出去”就是访问者走到被访问者中间去，就地进行访问；“请进来”就是将访问者请到访问者安排的地方来，然后再进行访问。

间接询问，就是访问者通过电话、电脑、书面问卷等中介工具对被访问者进行访问。

三、访谈过程及其技巧

（一）接近被访问者

访问的第一个环节是接近被访问者。接近被访问者的第一个问题，是如何称呼的问题。称呼恰当，就为接近被访问者开了一个好头；称呼搞错了，就会闹笑话，甚至引起对方反感，影响访问的正常进行。

对被访问者的称呼，应注意几个问题：①要入乡随俗、亲切自然。②要符合双方的亲密程度和心理距离。③既要尊重恭敬，又要恰如其分。④要注意称呼习俗的发展和变化。

接近被访问者大体上有几种可供选择的方式：

① 自然接近，即在某种共同活动过程中接近对方。这种接近方式，是访问者有心，被访问者无意，它有利于消除对方的紧张、戒备心理，有利于在对方不知不觉中了解到许多情况。但是，在公开说明来意之前，很难进行深入系统的访谈。

② 求同接近，即在寻求与被访问者的共同语言中接近对方。

③ 友好接近，即从关怀、帮助被访问者入手来联络感情、建立信任。

④ 正面接近，即开门见山，先进行自我介绍，说明调查的目的、意义和内容，然后做正式访谈。这种方式，有些简单、生硬，但可节省时间、提高效率。在被访问者没有什么顾虑的情况下，一般可采用这种方式。

⑤ 隐藏接近，即以某种伪装的身份、目的接近对方，并在对方没有觉察的情况下访谈。这种接近方式，一般只在特殊情况下、对特殊对象才采用。滥用隐藏接近方式，难免有违社会公德之嫌，甚至有可能引起严重的社会、法律问题。

（二）提问的种类、方式和语言

访谈技巧首先是提问的技巧。访谈过程中提出的问题，可分为两大类，即实质性问题和功能性问题。所谓实质性问题，是指为了掌握访问调查所要了解的情况而提出的问题。它大体上可分为四类：①事实方面的问题；②行为方面的问题；③观念方面的问题；④感情、态度方面的问题。

所谓功能性问题，是指在访谈过程中为了对被访问者施加某种影响而提出的问题。它也可分为四类：①接触性问题。提出这些问题的目的，不是了解这些问题本身，而是为了比较自然地接触被访问者。②试探性问题。提出这些问题是为了试探一下，看访谈对象和时间的选择是否恰当，以便决定访谈是否进行和如何进行。③过渡性问题。有了过渡性问题，访谈过程就会显得比较连贯和自然。④检验性问题。提出一个问题的目的，是为了检验前一个问题的回答是否真实、可靠。

提问的方式多种多样，究竟采取哪种方式提出问题，应该考虑三个方面的因素：①要考虑问题本身的性质和特点；②考虑被访问者的具体情况；③考虑访问者与被访问者之间的关系。

（三）听取回答的技巧

访谈技巧，首先是提问的技巧，同时也包括听取回答的技巧。“善问”和“会听”，是一个熟练访问者不可缺少的两个方面。

听，客观上存在着三个层次：①表面的听，即半听半不听，耳朵在听别人讲话，脑子在想别的事，结果大部分内容没有听进去。②消极的听，即在被动地以耳听音，但没有开动脑筋去理解、记忆，因而听的内容很快就忘得差不多了。③有效的听，即积极、专心地听，不仅以耳“察言”、以眼“观色”，而且积极开动脑筋，理解讲的观点，推测言外之意，并反复记忆和考虑如何做出反应。

访谈过程中的听，应该是有效的听。它大体上包括三个步骤：①接收和捕捉信息，即认真听取被访问者的口头回答，积极主动捕捉一切有用的信息，包括各种语言信息和非语言信息。②理解和处理信息，即正确理解接收、捕捉到的信息，及时做出判断或评价，舍弃无用信息，保留有用信息和存疑信息。③记忆或做出反应，即记忆有用信息，并考虑对被访问者的回答，特别是对其中存疑信息做出何种反应。

实践证明，要有效地听，就必须做到以下几点。

(1) 要排除听的障碍

① 偏见性障碍，即由于不喜欢被访问者这个人，而不能认真地听。

② 判断性障碍，即由于主观判断被访问者不可能了解情况、他的回答不可能真实等，而不能客观地听。

③ 心理性障碍，即由于听取回答的兴趣不浓、情绪不好，而不能积极地听。

④ 生理性障碍，即由于疲劳或昏昏欲睡，而不能集中精力地听。

⑤ 习惯性障碍，即由于习惯于打断对方讲话，急于发表自己意见，而不能耐心地听。

⑥ 理解性障碍，即由于访问者与被访问者对同一问题的理解不同，而不能正确的听。

(2) 要有正确的态度

① 要认真地听，即聚精会神，一丝不苟地听。

② 要虚心地听，即对被访问者的回答，懂就说懂，不懂就请教，决不可不懂装懂。

③ 要有感情地听，即要理解被访问者的感情，并做出感情移入式的反应。

(3) 要提高记忆能力

① 重复，即请被访问者复述，或自己默默复述。

② 浓缩，即把听到的回答浓缩成几个要点，以提高记忆的方便和牢固程度。

③ 联想，利用视觉联想、意义联想、情景联想来促进记忆。

④ 比较，通过内容比较、形式比较、环境比较来帮助记忆。

⑤ 改组，即把一长串本无意义的数字改组成几组短小的有一定意义的数字。

⑥ 使用，即用被访问者的回答来询问情况、探讨问题。实践证明，使用得越多，记忆就越牢。记忆是为了使用，使用则是最有效的记忆。

(4) 要善于做出反应

① 无反射反应，即对被访问者的回答不插话、不表态、不干扰，保持沉默。

② 有反射反应，即不时用“嗯!”“对!”“讲得好!”“真有意思”，“增长了见识”等语言信息，或者用点头、肯定的目光和手势等非语言信息鼓励对方继续谈下去。

对被访问者的回答做出恰当反应，是保证访谈过程正常进行的必要条件，也是有效听的必要条件。

(四) 引导和追询

访谈过程除了提出问题和听取回答外，有时还需要引导和追询。与提问不同，引导不是提出新问题，而是帮助被访问者正确理解和回答已提出的问题。引导是提问的延伸或补充，是访谈过程中不可缺少的环节或手段。

在什么情况下引导呢？一般地说，当被访问者对所提问题理解不正确，答非所问，文不对题的时候；当被访问者顾虑重重、吞吞吐吐、欲言又止的时候；当被访问者一时语塞、对所提问题想不起来的时候；当被访问者口若悬河、滔滔不绝，而又漫无边际、离题太远的时候；当访谈过程被迫中断、又重新开始的时候……

总之，当访谈遇到障碍不能顺利进行下去或偏离原定计划的时候，就应及时引导。

如何引导呢？要具体情况具体对待。如果是被访问者对问题理解不正确，就应该用对方听得懂的语言对问题做出解释或说明；如果是被访问者有顾虑，就应该摸清是什么顾虑，然后对症下药消除顾虑；如果是被访问者遗忘了某些情况，就应从不同角度、不同方面帮助对方回忆；如果是被访问者的回答离题太远，就应采取适当方式，有礼貌地把话题引上正轨；如果是中断的访谈重新开始，就应该简略回顾一下前面交谈的情况，复述一下尚未回答的问题……

总之，只要排除了干扰和障碍，使访谈过程得以按预定计划发展下去，就算达到了引导的目的。

追询不同于提问，也不同于引导，它不是提出新的问题，也不是排除回答中的障碍，而是为了促使被访问者更真实、具体、准确、完整地回答问题。

在什么情况下追询呢？一般来说，当被访问者的回答明显说谎、不肯吐露真情的时候；当被访问者的回答前后矛盾、不能自圆其语的时候；当被访问者的回答含混不清、模棱两可的时候；当被访问者的回答过于笼统、很不准确的时候；当被访问者的回答残缺不全、不够完整的时候……

总之，当被访问者的回答没有真实、具体、准确、完整说明问题的时候，就要追询。

追询有多种方法。

正面追询，即直接指出回答不真实、不具体、不准确、不完整的地方，请对方补充回答；

侧面追询，即调换一个侧面、一个角度、一个提法来追问相同的问题；

系统追询，即何时、何地、何人、何事、何因、何果……系统地追问下去；

补充追询，即只追问那些没有搞清的、需要补充回答的问题；

重复追询，即对前面已经回答过的问题，到后面再追问一次，以检验前后回答是否真实和一致；

反感追询，即"激将"追询，看看在"激将"的情况下对方有何表现、作何反应。

总之，追询一定要适当，即要做到适时和适度。

（五）访谈的结束

访谈结束应该注意两个问题：一是要适可而止，二是要善始善终。

所谓适可而止，主要掌握两条原则：

① 每次访谈时间不宜过长，一般以一两个小时为宜，特殊情况则应灵活掌握。

② 访谈必须在良好气氛中进行。

所谓善始善终，主要做好两件事：

① 表示感谢和友谊，即真诚感谢被访问者对调查工作的支持，感谢从对方学到了许多知识；同时还应肯定通过访谈建立或加深了友谊，说明访谈是短暂的，友谊却是长存的。

② 为以后调查做好铺垫，即表示今后可能还要登门请教；如果第一次访问没有完成任务，就应具体约定再次访问的时间和地点，最好简要说明再次访谈的主要内容，以便对方做好思想和材料准备。

（六）再次访问

访问调查应力争通过一次访谈完成调查任务，能否做到这一点取决于三个因素：一是取决于调查内容和方法；二是取决于访问者的素质和工作；三是取决于被访问者的合作态度和具体情况。

再次访问，大体可分为三种类型：①补充性再次访问，是指为了完成第一次访谈中没有完成的调查任务，可补充、纠正第一次访谈中的遗漏和错误而做的再次访问。②深入性再次访问，是指为了深入探讨某些问题，按计划在第一次访问了解一般情况、熟悉被访问者后做的第二次或多次访问。③追踪性再次访问，是指为了了解被访问者的变化，在第一次访问后间隔一段时间对原调查对象进行的再次或多次访问。

四、询问调查的实施

1. 做好访问前的准备

① 准备访问提纲，学习与调查内容有关的知识。

② 选准访谈对象，尽可能了解被访问者。

③ 选好访谈的时间、地点和场合。

2. 建立良好的人际关系

要建立良好的人际关系，就必须做到如下几点。

① 表明来意，消除疑虑。

② 虚心求教，以礼待人。

③ 平等交谈，保持中立。

3. 重视访谈过程中的非语言信息

在访谈过程中，既要重视语言信息交流的技巧，又要重视非语言信息交流的技巧。衣着、服饰、打扮等外部形象，是一个人的职业、教养、文化品位等内在素质的反映。动作、姿态等行为都是受思想、感情支配的。面部表情是内心感受的外部表现，是传达思想、感情信息的一种方式。眼睛是最富于表情的器官，被称为“心灵的窗口”。

人们周围的环境，包括各种用具、器物陈设，以及某些活动、状态，也蕴藏着一定的信息。应该指出，同样的非语言信息，在不同对象、不同情景下往往具有不同含义。

4. 做好询问记录

询问调查，一般都要做记录。记录有两种方式，即当场记录和事后追记。标准化访问的记录比较好办，按照规定的记录方式，把被访问者的回答记录在事先设计好的表格、问卷、卡片上就行了。非标准化访问的记录则比较困难，因为当场记录会分散访问者注意力，降低访谈质量和进度。

笔记有三种方法：速记、详记、简记。

无论是详记还是简记，在记录内容上都应抓住几点：①记要点，即主要事实、主要过程、主要经验或教训、主要观点和建议等。②记特点，即具有特色的事件、情节、语言、表情等，特别要注意捕捉那些“闪光”的思想或语言。③记疑点，为了不打断对方的思路和回答，应把各种有疑问的问题记下来，留待以后去询问或做调查。④记易忘点，如人名、地名、组织名称、时间以及各种数据等。⑤记主要感受点，即把自己的主要感受和“闪光”思想及时记下来，以免时过境迁遗忘了。

5. 对无回答的处置

在询问调查中，经常会出现无回答现象。这有两种情况：一是计划访问的对象出差、请假或不在家；二是计划访问的对象不合作，拒绝回答问题。这两类对象都不应轻易放弃，因为他们都是按原设计方案选定的，都代表着某些类型的调查对象。缺少了对他们的调查，全面调查就会不全面，典型调查就会不典型，抽样调查就会使样本失去代表性。

对于不在家的人，一般有三种处置方法：一是了解他们什么时候回家，然后去做补充调查，直到找到他们为止；二是在条件许可的情况下，追踪到他所去的地方做访问；三是如果访问调查只涉及一些事实（如人口普查）行为问题，而不涉及观念、情感问题，那么也可考虑找一些熟悉情况的人代他回答。即用备用调查对象代替或者放弃。

对于不合作者，首先应认真研究不合作的原因，然后再对症下药。根据以往经验，不合作者大体有六种情况，其处置方法应各不相同，如：①认识问题；②利害问题；③时间或情绪问题；④信任问题；⑤政治态度问题；⑥罪错问题。

五、询问调查法的优点

① 它能广泛了解各种社会现象。
② 它能深入探讨各类社会问题。
③ 它能灵活处理访谈过程中的问题。
④ 它能提高访谈的成功率和可靠性。
⑤ 它能适用于各种调查对象。
⑥ 它还有利于与被访问者交朋友。

六、询问调查法的缺点

① 一定的主观性。
② 不能匿名，有些问题不能或不宜当面询问。
③ 询问调查获得的材料有许多需要进一步查证、核实。
④ 询问调查费人力、费财力、费时间。

第四节　网络调查法与电话调查法

传统的市场调查费时费力费钱，新的沟通方式的出现无疑是为市场调查提供了新的工具。

一、网络调查法常用手段

1. 利用自己的网站

网站本身就是宣传媒体，如果企业网站已经拥有固定的访问者，完全可以利用自己的网站开展网上调研。

2. 借用别人的网站

如果企业自己的网站还没有建好，可以利用别人的网站进行调研。这里包括访问者众多的网络媒体提供商（ICP）或直接查询需要的信息。

二、进行网络调查法应注意的问题

1. 制定网上调研提纲

网上调研是企业在网上营销全过程的第一步。一个调研项目常包含高度精练的理念。这种理念是无法触及的“虚”，而调研提纲可以将调研具体化、条理化。

比如：信息用途，哪个部门需要具体目标，如题目数量调研名称，调研项目也许会成为品牌和沟通工具。

调研提纲是将企业（调查者）与客户（被调查者）两者结合的工具。良好的沟通可以减少或消除将来出现的问题。调研提纲应当由企业的市场总监或产品经理来草拟。他应当清楚调研的时间、框架、问题、格式要求、题目细定。一旦企业需要委托专业网上调研公司进行工作，他就是直接负责人。

2. 寻找竞争对手

利用各种方式搜集竞争对手信息，比如利用导航台、锁定具体区域、设定与自己产品相同或相似的关键词来寻找竞争对手。仔细查看竞争对手的网址，注意竞争对手的网站有哪些特色值得借鉴，有什么疏漏或错误需要避免，竞争对手是否做过类似的市场调研？

3. 了解市场需求

设想您就是顾客，从他的角度来了解客户需求。您的调研对象可能是产品直接的购买者、提议者、使用者，对他们进行具体的角色分析。例如某种时尚品牌休闲男装，他的目标对象应当是年轻男性，但实际的客户市场不仅仅是这部分人群，而是包括他们的母亲、妻子、女友等女性角色。这就要求调研时，将调研市场对象进行角色细分，充分了解市场需求，使调研结果更有针对性、准确性。

4. 适当奖品激励

因特网毕竟是虚拟世界，如果能够提供更多人性化的东西，如果在网上调查过程中加入适当的奖品激励，调查会获得更多的参与者。

三、网络调查法的优点

实时、互动。网上调查是开放的，任何网民都可以进行投票和查看结果，而且在投票信息经过统计分析软件初步自动处理后，可以即时查看到阶段性的调查结果。网络的最大好处是交互性，因此在网上调查时，被调查对象可以及时就问卷相关问题提出自己更多看法和建议，可减少因问卷设计不合理导致调查结论偏差。

无时空、地域限制。网上市场调查是24小时全天候的调查，这就与受区域制约和时间制约的传统调研方式有很大不同。

便捷性和低费用。实施网上调查节省了传统调查中耗费的大量人力和物力。

更为可靠和客观。实施网上调查，被调查者是在完全自愿的原则下参与调查，调查的针对性更强，因此，问卷填写信息可靠，调查结论更为客观。

四、网络调查的目的

在调查前，首先要明确调查的目的。

公司站点的访问者。在Internet上进行市场调研，最基本的一个目的是了解谁是厂商站点的访问者。当有人进入电子商店时，厂商应该知道这个人是老是少、是男是女、是富是贫。这些信息对从事网上运营的企业来讲是极为重要的。如果掌握了这些信息，企业就可以勾画出目标客户群体的整体结构，然后有针对性地展开营销活动。

客户或员工满意度调查。客户的满意度与忠诚度是衡量公司的产品与服务在客户心中位置的重要指标，它将直接影响公司的发展与利润，对这一指标进行有效的调查、评估和管理，对企业的日常操作行为与长期的策略制定具有极其重要的指导意义。高水平的满意度与忠诚度将引起客户的持续购买行为，并会向同事与朋友进行推荐。

新产品测试。在当前这个富于创新的时代，用户无止境的要求及不断更新的消费观念使企业面临十分严峻的竞争环境。为了进一步满足用户的需求，企业需要不断地推出新产品、新概念或者新的服务方式。为了准确地了解客户的需求，在新产品酝酿中，我们可以利用联机市场调查的方式，对新产品进行宣传与调查，分析产品的优缺点与市场份额。目前，国外已经有许多企业开始尝试这种方法。例如，利用网络高速、交互性以及多媒体的特点，将汽车的最新款式通过网络展示，并调查用户对性能、颜色等方面的需求，从而决定生产、销售以及开发的策略。

五、网络调查的对象

在明确调查目的之后，应确定调查的对象。一般情况下，网络调查的对象可分为以下三类。

① 产品的购买者。消费者可以通过网上购物的方式来访问公司站点，厂商可以通过Internet来跟踪消费者，了解消费者对产品的意见以及建议。

② 企业的竞争者。企业可以通过Internet进入竞争对手的站点，查询面向公众的所有信息，例如年度报告、季度评估、公司决策层个人简历、产品信息、公司简讯以及公开招聘职位等等。通过分析这些信息，厂商可以准确地把握本公司的优势和劣势，及时调整营销策略。

③ 企业合作者和行业内的中立者。这些公司可能会提供一些极有价值的信息和评估分析报告。

六、网络调查法技巧

为了得到更为可靠的信息，在调查中，可采用一些策略性的技巧。

① 物质鼓励。如果企业能够提供一些奖品或者免费商品，会容易从访问者那里得到想要知道的信息，包括姓名、住址和电子邮件地址。这种策略被证明是有效可行的。它能减少因访问者担心个人站点被侵犯而发出不准确信息的数量，从而使调查者提高调研的工作效率。Internet上有为数不多的站点能给访问者购买商品打折或给予奖励。但这需要访问者填写一份包括个人习惯、兴趣、假期、特长、收入等个人情况的调查问卷。因为有物质奖励，许多访问者都会完成由这些站点提供的调查问卷。

② 注册个人信息。如果调查者用大量有价值的信息和免费信息来吸引访问者，还会得到有关个人的详细情况。如有一家专门登载房地产二手房信息的站点，这个站点提供大量的免费信息，允许访问者下载，同时鼓励访问者提供包含个人姓名、职位、所在公司及所在行业的有关信息。

③ 选择性调查。人们一般乐于参加调查和意见测验，特别当提及的问题短小精悍时更是如此。一个有效的策略是在制定调查问卷时，厂商应在每个问题后设置两个按钮，让访问者直观地表达他们的观点，它们要求被调查人将他们的电子邮件地址传送到公司的邮

件信箱中。

④ 适当的问题数量。在网络上进行调研时，问的问题越多，访问者就越不愿意参与。因此，掌握调查问卷中所含问题的数量是设计调查问卷的一个技巧。在每个行业中，调查问题的最佳数目各不相同，同时，调查问卷中问题的答案选项也应提供给访问者相应的信息。如何让调研行之有效，有赖于厂商从实际操作中不断总结经验与教训。

七、电话调查法

电话调查是调查人员利用电话这种通信工具，同被调查者进行语言交流，从而获取信息，采集数据的一种调查方法。

包括传统的电话调查和电脑辅助电话访谈两种。传统的电话调查使用的工具是普通的电话、普通的印刷问卷和普通的书写用笔，经过培训的调查员在电话室内按调查设计所规定的随机拨号的方法进行访问工作。电脑辅助电话访谈是访问人员直接将答案输入电脑控制中心的电话访谈方法，是中心控制电话访谈的“电脑化”形式，目前在美国十分流行。传统的电话调查适用于小样本的简单访谈。电脑辅助电话访谈适用于问卷内容比较烦琐的访谈。

电话访问具有如下的优点：

① 由于采取随机拨号的方式，样本对总体的代表性强，数据结果可以直接推论到总体，适合于那些需要计算发生率、认知度、市场总量、自然人群分布的项目。

② 访问质量高。所有访问员都在督导的直接监督之下，而且又有全部的访问录音与督导的远程在线监看监听，作弊的可能性极低。

③ 速度快。省掉了入户访问与街访中需要的问卷跳问、问卷邮寄、复核、录入等过程，这经常需要近 7 天的时间。不需要全部访问，研究人员可以拿到各天的数据。

④ 费用省。不需要研究人员、督导人员出差，而且由于访问速度快，费用也会大大缩减，相同的项目，电话访问的费用比入户少大概 30%以上。

同时电话调查也具有如下这些劣势：

① 缺乏与被访者面对面的沟通，总让客户感到有点遗憾；

② 只适合于不用出示产品或者图片的项目；

③ 更适合于问卷稍短一些的项目，比较理想的电话访问不要超过 25 分钟，最长不要超过 45 分钟。

第五节 问卷调查法

一、问卷调查法概述

问卷调查法是房地产调查中最常用的收集资料的方法，在房地产市场调查中被广泛使用。

问卷调查法是研究者通过事先设计好的问题来获取有关信息和资料的一种方法。研究者以书面形式给出一系列与研究目的有关的问题，让被调查者做出回答，通过对问题答案的回收、整理、分析，获取有关信息。

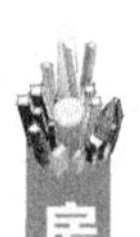

二、问卷调查法的特点

（一）问卷调查法的优点

1. 高效性

问卷调查之所以被广泛使用，最大的优点是它的简便易行，经济节省。问卷调查可以节省人力、物力、经费和时间，无需调查人员逐人或逐户地收集资料，可采用团体方式进行，也可通过邮寄发出问卷，有的还直接在报刊上登出问卷，这对调查双方来说都省时省力，可以在很短时间内同时调查很多人，因此，问卷调查具有很高的效率。问卷资料适于计算机处理，也节省了分析的时间与费用。

2. 客观性

问卷调查一般不要求调查对象在问卷上署名。采用报刊和邮寄方式进行问卷调查，更增加了其匿名性，它有利于调查对象无所顾忌地表达自己的真实情况和想法。特别是当问卷内容涉及一些较为敏感的问题和个人隐私问题时，在非匿名状态下，调查对象往往不愿意表达自己的真实情况和想法。

3. 统一性

问卷调查对所有的被调查者都以同一种问卷的提问、回答的形式和内容进行询问，这样，有利于对某种社会同质性的被调查者的平均趋势与一般情况比较分析，又可以对某种社会异质性的被调查者的情况进行比较分析。

4. 广泛性

问卷不受人数限制，调查的人数可以较多，因而问卷调查涉及的范围较大。为了便于调查对象对调查内容方便容易地做出回答，往往在设计方面给出回答的可能范围，由调查对象作选择。这种对“回答”的预先分类有利于从量的方面把握所研究的教育现象的特征。同时，问卷调查有利于对调查资料进行定量分析和研究。由于问卷调查大多是使用封闭型回答方式进行调查，因此，在资料的搜集整理过程中，可以对答案进行编码，并输入计算机，以进行定量处理和分析。

（二）问卷调查法的局限

1. 缺乏弹性

问卷中大部分问题的答案由问卷设计者预先划定了有限的范围，缺乏弹性，这使得调查对象的作答受到限制，从而可能遗漏一些更为深层、细致的信息。特别是对于一些较为复杂的问题，靠简单的填答难以获得研究所需要的丰富材料。问卷对设计要求比较高，如果在设计上出现问题，调查一旦进行便无法补救。

2. 容易误解

问卷发放后由调查对象自由作答，调查者为了避免引起调查对象的顾虑，不当场检查被调查者的填答方式是否正确或是否有遗漏，这就不可避免地出现一些被调查者漏答、错答或回避回答一些问题的现象。

3. 回收率低

问卷的回收率和有效率比较低。在问卷调查中，问卷的回收率和有效率必须保证有一定的比率，否则，会影响到调查资料的代表性和价值。邮寄发出问卷的寄还，靠调查对象的自觉和自愿，没有任何约束，所以往往回收率不高，这就对样本所要求的数量造成一定的影响。

三、问卷调查法的适用范围

问卷调查法有上述的优势和局限，故它有自身所适用的范围。由于问卷调查法使用的是书面问卷，问卷的回答有赖于调查对象的阅读理解水平，它要求被调查者首先要能看懂调查问卷，能理解问题的含义，懂得填答问卷的方法，而在现实生活中，并不是所有的人都能达到这样的文化程度，因此它只适用于有一定文化水平的调查对象。

从被调查的内容看，问卷调查法适用于对现时问题的调查；从被调查的样本看，适用于较大样本的调查；从调查的过程看，适用于较短时期的调查；从被调查对象所在的地域看，在城市中比在农村中适用，在大城市比在小城市适用；从被调查对象的文化程度看，适用于初中以上文化程度的对象。

四、问卷调查的过程

（一）明确调查目的

1. 从目的出发

在进行问卷调查的过程中，调查目的是首先要考虑的问题，因为调查目的是问卷设计的灵魂，是问卷调查的出发点和中心，它决定着调查的一切方面，如调查对象的选择、调查范围的确定、调查内容的设计、调查结果的分析，因此，在进行问卷调查开始阶段，首先应该明确调查目的。

2. 估计可能的阻碍因素

问卷调查是调查者在研究中收集资料的方法，因此，进行调查问卷之前，首先要考虑调查的目的，但是，如果只从调查者的角度考虑问题，那显然是不够的。问卷调查是由调查者与被调查者共同完成的，而且被调查者是在相对仓促的情况下完成问卷，问卷调查的特点决定了问卷设计必须一次成功，因为，如果到被调查者完成问卷后，才发现问题，已经不可能补救。问卷调查需要被调查者的积极配合，因此，只有当你对调查过程中可能出现的阻碍因素有清楚的认识时，才能有效地提高问卷调查的质量。阻碍被调查者合作的因素，归纳起来，主要有两个方面。

一是主观上的障碍，也就是被调查者心理上和思想上对问卷产生的各种不良反应所形成的障碍。比如篇幅太长，题目太多，难度太大，被调查者就会产生畏难情绪，或者有些题目涉及个人隐私等敏感内容，被调查者就会产生种种顾虑，还有被调查者对调查的目的、意义不清楚时，也会对问卷采取敷衍、马虎的态度。这些主观上的障碍，会造成有些被调查者放弃填写问卷，或者草草应付，或者不如实填写，这样就会导致问卷回收率降低，问卷资料的质量不能保证，严重的话，还会导致调查的失败。

二是客观上的障碍，也就是被调查者自身能力和条件等方面的原因所形成的障碍。比如阅读能力和理解能力以及答题的能力高低都会影响答题的质量。因此，在设计问卷时，要尽可能地站在被调查者的立场思考问题。

3. 应该注意的相关问题

一是以调查目的为中心做总体构思。首先要考虑调查目的，明确了调查目的，就可以对问卷调查其他诸多问题进行构思。

二是从调查内容出发，考虑要向被调查者调查的问卷难易度、熟悉度和兴趣度，如果对被调查者来说是较难回答的问题，或者是不熟悉的问题以及可能不太感兴趣的问题，问卷的设计就应该更加谨慎，应该设法降低难度，增加熟悉度和兴趣度，指导语应当更为详尽和周密，措辞也应该更加慎重。

三是注意调查样本的构成情况，也就是考虑被调查者的情况。被调查者的身份、职业、文化程度、年龄、性别等因素，都是设计问卷时应当考虑的。

最后，设计问卷时还应该考虑到资料处理分析方法和问卷的使用方法等因素。因为，不同的资料处理和分析的方法，对问卷的设计有不同的要求。如果忽视这个因素，有时会影响调查结果的处理，严重的还会使调查任务无法完成。

（二）确定问卷的内容

一般来说，问卷调查常常用于了解个人态度或具体行为等方面的问题。为了了解不同群体对问题的态度和选择，在制作问卷时，都会在问卷中安排“个人基本情况”这一部分内容。因此，问卷的主体常常由三部分组成，也就是个人基本资料（事实问题）、行为问题以及态度问题。

1. 个人基本资料

通常，一份问卷主体部分的开头，会请被调查者填写一些个人的基本资料。个人基本资料的组成部分，根据被调查者的情况而定，如果被调查者是学生，那么往往需要填写性别、年龄、所在学校、年级、住所（城市或乡村）、父母的职业、父母受教育程度等。如果被调查者是家长，那么往往需要填写与学生的关系、年龄、职业、受教育程度、家庭情况等。

2. 态度问题

态度问题对教育研究有重要意义，除了只调查行为问题的问卷外，一般的问卷调查，都会涉及态度问题。

态度问题包括两个层面：一种是有关意见方面的，如意见、看法。相对而言，“意见”属于暂时性的看法，如对一节课的看法，或对一次活动的态度。意见问题是想了解被调查者对某些具体的、一般的事物或行为的看法，它可以随着时间或个人情况的变化而变化。比如问：“你对昨天公开课老师课堂提问数量的看法？”或者问：“你是不是赞成由快餐公司解决午饭问题？”这类问题，都不是涉及行为或事件深层次的问题，而是对于行为或事件的一般的表态。

另一个层面是有关价值或人格方面的观念。这属于“态度”问题中相对深层而持久性的认识，如世界观、人生观、道德观念等。调查者对这些问题多半是精心设计，以了解教育领域的改革、发展趋势与人们态度的吻合程度。

由于属于深层次的态度问题，是较复杂的变量，单独分析往往会有较大的误差，所以就出现了另一类专门调查“态度问题”的量表，即态度量表。态度量表中把变量分为几个部分，不是一题一题的算结果，而是把整个总分或分组分数合起来算，这样，可以与其他变项求相关，可以计算信度系数，也可做因素分析。

3. 行为问题

这部分问题了解的是被调查者的实际行为，包括过去的行为和现在的行为。这些实际行为可能因年龄、性别、职业、受教育程度而有差异。在考虑问题时，要尽量把这类问题放在一起，问题要清楚合理，符合被调查者的实际情况。

（三）问卷的设计

问卷的设计非常重要，本书将其作为单独一章（第四章）在以后课程中重点阐述。

（四）问卷的发放与回收

问卷调查的质量不仅取决于问卷的设计，也取决于问卷从发放到回收各个环节的工作。

1. 问卷的发放

问卷发放时必须关注两个问题：一是要有利于提高问卷的填答质量，二是要有利于提高问卷的回收率。

送发问卷可以由调查者本人亲自到现场发放问卷，也可以委托其他人发放问卷，两者各有优缺点。委托其他人出面发放问卷会比较方便，但是如果调查者能亲自到场发放，则能亲自做解释，这对于提高问卷的填写质量和回收率是有好处的。因此，只要调查者有时间，应尽可能亲自到场发放问卷并指导问卷的填写，如果要委托他人发放，则一定要委托负责的组织或个人，决不能草率从事。另外，不管是调查者本人到场发放问卷还是委托他人发放，都必须征得有关组织的同意，取得他们的支持与配合，这是送发问卷调查能否取得成功的一个重要条件。

2. 问卷的回收

问卷回收时要当场粗略地检查填写的质量，主要检查是否有漏填和明显的错误，以便能及时纠正，保证问卷有较高的有效率。因为问卷收回去后再发现问题就无法更正了。无效问卷一多，就会影响调查质量。这项工作最好由调查者本人亲自在场指导，或者必须向委托人提出明确的要求。

影响问卷回收的因素主要有：

① 组织工作的状况；

② 课题的吸引力；

③ 问卷填写的难易度；

④ 对问卷回收的把握。

根据统计，报刊投递问卷的回收率约为10%～20%；邮寄问卷的回收率约为30%～60%；送发问卷的回收率约为80%～90%；访问问卷的回收率可达100%。问卷的回收率是影响问卷质量的一个关键问题，回收率很低会影响调查的结果。根据有关专家研究测定，成功的问卷回收率应达到70%以上，而50%的回收率是送发问卷调查的最低要求，如果回收率不到50%，那么该问卷调查已失败，此调查就应终止。

本章小结

本章我们主要介绍了几种房地产市场调查的方法：实地调查法、网络调查法、电话调查法和问卷调查法。同时按照不同的分类标准对房地产市场调查进行了分类。如按照不同的调查目的，房地产市场调查可以分为探索性调查、因果性调查、描述性调查和预测性调查等。

同时，针对各种调查方法分别从优（特）点、调查方法、调查范围及调查程序等方面进行了深刻的探讨。

综上，作为一种调查的方法，如何科学选择和使用是本章的出发点和归宿。只有细心领会本章内容才能在整个调查活动中获得更多的调研内容，并达到事半功倍的效果。

思考题

1. 请列举常用的房地产市场调查方法。

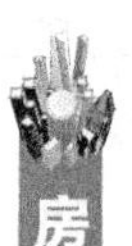

2. 如何进行房地产市场调查方法的选择？

3. 进入研究现场的方法有哪些？

4. 简述实地调查法的注意事项。

项目实训

1. 分组采用实地调查的方法进行逐步暴露式和隐蔽进入式对你所在区域新开盘住宅项目的销售价格和优惠政策进行调查，并进行简单的资料整理。

2. 找一项大家感兴趣的话题，分角色扮演采访者和被采访者，进行询问法访谈模拟训练。

第三章 房地产市场调查内容

名师导学

房地产市场调查内容是房地产市场调查与预测工作的重要组成部分，想达到预期目的，就必须在调查内容上下工夫。

本章我们将一同探讨房地产市场调查内容的制定与选择，主要从环境调查、供需调查、客户需求及营销组合四个方面进行探讨。

只有组织好调查的内容才能更好地进行调查问卷的设计工作。

知识目标

- 市场环境调查
- 市场供需调查

能力目标

- 客户需求调查
- 市场营销组合调查

案例导入

两会后将开启第四轮房地产刺激政策

这个春天会是房地产的春天吗？继央行再降息的强刺激后，两会派出政策大红包。据《政府工作报告》指出，今年房地产政策将坚持分类指导，支持居民自住和改善性住房需求，促进房地产平稳健康发展。政策口径不仅以“支持、促进”代替“调控、抑制”，且不仅针对自住需求，更指向改善需求的扶持。坊间认为，两会后，地方将迎来第四轮房地产刺激政策，政策利好通道即将洞开。这对于有购房需求的买家来说，是一次难得的“窗口期”。

时隔六年楼市再遇“窗口期”

在短短不到半年内，楼市已经经历了三次政策提振，政策出台的密集程度与力度，远超市场预期。2015 年两会后，市场预期第四轮政策刺激会更加重磅，不排除地方会出台更多刺激政策，目前的政策环境，其宽松度可谓是直追 2009 年。

市场将可能发生怎样的变化呢？不少人将目前的市场与六年前进行对比，认为两者具有很高的相似性。2008 年年底，楼市一样位于调整低谷，2008 年 12 月份，广州十区均价跌至 8012 元/平方米，为全年最低点。然而，在政策刺激下，楼市开始渐变，2009 年 3 月份，“小阳春”行情开始越演越烈，成交放量翻番，当年 5 月之后，楼市窗口期宣告彻底关门，楼市别春入夏。

（资料来源：《新快报》）

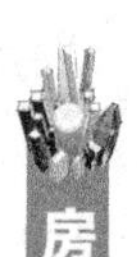

案例引导

通过上述案例我们可以总结出，房地产市场离不开国家政策对行业的宏观调控，老百姓的购房观念越发趋向理性，其购房需求在政策等因素的刺激下，随时可能发生改变，因此，企业在开发项目全过程要定期关注和研究房地产市场环境，对市场供需了如指掌，准确把握消费者诉求，才能更好地运用营销组合策略，快速去化产品，获得更多的盈余。

请大家一起总结，2015 全国两会还有哪些利好的房地产政策。

第一节　房地产市场环境调查

房地产市场环境调查的内容主要包括宏观环境和微观环境两个方面。

一、宏观环境调查

房地产企业的生存发展是以适应房地产市场环境为前提的，对房地产企业来说，市场环境大多数是不可控制因素，房地产企业的生产与营销必须与之相协调和适应。尽管企业在市场活动中拥有充分的自主权，但它的经营活动受到社会法律环境的约束，受到行业惯例和准则的规定与制约，而社会经济、文化的发展都对房地产企业生产经营有制约和影响作用。

宏观环境调查，也可以理解为宏观环境把握，主要指一个国家政治、经济的形式分析。

1. 政治法律环境调查

政治法律环境，包括国家法律法规的健全、完善程度，新制定的法律、法规，国家政局的稳定程度，其主要调查内容如下。

① 国家、省、城市有关房地产开发经营的方针政策。如房改政策、开发区政策、房地产价格政策、房地产税收政策、房地产金融政策、土地制度和土地政策、人口政策和产业发展政策、税收政策等。

② 国家有关方针和政策，如产业政策、金融政策、税收政策、财政政策、物价政策、就业政策等。

③ 有关国民经济社会发展计划、发展规划、土地利用总体规划、城市建设规划和区域规划、城市发展战略等。

④ 有关房地产开发经营的法律规定。如《房地产开发经营管理条例》、《中华人民共和国土地管理法》、《中华人民共和国房地产管理法》、《中华人民共和国广告法》、《中华人民共和国反不正当竞争法》。

⑤ 国内、国际政局的变化，这里涵盖政治形势、政府的重大人事变动等。

2. 经济环境调查

经济环境，又称经济科技环境，主要掌握国际经济发展趋势，科学技术对房地产项目的影响程度，具体解释如下。

① 国家、地区或城市的经济特性，包括经济发展规模、趋势、速度和效益。

② 国民经济产业结构和主导产业。

③ 居民收入水平、消费结构和消费水平。

④ 物价水平及通货膨胀率。

⑤ 一般利率水平，获取贷款的可能性以及预期的通货膨胀率。

⑥ 项目所在地区的经济结构、人口及其就业状况、就学条件、基础设施情况、地区内的重点开发区域、同类竞争物业的供给情况。

⑦ 项目所在地区的对外开放程度和国际经济合作的情况，对外贸易和外商投资的发展情况。

⑧ 与特定房地产开发类型和开发地点相关因素的调查。

⑨ 财政收支。对于不同的物业类型，所需调查的经济环境内容有很大的不同，须结合具体项目情况展开有针对性的调查。

除非是到另外一个国家投资，否则不必详细研究政治法律环境对房地产项目的影响，但要研究一定时期内国家的产业政策，并顺应政策的潮流，例如近几年，国家把房地产业当成我国国家经济的增长点，在此情况下，房地产开发商一般应重点进行住宅项目的开发建设。

而针对国家经济发展趋势的调查分析，在某一特定时期内，对房地产项目影响很大，如 2015 年的减息政策。此外，科学技术方面的“网络时代”、“数字时代”等对房地产项目也有影响。

3. 社会文化环境调研

社会文化环境主要是居民的生活习惯、生活方式、消费理念、消费心理及对生活的态度、对人生的价值取向等。它在很大程度上决定人们的价值观念和购买行为。因此影响着房地产消费者购买房地产产品的动机、种类、方式。某一地区人们所持有的核心文化价值观念具有高度的持续性，因此房地产开发企业必须了解当地消费者的文化和传统习惯，才能为当地消费者所接受。而一些价值观是比较容易变化的，这也是房地产开发企业开发新的产品、引进新的经营思路创造了条件。文化环境调查的内容主要包括：

① 消费者职业构成、教育程度、文化水平等；

② 消费者家庭生活习惯、审美观念及价值取向等；

③ 消费者人口规模及构成；

④ 消费者民族与宗教信仰、社会风俗习惯等。

4. 自然环境调查

自然环境调查是指对地理位置、气候条件、地形地貌、地质条件及城市基础设施的调查。

5. 技术发展调查

房地产企业要密切注意对科学技术动态的调查。全新的科学技术发明出来之后要尽快运用到房地产开发经营上，才能使企业在房地产行业竞争中立于不败之地。

6. 房地产市场发展态势调查

对当地及全国房地产市场发展的总体情况进行了解，这样才能克服投资的盲目性，有助于市场定位准确。前几年，武汉市有些开发商看到写字楼有利可图，回报率高，纷纷投资兴建。由于没有对市场当时和未来几年写字楼需求情况进行深入了解和预测，以致盲目投资，造成后来写字楼大量空置、投资难以回收的现实。

这方面需要了解的内容包括过去几年各类房地产开发项目完成投资额、竣工面积、施工面积、新开工面积、销售面积、销售价格、空置面积、市场变化情况，以至未来几年对各类物业潜在需求与有效需求的分析。当然，也包括银行开展住宅抵押贷款情况的力度和发展趋势等。

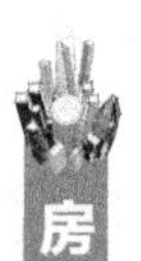

二、微观环境调查

微观环境调查主要调查房地产项目附近区域竞争楼盘及消费者需求趋向分析。微观环境调查是在项目位置基本确定之后，有针对性地进行详细、重点的调查工作。同时也是对与房地产开发企业紧密相连并直接影响房地产营销能力的相关参与者的市场调查，主要内容如下。

1. 竞争楼盘的区位

区域特征：地域的经济发展水平、产业结构、生活水准、文化教育等

发展规划：政府对城市土地、空间布局、城市性质的综合部署和调整

周边环境：人文环境、生态环境、生活配套

项目状况：地理位置、规划条件、配套状况

交通条件：地块附近的交通工具和交通方式

2. 竞争楼盘的产品特征

建筑参数：总建筑面积、总占地面积、建筑密度、容积率、绿地率、层高、车库比例等

面积户型：户型配比、面积配比、建筑面积、公摊率

装修标准：建筑风格、大堂、电梯厅、走道、外立面、居室、客厅、厨卫

建筑基础形式：多层、小高层、高层、别墅、洋房

3. 竞争楼盘的配套状况

周边独有配套设施：学校、大型购物场所、体育设施、公园等

小区自建配套设施：会所、学校、购物场所、运动场所等

小区智能、安防状况

园林景观

物业管理水平及收费水平

水、电、通信、燃气等立户费用及办证费用的承担情况

4. 竞争楼盘的工期安排

各期开、竣工日期

各期交付量、交付时间

推盘时间

5. 竞争楼盘的价格

单价：反映楼盘品质高低，如起价、平均单价、主力单价、最高单价、楼层价差、朝向价差、景观价差

总价：反映目标客户群的选择

付款方式：一次性、按揭、分期、开发商贷款

优惠方式：一次性折扣、按揭折扣、公积金折扣、分期付款折扣

6. 竞争楼盘的广告

售楼处：地点选择、装修设计、形象展示、三维动画、沙盘

广告媒体：报刊、电视、广播、网络、车体、户外（路牌、灯箱、条幅、布幅）

广告投放强度：广告刊登次数和篇幅，媒体的数量和大小等

广告风格：直观、抽象、立体感强、推广主题、主打广告语

7. 竞争楼盘销售情况

现场情况：人流频率、数量、关注内容、销售人员状况

销售率

销售顺序：不同总价、户型、面积的房屋销售顺序，分析市场畅销户型

分期推盘节奏

销售形式：内部定购、正式签约

客户群分析：客户的职业、年龄、家庭结构、收入

8. 竞争楼盘销售渠道使用情况

租售代理商

其他配销渠道

9. 开发商（发展商）的实力和经营管理优劣势调查

专业化程度

品牌知名度

商品房质量

成本状况

价格策略

合作单位（设计、施工、策划、营销、广告、园林、物业）

业务组合及财务实力

综合管理能力

与当地政府的关系

10. 同类型产品的供给量和在市场上的销售量

11. 同一区域内房产的月租金及入住率

12. 竞争性新产品的投入时机

13. 对未来竞争情况的分析与估计

第二节　房地产市场供需调查

一、房地产市场供应调查

房地产市场供应调查主要包括了解和分析在某一个区域市场环境下，当前存量（住宅单元的数量、工商业用房的面积）、增长速度、近期发展计划、楼盘的位置、总量、类别、产品、价格、总价结构、各类营销手法的市场反映和市场空白点的捕捉等。分析区域市场产品关键在于认真研究区域市场产品的共同点和差异性，以及它们市场反映强弱的缘由。如某区域市场的楼盘，对大家来说都是住宅，都是一样的价格，都是一样的品质的情况下，其中的一个卖得相当好，这就是区域市场产品应该着力分析的地方。

房地产市场供应调查首先按照房地产的等级将当前存量分类。对普通商品住宅来说，所有权状况、空置率及建造时间是需要考虑的主要因素，当前的租金或价格是市场供求调查的内容，过去每年的新旧房平均成交价格也是需要考虑的因素。普通商品住宅的价格是在考虑购买者需求等因素上确定的。通常，我们强调新房的价格是因为它们是开发计划中最有竞争力的因素。不过，存量房的价格在分析市场情况或判断居民是否有能力购买新房方面具有重要意义。同样，在开发中低档房屋时，分析存量房的价格可以说明计划是否能有效缓解现有的居住状况。

商务楼市场的调研将清楚地对物业进行等级分类（一、二或者三类）。按惯例，商业用房是对可出租部分按月或按年出租的。不同类型房产租金的计算方式不同：写字楼按照净出租面积计算租金，而购物中心类则按照总出租面积计算。

供应调查必须提供存量房的面积、平均租金和平均空置率的历史趋势。还应涉及租金和空置率的变化、每年新增加的存量、每年出租的数量及每年的实际被使用的存量数量等数据。

市场供应调查同时也要考虑以下几点因素。

① 宏观市场条件（测定全国性或区域性的吸纳能力、目前市场空置情况及租金价格上涨等）；

② 当地交易区域市场的指标及相应的建设活动；

③ 现有和潜在的具有竞争力的建筑物特点。

房地产市场分析机构、房地产经纪人、房地产经纪咨询师、房地产评估师通常是有关地区市场历史数据和当前数据的主要信息来源。而对于有关建筑物的机构特点、所有权状况和主要竞争对手的表现，则需要通过当面交谈或者电话交谈等方式，调查所有者或管理者的看法。

房地产市场供应调查主要指标有 10 个。

① 存量，指报告期期末（如第 t 年或半年、季度、月，下同）已占用和空置的物业空间总量，单位为建筑面积或套数；在数值上，报告期存量＝上期存量＋报告期新竣工量－报告期灭失量；可按物业类型分别统计。

② 新竣工量，指报告期内新竣工房屋的数量，单位为建筑面积或套数，可按物业类型分别统计。中国竣工量统计指标是竣工面积，指报告期内房屋建筑按照设计要求已全部完工，达到入住和使用条件，经验收鉴定合格（或达到竣工验收标准），可正式移交使用的各栋房屋建筑面积的总和。

③ 灭失量，指房屋存量在报告期内由于各种原因（毁损、拆迁等）灭失掉的部分。

④ 空置量，指报告期期末房屋存量中没有被占用的部分。中国目前空置量的统计是不完整的，是指“报告期末已竣工的可供销售或出租的商品房屋建筑面积中，尚未销售或出租的商品房屋建筑面积，包括以前年度竣工和本期竣工的房屋面积，但不包括报告期已竣工的拆迁还建、统建代建、公共配套建筑、房地产公司自用及周转房等不可销售或出租的房屋面积。”

⑤ 空置率，指报告期期末空置房屋占同期房屋存量的比例。在实际应用中，可以根据房屋的类型特征和空置特征分别进行统计，包括不同类型房屋空置率、新竣工房屋空置率、出租房屋空置率、自用房屋空置率等。

⑥ 可供租售量指报告期可供销售或出租房屋的数量，单位为建筑面积或套数。可供租售量＝上期可供租售数量－上期吸纳量＋本期新竣工量；实际统计过程中，可按销售或出租、存量房屋和新建房屋、不同物业类型等分别统计。因为并非所有的空置房屋都在等待出售或出租，所以某时点的空置量通常大于该时点可供租售数量。

⑦ 房屋施工面积，是指报告期内施工的全部房屋建筑面积。包括本期新开工的面积和上期开工跨入本期继续施工的房屋面积，以及上期已停建在本期恢复施工的房屋面积。本期竣工和本期施工后又停建缓建的房屋面积仍包括在施工面积中，多层建筑应为各层建筑面积之和。

⑧ 房屋新开工面积，是指在报告期内新开工建设的房屋面积，不包括上期跨入报告期继续施工的房屋面积和上期停缓建而在本期恢复施工的房屋面积。房屋的开工应以房屋正式开始破土刨槽（地基处理或打永久桩）的日期为准。

⑨ 平均建设周期，指某种类型的房地产开发项目从开工到竣工交付使用所占用的时间长度。在数值上，平均建设周期＝房屋施工面积/新竣工面积。

⑩ 竣工房屋价值，指在报告期内竣工房屋本身的建造价值。竣工房屋的价值一般按房屋设计和预算规定的内容计算。包括竣工房屋本身的基础、结构、屋面、装修以及水、电、卫等附属工程的建筑价值，也包括作为房屋建筑组成部分而列入房屋建筑工程预算内的设备（如电梯、通风设备等）的购置和安装费用；不包括厂房内的工艺设备、工艺管线的购置和安装，工艺设备基础的建造，办公和生活用家具的购置等费用，购置土地的费用，迁移补偿费和场地平整的费用及城市建设配套投资。竣工房屋价值一般按结算价格计算。

二、房地产市场需求调查

房地产市场需求调查是指区域市场人口数量和密度，人口结构和家庭规模，购买力水平，客户的需求结构与特征，人口素质和习惯爱好等，需求特征是从消费者的角度对产品的一种审视，把握需求特征是不断创新的动力和源泉。房地产区域市场消费者需求分析主要有以下几个方面。

① 消费者对某类房地产的总需求量及其饱和点，房地产市场需求发展趋势。

② 房地产市场需求影响因素调查，如国家关于国民经济结构和房地产产业结构的调整和变化；消费者的构成、分布及消费者需求的层次状况；消费者现实需求和潜在需求的情况；消费者的收入变化及其购买能力与投向。

③ 需求动机调查，如消费者的购买意向，影响消费者购买动机的因素，消费者购买动机的类型等。

④ 购买行为调查，如不同消费者的不同购买行为，消费者的购买模式，影响消费者购买行为的社会因素及心理因素等。

国家、地区和当地的经济状况都会影响房地产市场需求，其中最主要的是当地状况，因此对当地经济和人口统计的研究应该是市场需求研究的核心内容。宏观经济状况（利率、通货膨胀、就业保障、工业生产率及股市的稳定性）形成了消费者信心和商业投资活动的基础。国家的经济状况决定商业是否能够不断发展、扩张，家庭是否想改善居住条件以及是否有更多的旅客预订宾馆，零售商是否需要寻找更多的商铺。分析人员即使在书面报告中不提供详细的图表，也应考虑当前的和未来的宏观经济因素，从而对启动新项目或投资已有项目等提交可行性结论。

也许当地的经济状况并不能精确地反映整个国家的趋势。也并不是每个大城市在经济繁荣时期，都受益于人口和就业的快速增长。相反，有些地区在整个国家的经济萧条时相对平稳地发展过来了。所以，房地产市场研究通常要侧重于区域性和地方性，而不是国家范围的统计数据。

本地市场的动态变化是用于确定居住需求来源的最重要因素。消费者人口统计资料（人口增长、家庭构成、年龄和家庭特征、收入及消费偏好）对决定建造量、确定适销适租建筑产品类型、确定单元面积及确定适当的售价和租金水平等具有重要作用。同时，对零售空间的需求主要依赖于新居住建筑的位置，因为住户不愿意长途跋涉去购买食品和其他日用品。

房地产市场需求指标主要有如下几个。

① 国内生产总值。是按市场价格计算的一个国家（或地区）所有常住单位在一定时期内生产活动的最终成果。国内生产总值有三种表现形态，即价值形态、收入形态和产品

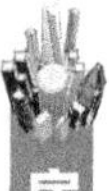

形态。从价值形态看，它是所有常住单位在一定时期内生产的全部货物和服务价值超过同期投入的全部非固定资产货物和服务价值的差额，即所有常住单位的增加值之和；从收入形态看，它是所有常住单位在一定时期内创造并分配给常住单位和非常住单位的初次收入之和；从产品形态看，它是所有常住单位在一定时期内最终使用的货物和服务价值减去货物和服务进口价值。在实际核算中，国内生产总值有三种计算方法，即生产法、收入法和支出法。三种方法分别从不同的方面反映国内生产总值及其构成。

② 人口数。是指一定时间点、一定地区范围内有生命的个人总和，包括常住人口和现有人口。其中，常住人口是指经常居住在这个地区的人口，现有人口是指在规定的标准时点下，在这个地区居留的人口。常住人口与一个地区的社会经济关系更为密切。

③ 城市家庭人口。指居住在一起，经济上合在一起共同生活的家庭成员。凡计算为家庭人口的成员其全部收支都包括在本家庭中。

④ 就业人员数量。指从事一定社会劳动并取得劳动报酬或经营收入的人员数量，包括在岗职工、再就业的离退休人员、私营业主、个体户主、私营和个体就业人员、乡镇企业就业人员、农村就业人员、其他就业人员（包括民办教师、宗教职业者、现役军人等）。这一指标反映了一定时期内全部劳动力资源的实际利用情况，是研究国家基本国情国力的重要指标。

⑤ 就业分布。指按产业或职业分类的就业人员分布状况。

⑥ 城镇登记失业率。指城镇登记失业人员与城镇单位就业人员（扣除使用的农村劳动力、聘用的离退休人员、港澳台地区及外方人员）、城镇单位中的不在岗职工、城镇私营业主、个体户主、城镇私营企业和个体就业人员、城镇登记失业人员之和的比值。

⑦ 城市家庭可支配收入。指家庭成员得到可用于最终消费支出和其他非义务性支出以及储蓄的总和，即居民家庭可以用来自由支配的收入。它是家庭总收入扣除交纳的所得税、个人交纳的社会保障费以及记账补贴后的收入。

⑧ 城市家庭总支出。指除借贷支出以外的全部家庭支出，包括消费性支出、购房建房支出、转移性支出、财产性支出、社会保障支出。

⑨ 房屋空间使用数量。指按使用者类型划分的正在使用中的房屋数量。

⑩ 商品零售价格指数。是反映一定时期内城乡商品零售价格变动趋势和程度的相对数。商品零售物价的变动直接影响到城乡居民的生活支出和国家的财政收入，影响居民购买力和市场供需的平衡，影响到消费与积累的比例关系。

⑪ 城市居民消费价格指数。是反映一定时期内城市居民家庭所购买的生活消费品价格和服务项目价格变动趋势和程度的相对数。该指数可以观察和分析消费品的零售价格和服务项目价格变动对职工货币工资的影响，作为研究职工生活和确定工资政策的依据。

房地产市场需求其他指标有如下几个。

① 经济指标。对于当地经济的评价应该突出反映与被研究的特定土地用途或房地产类型相关的指标。房地产开发商和他们的投资伙伴需要了解经济增长的驱动力，即不同行业间的融合、该地区最大雇主及新出现的或日益显著的商业特征。投资者必须寻找表明劳动力增长和新就业机会产生的数据，来强化自己对市场持续发展的充分信心。他们希望看到的状况是能产生满足增长的劳动力就业机会，而不是失业率的提高。一个地区的“当地指标”可以反映哪些行业是最重要的。当地指标要通过计算当地各主要行业雇佣的劳动力人口的百分率，然后用该值除以全国范围内产业群体的劳动力雇佣百分率。如果本地指标的值大于1，则认为该行业推动了当地经济发展。

② 劳动力状况。劳动力的可获得性及技能水平对雇主很重要，因此，在雇主决定选

址落户时，会对此进行认真考虑。市场研究至少应该提供当地居民劳动力发展及失业率在过去3年的年度信息。如果有必要的话，市场分析人员应该提供对相关房地产数据及其含义的解释。一个经济健康发展的地区，即使当地有潜力的劳动力数量在增加，也应该能保持或减少其失业率。在大多数时候，低失业率对房地产行业而言是一个积极的指标；对房屋和居住服务的需求会提升并保持零售销量。然而，如果可获得的劳动力资源很少，劳动力成本就将会上升，行业也就会在其发展扩大时，选择别处落户。如果潜在租户需要高技能或高学历的职员的话，市场分析人员的报告应该同时提供当地资源的背景信息（如居民人口的教育水平、地区学院培训计划以及大学入学情况）。

③ 消费人口统计。住宅的市场研究需要当地相当详细的人口统计资料。市场研究至少应该包括最近人口普查数据和所用可信赖的近期预测（数据来源：当地政府或经济发展机构）。这些预测包括人口、家庭数量、中等或平均家庭收入及用于所研究的交易区域的家庭收入及支出。分析人员对以特定人群（如老人、私房主或三口之家）为目标的项目所做的结论或建议同样需要关于年龄结构、家庭构成、住房拥有情况的信息。规划的作用非常重要，对那些建造期和销售期都为好几年的大型项目来说就更是如此。按照市场研究的时间和资金安排，分析人员应对未来短期的空间需求有自己的估计，或从当地规划机构寻找资料，或者从房地产专职机构购买成型的计划。

④ 家庭特征。人口增长较少或不增长的交易区域并非不需要新建住宅。在曾经拥有大家庭的地区中，家里孩子长大成人，该地区的人口会有所减少，但是，新住宅对无房或老年家庭仍有吸引力。虽然居民总数在下降，高薪白领单身或新婚家庭对新住宅的需求也会增长。因此，对家庭数量和家庭规模的近期预测可以从房地产专业机构得到，但在考察家庭的其他特征如婚姻和生育状况时，市场分析人员必须借鉴每5年一次的当地家庭信息调查数据。

⑤ 年龄特征。有些私人机构和规划部门按照家庭成员的年龄来估计家庭数量，并以5岁为一个年龄段来估算人口。交易区域的年龄状况会影响居住和零售市场。商业开发商在寻找地段时更为关注有的是儿童群体的社区，因为大多数成功的连锁店面向的都是这一年龄段的人群。而住宅的特点则分为出租的公寓楼和老年住宅及监护生活设施，要充分考虑年轻人群和老年人群，确定人口统计趋势后才能得到证实。

⑥ 家庭收入。当地的居民是否有足够的收入购买或承租待开发住宅，对决定是否建造或建造何种类型的住宅非常重要。在零售市场分析时，要利用该区域的总家庭收入估计值来计算待开发商业中心的消费潜力或特定的商业类型。家庭收入统计数据包括单身人群独居和群居的数量。平均收入和中等收入家庭的收入有低于一般家庭的（指由两个或多个人员住在一起的家庭）趋势。在报告中，分析人员提供类似的家庭收入估计和预测。因为家庭始终是消费的主力军，所以评估家庭收入应该是区分住宅目标市场状况的一种有效方法。

⑦ 家庭权属。家庭权属指一个家庭对房地产拥有的是所有权还是使用权。尽管从本质上讲，这不是一个人口数据指标，但是从某种意义上讲，了解社区家庭产权归属状况对住宅项目和商业项目都十分重要。

三、房地产市场供求调查常用方法及指标

房地产市场供求关系调查最常见方法是文案调查法。文案调查的对象是文书档案，这就需要对文书档案的种类和来源有深入地了解。我国目前有关市场信息的文案种类包括如下几个。

① 国家统计部门定期发布的统计公报、定期出版的各类统计年鉴等，这些都是权威性的一般综合性文献。

② 各种经济信息部门、行业协会和联合会提供的定期或不定期的信息公报，如金融机构的金融信息资料、研究机构或高等院校发表的学术论文和市场调查报告等。

③ 国内外有关报刊、杂志、电视及其他大众传播媒介提供的各种形式多样的直接或间接的市场信息资料。

④ 各种国际组织、外国驻华使馆、国外商会等提供的定期或不定期的统计公告或交流信息。

⑤ 工商企业内部档案，如企业各项财务报告、销售记录、业务员访问报告、企业平日剪报、同业资料、照片及影片、经验总结、顾客建议等。

⑥ 国内外各种博览会、交易会、展销订货会等营销性会议以及专业性、学术性会议上发放的文件资料。

⑦ 各级政府部门公布的有关市场的政策法规，以及执法部门的有关经济案例等。

⑧ 各种数据库和电子出版物。

明确了文献资料的来源渠道，还需掌握文献资料的查寻方法。查寻方法一般有两种：一是参考文献查找法，即利用有关著作、论文末尾所列的参考文献目录，或者文中所提到的某些文献资料，以此展开追踪查找。这种查找方法，能提高工作效率。二是检索工具查找法，即利用手工检索工具和计算机检索工具查找文献资料的方法。

房地产市场供需指标主要有如下几个。

① 销售量。指报告期内销售房屋的数量，单位为建筑面积或套数。在统计过程中，可按物业类型、存量房屋和新建房屋分别统计。我国房地产开发统计中采用是实际销售面积，指报告期已竣工的房屋面积中已正式交付给购房者或已签订（正式）销售合同的商品房屋面积。不包括已签订预售合同正在建设的商品房屋面积，但包括报告期或报告期以前签订了预售合同，在报告期又竣工的商品房屋面积。

② 出租量。指报告期内出租房屋的数量，单位为建筑面积或套数。在统计过程中，可按房屋类型和新建房屋分别统计。我国房地产开发统计中的出租面积，是指在报告期期末房屋开发单位出租的商品房屋的全部面积。

③ 吸纳量。指报告期内销售和出租房屋的数量之和，单位为建筑面积或套数。实际统计过程中，可按销售或出租、存量房屋和新建房屋、不同物业类型等分别统计。

④ 吸纳率。指报告期内吸纳量占同期可供租售量的比例，以百分数表示，有季度吸纳率、年吸纳率等。实际计算过程中，可按销售或出租、存量房屋和新建房屋、不同物业类型等分别计算。

⑤ 吸纳周期。指按报告期内的吸纳速度（单位时间内的吸纳量）计算，同期可供租售量可以全部被市场吸纳所需要花费的时间，单位为年、季度或月，在数值上等于吸纳率的倒数。在计算过程中，可按销售或出租、存量房屋和新建房屋、不同物业类型等分别计算。在新建商品房销售市场，吸纳周期又称为销售周期。

⑥ 预售面积。指报告期末仍未竣工交付使用，但已签订预售合同的正在建设的商品房屋面积。

⑦ 房地产价格指数。是反映一定时期内房地产价格变动趋势和程度的相对数，包括房屋销售价格指数、房屋租赁价格指数和土地交易价格指数。我国目前的各类房地产价格指数，通常基于平均价格。

⑧ 房地产价格。指报告期房地产市场中的价格水平，通常用不同类型房屋的中位数

价格表示。中国现有房地产价格统计，是基于各类物业平均价格的统计。

⑨ 房地产租金。指报告期房地产市场中的租金水平，通常用不同类型房屋的中位数租金表示。中国现有房地产租金统计，是基于各类物业平均租金的统计。

第三节　房地产市场客户需求调查

一、房地产市场客户需求属性调查

房地产市场客户需求属性调查，主要是调查房地产消费者的分布、收入、构成、职业、年龄等，主要包括：

① 城市人口分布状况调研分析。

② 区域整体人均年收入、人均消费水平调研分析。

③ 消费群体商品房消费意识及习惯等特征调研分析。

④ 区域消费群体构成调查分析。

A. 客户家庭结构：单身、二人世界、三口之家、三世同堂、四世同堂。

B. 客户家庭月收入状况：2000 元以下、2000～3500 元、3500～5000 元、5000～6500 元、6500～8000 元、8000～10000 元、10000 元以上。

C. 客户职业：普通白领、高级白领、国企普通干部、国企高级干部、政府及事业单位、经商老板、文艺界、三资企业、其他。

D. 客户年龄结构：30 岁以下、30～45 岁、45～60 岁、60 岁以上。

E. 客户目前居住位置半径集中率：1 公里半径、2 公里半径、3 公里半径、4 公里半径、4 公里以上半径。

⑤ 消费者对某类房地产的总需求量及其饱和点、房地产市场需求大致趋势。

⑥ 房地产现实与潜在消费者的数量与结构，如地区、年龄、民族特征、性别、文化背景、职业、宗教信仰等。

⑦ 消费者的经济来源和经济收入水平。

⑧ 消费者的实际支付能力。

⑨ 消费者对房地产产品质量、价格、服务等方面的要求和意见等。

二、房地产市场客户需求动机调查

房地产消费动机就是为满足一定的需要，而引起人们购买房地产产品的愿望和意念。房地产消费动机是激励房地产消费者产生消费行为的内在原因，主要包括消费者的购买意向，影响消费者购买动机的因素，消费者购买动机的类型等。

由于客户的需求动机具有丰富性、多样性、层次性等特点，因此客户的需求动机也是多种多样的，从自然属性方面来调查分析，我们需要调查其生理动机和心理动机。

（一）生理动机

客户由于生理本能需要所引起的购买动机叫生理动机，生理动机的主要种类如下。

1. 维持生命的动机

客户在维持生命动机的驱使下，产生购买行为，如购买衣物、生活必需品等。

2. 保持生命动机

指客户在保持生命动机的驱使下，产生的购买行为，如购买药物、住房等。

3. 延续生命动机

指客户在延续生命动机的驱使下，产生的购买行为，如为赡养老人、组建家庭、养育儿女、维系健康身体而购买所需商品。如买养老保险等，为孩子选择好学校等。

4. 发展生命动机

客户为提高劳动技能和学习科学知识，来谋求生存和发展而购买所需商品。如参加各类技能培训等。

通常情况，由生理动机驱使下的购买行为，具有经常性、习惯性和重复性等特点，来谋求生存和发展的不断延续。

（二）心理动机

心理动机是指客户在认识、感情等心理活动过程中引起的购买行为，它是客户为了满足事业发展、享受、娱乐、友谊和社交的需求而产生的购买动机。心理动机可分为理智动机、信任动机和感情动机。

1. 理智动机

理智动机是指客户在认识商品属性的基础上，经过比较、选择、分析、研究后产生的购买动机。具有可控性、周密性和客观性的属性特点。在理智性购买动机的驱使下，客户选购商品讲究品质优良、物美价廉、使用方便、安全可靠等条件。理智动机在具体购买形式上常表现为如下情况。

（1）求品质　客户对所购买的商品要求内在的品质好，选择质量优秀的产品。

（2）求实用　客户注重商品的实际效用，不追求外观上的美观。

（3）求价廉　客户对商品价格极为敏感，在同等的产品质量下，客户喜欢选择价格低的产品。

（4）求速度　客户事先对所需商品做了客观的、周密的比较后往往要求交易的速度快。

（5）求安全　客户在购买商品，尤其是高价位、高档次的商品时，要求安全可靠、服务周到。

2. 信任动机

信任动机是指消费者对某些企业及其商品产生了特殊的信任和偏爱的购买动机。产生信任动机的原因有：企业的资质深、招牌老、品种多、信誉高、地点适中、交通便利、价格合理、服务周到等。

信任动机在具体购买形式上常表现为如下情形。

（1）求名牌　客户追求名牌产品，对名牌产品有特殊的信任感。

（2）求方便　客户追求购买的方便，如产品齐全，可以满足客户的购买要求；周到服务、交货迅速等。

（3）偏爱　客户对某些特定的商品产生偏爱，非此种商品不购买。另外，为了帮助市场营销人员了解客户购买产品的动机，还可以将客户购买动机分为与地点有关的动机和产品有关的动机两类。

与地点有关的动机是指客户为什么选择这区位的房地产产品而不涉足其他区位的产品。主要考虑以下内容：地点便利、省时省力、配套设施齐全、质优价廉、户型新颖、物业服务好、体现身份等。

与产品有关的动机是指客户为什么要购买这个房地产产品，而不是它产品的原因。产品动机包括感情动机和理智动机。感情动机是指生理的与精神的感觉、感情所引起的购买愿望，它大致可能归纳为以下几种情感：竞争或好胜、骄傲与野心、舒适的欲望、娱乐的欲望、尝新的欲望、感官的满足、占有欲、好奇心、神秘感的满足，以及个人特殊的偏好等。理智动机指由实际利益引起的购买动机。它同感情动机的主要应用的是判断力或推论，而不是凭借感情，理智动机主要参考内容为：使用方便、可靠、服务质量好、经济耐用等。

客户的心理动机是十分复杂的，不仅受到客户本身的素质条件影响，还受到社会的、经济的、思想文化等客观因素影响。而有时客户的真正动机就连客户本人也没意识到。因此，要了解客户的真正动机，往往很难用一般询问、调查的方法来得到。

三、房地产市场客户需求行为调查

房地产市场客户需求行为是房地产客户在实际房地产消费过程中所表现出来的购买模式、习惯以及外界等因素，主要可以概括为：心理因素、个人因素、社会因素、文化因素。

（一）心理因素

对消费者行为进行研究，最简捷的方式是从个人身上开始。为了了解消费者的购买行为，首先必须能够解释个人的行为。下面就从知觉、学习、态度及价值观念来讨论和解释个人的消费行为。

1. 学习

购买行为是从后天的经验中得来的，是通过不断学习，实践中得出的。客户的学习，是客户在购买和使用商品活动中不断获得知识、实践和技能，不断完善客户购买行为的过程。作为房地产营销专职人员，应该认识到学习在促销活动中的作用，学习可以使他们把产品与强烈的驱动力联系起来，利用刺激性的引诱来正面强化等手段，建立产品的需要。并通过各种传播渠道来加强消费者对本公司的产品印象，引导客户做出购买本公司房地产产品的决定。

2. 知觉

知觉是一种“程序”，个人经过这个程序来选择、组织和解释各种输入的信息，从而产生对客观世界的一幅有意义的图像。因此，知觉代表个人对刺激事物的印象。人的需要受到激励形成动机，但他的行为如何，还要看他对客观情境的知觉如何，因此，两个具有同样动机和处于同样情境的人，由于他们对情境的知觉不同，可能导致不同的行为。

市场营销中，有一个有趣的问题是：消费者的知觉和营销人员的知觉一样吗？顾客对产品的看法与市场营销策划者、广告设计者和开发经营者的看法一致吗？经过一些公司和营销人员的测试和统计，得出这样一条结论：消费者喜欢的产品和开发经营者、广告设计者有很大差异。产生差异的原因是：两类人对产品的评价标准不一样。所以，如果公司贸然采纳开发商、经营商和广告设计者的主观看法去开发营造某种房地产产品，必然会与消费者的看法差距甚远，由此而招致损失是理所当然的。

价格的知觉，对于房地产产品而言，了解消费者对价格的知觉和看法是至关重要的，各种消费阶层对于不同房地产产品的需求是不同的。换句话说，不同房地产产品在各阶层顾客中的价格弹性是不同的，这样，选择弹性系数大的产品，适当降低价格，就会引起需求量大增。

许多消费者往往认为价格是质量的指标，故价格高乃是质量优良的保证。心理学家格博认为，在每个消费者的心目中，都有一个产品价格的上限和下限，如果产品价格超过上限，则个人会以为太贵；如果价格低于下限，则个人会认为产品的质量值得怀疑。此外，还存在心理性价格的概念，如 7999 元/m^2 和 8000 元/m^2 在消费者心中的感觉是不一样的，他们往往会认为 7999 元/m^2 的房地产便宜。

消费者的知觉是价格拟定不可缺少的部分，其他市场营销因素也必须配合所拟定的价格。假如消费者坚持高价格与高质量的关系存在，则广告及促销渠道等必须能够反映出这种印象。

对于每个消费者而言，通过品牌的作用及各种促销活动的影响，对于产品产生感召反应，会具有不同的知觉和特殊意义，就是品牌形象。实际上，品牌形象并不完全和原产品等同的，消费者经过对产品的认识及使用，把个人的需求、价值观念、动机等因素完全转移到产品上。所以，个人所接受的产品刺激，已经完全变形了，但产品的所有方面并不是消费者所能完全认识的，只有少部分受到注意，每个人注意的方向不大相同。因此，每幅房地产产品只有部分特征会引起消费者的知觉，形成一种概念，这就是品牌形象的形成过程。

3. 信念、态度

所谓信念是人对于某种事物所持的一种看法和相信程度，消费者对产品的信念，构成了产品形象和品牌形象。人的行为多少会受他们信念的影响，因此房地产公司的开发商和经营者应关心消费者对其产品和服务的信念。如果发现消费者对其产品的某些信念不正确，就必须马上设法改变消费者的信念。

态度是人对于某一事物所持的较长期的评价、感觉及行动倾向。许多心理学家认为态度是由三个因素组成的：认知因素、感觉（感情）因素、行动因素，这三个因素互相关联，并且构成对某一事物的整体态度。

① 认知因素。认知因素是由个人对客观事物的信念和知识组成的，人们对大多数客观事物都持有一定的信念，例如，某人相信某房地产公司是一家有声誉的大企业，所建造的产品就是质量优良的产品。这种信念反映了他对公司的看法，这种看法就是他对该公司所持的态度的认知因素。

② 感觉因素。人对某一客观事物的感情或感情的反应，就是态度的感觉因素。例如一位消费者声称“我喜欢某某公司”或“某某是一家非常棒的公司”，就反映了对该公司进行感情评估的结果。

③ 行动因素。消费者一些行动，例如自已购买某房地产公司的产品，而向其他人推荐其他公司的产品，就反映了他对该公司态度的行动结果。

（二）个人因素

消费者的购买行为，除受个人的心理因素影响外，还受个人的外在特性的影响，例如年龄，家庭生命周期的阶段、职业、经济情况、生活方式、个性和自我概念等。

1. 年龄和家庭生命周期阶段

人们购买商品和服务常随年龄的变化而变化，不同的年龄阶段，消费者对于商品的主要需求欲望也不相同。营销人员应充分了解各年龄阶段的主要购物倾向，从而选择适合房地产产品的阶段作为主要培养阶层，同时，也应在年轻人中灌输有利于本公司的信息，使他们成为公司未来的主要消费者。

购买决策除受年龄的影响外，也受“家庭生命周期”的影响，发现家庭发展的不同阶

段，确定每阶段的生活消费特征，并按这一特征分析每一阶段的家庭购买行为特点，可以使公司的市场营销计划制定得更有针对性、更能适应购买者的要求。

2. 职业

一个人的职业会促成商品和服务的不同需求和欲望。对于房地产产品而言，不同职业的人有各自不同的评估标准，所需的产品也是千差万别的。公司的市场营销人员应注意研究是否有某些“注意群体”对于本公司产品的兴趣高于一般人，同时，是否存在巨大的职业群体需要某些特定的供不应求的产品。从而可以有针对性地制订营销计划并建造有巨大市场潜力的房地产产品。

3. 经济状况

每个人的经济状况，对于其考虑和购买商品有极大的影响。一般情况下，收入水平较低时，人的兴趣注意集中在基本生活必需品和低档日用品上。随着收入水平的提高，对中高档商品的购买比重增大，对日用品的挑选性增强。房地产产品属于高档耐用消费品，在目前我国收入水平相对较低的情况下，不可能产生旺盛的购买高潮，这就要求房地产公司的营销人员寻找适合工薪阶层的付款水平和方式，从而获取到巨大的消费者市场，推动公司发展。

4. 生活方式

生活方式是指一个人或集团对消费、工作和娱乐的特定习惯和态度。人们追求的生活方式不同，对商品的喜好和需求也就不同。一个人对产品和品牌的选择，正是他的生活方式的重要指标，虽然每个人都有其生活方式，市场营销人虽通过调查研究，便有可能把生活方式当作基本的市场细分准则来制定市场细分策略，从而为本公司的产品找到合适的市场。

5. 个性和自我概念

所谓个性是指个人持有的相对持久的个人素质，它可以分成外向性和内向性、创造性和保守性、积极性和消极性等。通过这种素质，个人有自己的一套适应环境的方式，因此，一个人的个性，会影响个人对外界知觉的方式行为。消费者的个性可以从其外在行为推测而得到。市场营销人员通过研究目标市场可能具有的个性，可以树立自己公司的品牌形象，使其正好配合目标市场的个性。

自我概念也称自我形象，是和个性相类似的概念。每一个人都对自己有一幅心理情绪的图像。就像个性一样，当某套房地产产品具有和消费者个人相似的特性时，就会激发消费者的租购欲望，营销人员应使本公司的产品尽量适应目标市场中消费者的自我形象的特性，这样才会为公司赢得更多的市场占有率。

（三）社会因素

1. 参考群体

参考群体是指能够影响一个人的价值观念、态度及行为的社会群体，它可能是个人所属的群体，也可能是个人向往的群体。

对个人而言，参考群体具有两种作用：一是社会比较，通过和别人比较来评价自己；二是社会确认，以群体为原则，评价自己的信念、态度和价值观念。

对于在市场上的某些产品而言，购买者的选择通常不受参考群体的影响，此时，营销必须强调产品的特性、质量、价格和效用比竞争产品为佳。而实际上，有许多产品，参考群体的影响力往往是一项主要的因素。营销强调某些群体曾购买该产品，使消费者产生固定印象，以购买该产品。要做到有针对性，必须了解消费者的参考群体具有何种特性。这样，才能在广告投放时一击中的。此外，还可以运用群体的"意见首领"的影响，为此，需要了解意见首领的个人特点、他经常阅读的媒介，从而找出意见领袖的信息来源渠道，进而设计可能为意见领袖接触到并且能够接受的信息。

2. 社会阶层

每一个人一生中都会参与许多群体，如家庭、社会、各种组织机构等。一个人在不同的群体中的处境，即身份与地位是不同的。所谓社会阶层是指按生活方式，价值观念、行为态度等方面，把社会所划成的许多不同等级的阶层，各阶层有高低之分，而同一阶层的成员则有较为一致的生活方式、价值观念和行为态度等。实际上，社会阶层的划分不可能有明显的界限，而是一种连续性的变化。了解社会阶层的划分，可以对公司的营销计划产生以下作用。

(1) 产品使用　不同社会阶层对于产品的使用和品牌的选择，存在着很大的差异。房地产营销人员可以根据不同的社会阶层进行市场细分，从中选择最适合本公司发展的市场。

(2) 公司的挑选　社会阶层的不同，在购买产品时其选择的公司也有很大的差别，名气大的房地产公司，价格一般也较高，但质量可以得到保证，而且，所处的区位一般比较好，多为高收入阶层所瞩目。市场营销人员应根据自己公司的实力，针对性地选择不同的社会阶层作为自己的目标市场。

(3) 媒体的接触和广告信息的接受　不同的社会阶层接触的媒体也不同。因此，公司的营销人员在确定本公司的目标市场后，就应针对性地选择目标市场所属阶层较喜欢的媒体渠道作为本公司产品的播放渠道，这样可以做到有的放矢。

3. 家庭

家庭是消费最基本的单位，对于房地产产品也不例外，因此，对家庭的分析是企业市场营销的重要内容。影响消费者购买行为的社会因素主要有：社会阶层、参考群体、家庭等。

(1) 家庭的消费模式受文化和社会阶层的影响　由于所处的文化环境和社会阶层等因素的影响，家庭的消费模式有不同的类型，有些家庭有很强的家庭观念，重视家庭和睦，致力于子女的教育和家族的发展，恪守传统的文化、道德和伦理观念。它的消费是以家庭为中心的。有些家庭则有很强的事业心，家庭支出、家庭的精力和时间主要投放于事业的发展，因而，它的消费是以事业为中心的。还有些家庭力争提高目前的生活水平，把同生活享受有关的商品、劳务支出，奢侈品支出和旅游支出摆在极重要的位置，这是以消费为中心的家庭。

此外，一个家庭的社会地位和家庭主要成员的职业，对家庭消费方式也有重大影响。分析研究各种不同类型的家庭，可以了解各主要市场的消费状况，有利于公司做出正确的目标选择，同时，也为营销计划的正确制定和实施订下坚实的基础。

(2) 家庭成员在购买过程中所扮演的角色　对房地产产品而言，参与购买的家庭成员一般包括丈夫、妻子和年龄较大的子女。此时，市场营销人员应该弄清每个参与者在购买过程中所扮演的角色，一般来说，这些参与者在整个决策过程中扮演的角色大致有以下几种：发起者、影响者、决定者、购买者和使用者。具体分析研究这五种人的地位、年龄、性格、职业、价值观念和他们对购买行为的不同程度的影响，对于市场营销人员是至关重要的。在促销方面，可能做到有针对性地制订促销计划。在广告方面可以强化对他们购买本公司产品的决定，而在促成购买行为方面，可以收到事半功倍的效果。

(3) 谁是购买决策的"权威"中心　在家庭购买物中，产品的购买者和使用者往往不是同一个人，此时市场营销人员究竟应针对谁来促销呢？为此，就需要研究，究竟谁是购买决策的“权威”中心。然后，广告的制作就必须针对“权威”中心，如果促销对象搞错了，就会事倍功半，达不到预期的效果。

（四）文化因素

对文化概念的理解，从广义来说，是指人类社会历史实践过程中创造的物质财富和精神财富的总和。从狭义来说，是指社会的意识形态，以及与之相对应的制度和组织机构，它是由知识、信仰、艺术、法律、伦理道德、风俗习惯等方面组成的一个复杂的整体。

每一个文化群体均含有若干较小的构成体，称为次文化群体，在每一个次文化群体中，其成员显示出更具体的认同和更具体的社会化。文化因素对消费者的行为会产生广泛而深远的影响，而次文化群体对个人行为的影响力比总文化更大。

由于文化因素对人类生活方式的影响极大，所以公司在推销产品时，必须考虑到这个因素。一般说来，房地产产品在某一个次文化群体中有很大的市场时，也许在另外一个文化群体中却会遭到冷落，原因是这些产品的使用和此文化群体的文化形态发生了冲突，于是，个人在使用这些产品时，会产生犯罪感。如果公司在制定营销策略时，或在做市场细分时，仅仅看到或调查到某种产品在一个地方或一个文化群体中有很好的销路，就去开发经营此种产品，不去认真考虑开发地区的市场情况和文化差异的存在，那么，其失败的结果是可想而知的。因此，营销人员应充分重视文化因素对消费者购买行为的影响。

文化价值不但影响了人们的主要消费形态，而且也影响了个人对产品的知觉（产品对个人生活的意义）。因为文化赋予产品不同的意义，由此影响了个人的经验与看法。因此，做广告时，必须考虑到文化因素。依照广告心理学家怀特的看法，广告在强调产品的质量及特性在激发潜在购买者的购买行为以前，必须先了解整个社会的价值结果，以及产品的目标市场的文化背景，然后强调此产品的属性，用以增强个人的社会价值观，则广告可收到事半功倍的效果，只有在文化的限制之下，来激发消费者产生行动，才有意义。

此外，促销手段的采用也受到文化的影响，各种不同类型的次文化群体，他们对于不同的广告传播媒体有不同的偏好，因此，采取哪种促销渠道，应该根据不同的次文化群体而定。

消费者行为是相当复杂的，一个消费者不可能单纯为了满足居住的需要，就购买一套豪华公寓；消费者不太可能单纯的因为亲戚好友在某房地产企业购买了房屋，也到该公司去购置产品。影响消费者产生购买行为的因素很多，不只是一个因素作用的结果，而是许多因素交互作用的结果。在某个时段某些因素比较重要，而即使是这些因素，也许只能解释消费者行为现象的25％或30％。

因此，营销人员在探讨、分析消费者行为时，必须综合考虑各个因素的作用统筹研究，在营销计划中予以体现。

第四节 房地产市场营销组合情况调查

社区环境直接影响着房地产产品的价格，这是房地产商品特有的属性。优良的社区环境，对发挥房地产商品的效能，提高其使用价值和经济效益具有重要作用。社区环境调查内容包括：社区繁荣程度、购物条件、文化氛围、居民素质、交通和教育的便利、安全保障程度、卫生、空气和水源质量及景观等方面。

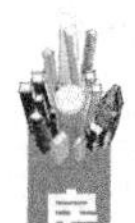

一、房地产市场营销活动调研

市场竞争对于房地产企业制定市场营销策略有着重要的影响。因此，企业在制定各种重要的市场营销决策之前，必须认真调查和研究竞争对手可能做出的种种反应，并时刻注意竞争者的各种动向。房地产市场竞争情况的调查内容主要包括：

① 竞争者及潜在竞争者（以下统称竞争者）的实力和经营管理优劣势调查。

② 对竞争者的商品房设计、室内布置、建材及附属设备选择、服务优缺点的调查与分析。

③ 对竞争者商品房价格的调查和定价情况的研究。

④ 对竞争者广告的监视和广告费用、广告策略的研究。

⑤ 对竞争情况销售渠道使用情况的调查和分析。

⑥ 对未来竞争情况的分析与估计等。

⑦ 整个城市，尤其是同（类）街区同类型产品的供给量和在市场上的销售量，本企业和竞争者的市场占有率。

⑧ 竞争性新产品的投入时机和租售绩效及其发展动向。

二、房地产价格调研

① 影响房地产价格变化的因素，特别是政府价格政策对房地产企业定价的影响。

② 房地产市场供求情况的变化趋势。

③ 房地产商品价格需求弹性和供给弹性的大小。

④ 开发商各种不同的价格策略和定价方法对房地产租售量的影响。

⑤ 国际、国内相关房地产市场的价格。

⑥ 开发个案所在城市及街区房地产市场价格。

⑦ 价格变动后消费者和开发商的反应。

三、房地产促销调研

① 房地产广告的时空分布及广告效果测定。

② 房地产广告媒体使用情况的调查。

③ 房地产广告预算与代理公司调查。

④ 人员促销的配备状况。

⑤ 各种公关活动对租售绩效的影响。

⑥ 各种营业推广活动的租售绩效。

四、房地产营销渠道调研

① 房地产营销渠道的选择、控制与调整情况。

② 房地产市场营销方式的采用情况、发展趋势及其原因。

③ 租售代理商的数量、素质及其租售代理的情况。

④ 房地产租售客户对租售代理商的评价。

本章小结

本章主要讲述的是房地产市场调查的相关内容，分别从宏观环境、微观环境、房地产市场供求关系、房地产客户群定位及需求、营销组合等相关方面做了系统性的分析，有利于调查者更好地开展工作。

思考题

1. 房地产市场供需指标有哪些？
2. 房地产市场客户调查的内容主要有什么？
3. 简述房地产市场竞争情况的调查内容？

项目实训

1. 下面是一份住房需求调查表，请补充或完善调查表缺少的内容。

长春市住房需求调查表

尊敬的女士/先生：

您好！

我是长春莯霖置业有限公司的市场调查专员，为了更好地服务我市市民，建造最经济、最适合我们居住的房子，我们很需要您能提供给我们此方面的意见，只要它能真实地反映您的想法，对我们就是一个很大的帮助。调查资料所涉及的您的个人资料我们将完全保密。多谢您在百忙之中抽出时间，对于您的帮助我们深表感谢！

A. 消费者住房现状

A1. 您现有的住宅属什么性质？

A. □商品房　B. □房改房　C. □私房　D. □集资房

E. □房产房（交房费）　F. 其他（标明）________

A2. 您目前的居住区域是：

A. □朝阳区　B. □南关区　C. □二道区　D. □绿园区

E. □宽城区　F. □经济开发区　G. □高新开发区　H. □净月开发区

A3. 您现在住的房子，面积有多大？（单位：平方米·建筑面积）

A. □50m^2 以下　B. □51～70m^2　C. □71～90m^2　D. □91～110m^2

E. □111～130m^2　F. □131m^2 以上

B. 关于购房意向

B1. 您打算什么时候买房子：

A. □1 年内　B. □1～3 年内　C. □3～5 年内　D. □5 年以后

B2. 如果您买房，您会选择哪个区：

A. □朝阳区　B. □南关区　C. □二道区　D. □绿园区

E. □宽城区　F. □经济开发区　G. □高新开发区　H. □净月开发区

B3. 如果您买房，出于哪一种需要？

A. □满足居住要求（第一次购房）　B. □改善住房条件　C. □为父母购房

D. □为子女购房　E. □第二居所　F. □投资　G. 其他（标明）________

B4. 如果您买房，您能够接受的最高单价是：（单位：元/平方米· 建筑面积）

A. □4500～5500　B. □5501～6500　C. □6501～7500　D. □7501～8500

E. □8501～9500　F. □9501 以上

B5. 如果您购房，您能承受总价款是多少（包括按揭）？

A. □30 万以下　　B. □30 万～40 万元　　C. □40 万～50 万元
D. □50 万～60 万元　　E. □60 万～70 万元　　F. □70 万～80 万元
G. □80 万元以上

B6. 若购房，您将采取什么付款方式？
A. □一次性付款　　B. □分期付款　　C. □银行按揭贷款
D. □住房公积金贷款　　E. □组合贷款

B7. 在首付款交完后，您每月能够承受的支付能力为？
A. □1000 元以下　　B. □1001～1500 元　　C. □1501～2000 元
D. □2001～2500 元　　E. □2500 元以上

C. 购房影响因素

C1. 您在选择购房地点时，哪些因素更重要？（按重要程度选三项）
A. □离老人近些　　B. □孩子入托上学方便　　C. □家人上下班方便
D. □交通方便　　E. □风景区附近　　F. □亲朋好友住得近
G. □房屋的价格便宜　　H. □周边的商业设施齐全　　I. 其他（标明）______

C2. 您在选购住房时，关注下列哪些因素？（可多选）
A. □小区环境优美、绿地多　　B. □户型合理　　C. □价位合适
D. □建筑质量好　　E. □物业管理好　　F. □邻居素质好
G. □封闭小区　　H. □建筑风格　　I. □小区有专属会所
J. □开发商信誉与实力　　K. □小区的规模大

C3. 您的私家车及购车计划？
A. □三年内肯定买车　　B. □五年内有可能　　C. □目前说不好
D. □不会购买　　E. □已有

D. 对住房的要求

D1. 您购买住宅时，比较倾向于哪种建筑形式？
A. □多层（6 层以下）　　B. □小高层（7～11 层）
C. □高层（11 层以上）　　D. □别墅
E. □低层（4 层以下）

D2. 您在选购住房时，对住房建筑面积的要求是：
A. □60m² 以下　　B. □61～80m²　　C. □81～100m²
D. □101～120m²　　E. □121～140m²　　F. □141m² 以上

D3. 您在选购住房时，对户型的要求是：
A. □一室一厅　B. □二室一厅　C. □二室二厅
D. □三室一厅　　E. □三室二厅
F. □四室二厅　　G. 其他（请标明）______

D4. 您在选购住房时，对卫生间要求是：
A. □一卫　　B. □二卫　　C. □三卫

D5. 您希望的供暖方式是：
A. □普通供暖　B. □地热供暖　C. □电热供暖
D. □自行解决　　E. 其他（请标明）______

D6. 您对住宅下列设计是否有需求？（可选三项）
A. □书房　　B. □衣帽间　　C. □储物室
D. □洗衣房　　E. □佣人房　　F. 其他（请标明）______

D7. 您在购买住房时对交房的要求是？

A. □毛坯房（不装修）　B. □厨卫装修　C. □全部装修

D. □其他（请标明）________

D8. 您希望住房附近有哪些生活服务设施？（选三项）

A. □食杂店　B. □百货店　C. □超市　D. □银行

E. □干洗店　F. □美容美发　G. □餐饮店

H. □药房　I. □桑拿、洗浴　J. 其他（请标明）________

E. 有关与媒体接触习惯

E1. 您购房的主要信息来源是：（选三项）

A. □电视　B. □报纸　C. □ 电台　D. □房交会

E. □房地产超市　F. □宣传单　G. □已购房的亲友

H. □中介机构　I. □互联网　J. 其他（请注明）________

F. 有关房地产市场

F1. 您认为影响商品房销售的主要因素是：（选三项）

A. □价格高　B. □开发商信誉差　C. □入住时交费太多

D. □物业管理费高　E. □物业管理质量差　F. □供暖质量差

G. □房屋质量差　H. □小户型少

F2. 您认为影响我市二手房销售的主要原因是：（选三项）

A. □不能贷款购房　B. □中介机构信誉差

C. □无籍房多　D. □信息发布不充分

F3. 您认为两年内我市房价会

A. □上升　B. □下降　C. 说不清

F4. 银行贷款利率上调后你是否推迟购房时间

A. □推迟　B. □不推迟

F5. 您是否打算通过中介购房

A. □通过　B. □不通过

G. 有关房地产品牌

G. 您心中理想的房地产品牌是哪一家________________________

访问到此结束，再次感谢您的支持！

2. 请对过去一年年度内本市房地产市场供需状况进行分析。

第四章 房地产市场调查计划书与问卷设计

名师导学

调查问卷是获取调研资料的重要手段，是国际通用的调查询问的基本工具。在房地产项目开发、营销管理及房地产后期管理服务中，调研问卷为企业（项目策划）决策提供必要的依据。因此，按照正确的设计原则和程序设计房地产市场调查问卷，确保问卷设计科学、有效，就需要我们学一点房地产市场调查问卷设计的基本内容。

知识目标

- 房地产调研问卷的类型
- 房地产调研问卷的基本结构
- 房地产问卷设计的过程

能力目标

- 撰写房地产调研计划书
- 设计房地产市场调研问卷

案例导入

背景：

“2015 长春房地产暨相关产业产品展示交易会”将于 5 月 8 日在长春国际会展中心隆重召开，届时，将有包括中海、万科、保利、亚泰、万晟现代城、君地天城、伟业星城等 70 余家企业参加本次展会。受展会主办方委托，吉林建筑大学房地产研究中心负责展会调查问卷的设计工作。

问卷：

2015 年长春房地产交易会 购房需求调研问卷

1. 您的年龄：

○20 岁以下；○20～30 岁；○31～40 岁；○41～50 岁；○50 岁以上

2. 您的家庭结构：

○单身；○夫妻两口；○夫妻 + 未成年子女；○夫妻 + 已成年子女；○四口及以上

3. 您的家庭月收入（单位：元）：

○2000 以下；○2001～3000；○3001～4000；○4001～5000；○5000 以上

4. 您现在居住面积（单位：㎡）：

○60 以下；○60～90；○91～120；○121～144；○144 以上；○租房

5. 您再次购买会选择的面积（单位：m²）：

○60 以下；○60～90；○91～120；○121～144；○144 以上

6. 您会再次购买：

○1 房 1 卫；○2 室 1 厅 1 卫；○3 室 1 卫；○3 室 2 卫；○4 室及以上

7. 您能接受的最高房单价（单位：元）：

○3000～3500；○3501～4000；○4001～4500；○4501～5000；○5000 以上

8. 一年半内您有购房计划吗？

○暂无计划；○有购房计划，但已取消；○有购房计划，考虑购买；

9. 您对长春房价未来走势预测：

○大幅下跌；○小幅下滑；○基本持平；○小幅上涨；○大幅上涨

10. 促使您选择该区域的最重要因素是哪些（多选）：

□地段与配套；□价格优势；□居住环境与品质；□已形成的居住习惯

□区域发展潜力；□距离工作地点近；□方便孩子就学；□升值增值性

其他（请标注）________________

11. 促使您购买的最重要因素是：

□稀缺的地理位置；□周边丰富的教育配套；□附近高校多，人文气息强浓

□便利的交通；□区域房价有升值空间；□距工作单位较近；□齐全的生活配套；

其他（请标注）____________________

案例引导

伴随着房地产业的发展，房地产调研问卷的类型不断增多，同时其功能和用途也不断地增加。上述案例中的调查问卷是在房地产交易会上使用的，使参加房交会的企业能迅速获取消费者的需求信息。通过对房地产调查问卷发展和使用的分析，房地产市场调查取得了质的飞跃，使得调查问题用语和提问程序更加标准化，从而大大降低了信息统计处理的难度，对于房地产开发的销售和后期服务都起到了很大的作用。

第一节　房地产市场调查计划书的撰写

房地产市场调研计划书是一份专门针对房地产市场调研任务的计划书，其特点在于专业性更强，涉及的内容和范围更加广泛。由于计划书是今后调研任务执行的具体指导，因此计划书需要体现出对整个调研工作过程的良好时间控制和内容分工。从时间上看，调研计划书的编写落实在具体安排调研任务前，是整个调研工作中最重要的一项工作。

一、房地产市场调研计划书的特点

房地产市场调研计划书是针对市场调研目标，经过前期对项目科学地调研、分析、搜集与整理有关资料的基础上，根据一定的格式和内容的具体要求而编辑整理的一个调研计划的书面材料。房地产市场调研计划书注重操作性，更强调经济效益，有不同的格式和内容的具体要求。

二、房地产市场调研计划书的内容

一份完整的房地产市场调研计划书应该包括三大部分。

（一）背景介绍

具体内容包括：①调研对象背景资料；②调查目的、意义；③需要什么样的数据；④需要的结果；⑤时间要求。

（二）计划书主要内容

其中包括：①采用的调研方法；②完成整个调研工作所需要的人员安排和组合；③整个调研的时间节点及要求；④调研过程所需要的各项费用支出。

（三）调研质量控制与具体的实施操作

可以分为：①调研质量控制；②调研时间节点和最终完成时间的控制；③调查工作安排与调研报告汇总；④调研报告提交及奖励分配。

三、房地产市场调研计划书基本格式

（一）标题页

①标题（调研对象）；②客户（委托人）；③调研公司（被委托人）；④日期。

（二）内容目录

①调研背景信息；②目标的简要陈述；③调研方法的简要陈述；④调研人员安排；⑤调研费用预算；⑥其他相关信息。

（三）调查方法

（1）调查类型、研究意图和总体的界定

（2）调查问卷设计

①一般问卷设计；②特殊类型设计。

（3）特殊性问题或考虑

（4）控制与实施

①调研人员组织安排；②调研时间节点控制；③调研质量控制。

（四）调研报告汇总

①调研报告汇总；②完成时间节点；③报告提交时间。

（五）经济效益及报酬

①经济效益分析；②报酬分配；③合作方式。

附录

① 调查设计问卷样本；

② 调研时间节点控制；

③ 调研人员组织流程及安排。

下面是某区域消费者住宅需求调研计划书。

××区域消费者住宅需求调研计划书

一、调研目标

××区域房地产市场消费者住宅需求调研。

二、调研范围

××市，选取3～5个地区为重点调研地区，主要选取在广场、车站、大型百货店等人流量比较集中的区域。

三、调研对象

年龄在25～60岁之间的普通消费者，主要针对的是有购房需求的消费者对象。

四、调研时间及流程

调研周期初定为2～3周时间、调研时间安排在每天的中午和下午两档。

五、调研人员及安排

安排4组调研小组，其中每组人员为3人搭配，以便于相互协作和分工。此外，在调研周期内可选择采用轮流负责制，以3天为一个轮换周期，从而在保持调研稳定性的同时，也增强了新鲜感。每一组确定一名组长，负责整个小组调研结果汇总。

六、调研费用

调研人员的工资、必要的调研经费和开支、考虑设置适当的奖励基金。

七、调研质量控制

每组当天调研结果汇总，由组长审核，剔出无效调研结果。

每周安排一次固定的调研结果汇总，由组长向总控制者汇报，确定分阶段的调研结果。

总控制者对于阶段过程中所产生的问题要及时和组长沟通，最快时间为调研人员解决。

八、调研成果提交

分组提供调研结果，并有各小组组长汇总调研报告。

有总控者对分报告加以分析和汇总，形成调研总报告。

附件：

1. 消费者住房需求调查表格
2. 调研时间节点安排
3. 调研人员组织设置

第二节 房地产调查问卷设计概述

一、房地产调查问卷的含义

房地产调查问卷，又称房地产调查表，是调查者根据一定的调查目的和要求，按照一定的理论假设设计出来的，由一系列问题、调查项目、备选答案及说明所组成的，向被调查者收集资料的一种工具。

问卷调查最早起源于古代中国和埃及以课税和征兵为目的所进行的调查，这是远古意义上的问卷调查；近代问卷调查始于1748年瑞典进行的全国规模的人口普查；而现代意义上的问卷调查则是从20世纪30年代，以美国新闻学博士乔治·盖洛普成功地运用问卷进行美国总统选举的预测调查后开始的，也就是这一事件之后，问卷调查才得以迅猛发展。20世纪80年代起，伴随着我国房地产业的发展，房地产调查在我国已得到了长足的发展。

房地产调查问卷的充分发展和使用，使我国房地产市场调查获得了质的飞跃，它使问题的用语和提问的程序都标准化了，从而大大降低了统计处理的难度，否则调查者将面临一大堆零乱无章的数据，这将使统计工作很难进行。

二、房地产调查问卷的类型

按照不同的分类标准，可将房地产调查问卷分成不同的类型。

（一）根据市场调查中使用问卷方法的不同分类

根据市场调查中使用问卷方法的不同，可将房地产调查问卷分成自填式问卷和代填式问卷两大类。

所谓自填式问卷，是指由调查者发给（或邮寄给）被调查者，由被调查者根据实际情况自己填写的问卷。而代填式问卷则是由调查者按照事先设计好的问卷或问卷提纲向被调查者提问，然后根据被调查者的回答进行填写的问卷。自填式问卷与代填式问卷在具体的设计原则、设计程序等方面均大致相同，只是在具体的设计方法以及使用方法方面有所差异。一般而言，代填式问卷要求简便，最好采用两项选择题进行设计；而自填式问卷由于可以借助视觉功能，在问题的制作上相对可以更加详尽、全面一些。

（二）根据问卷发放方式的不同分类

根据问卷发放方式的不同，可将房地产调查问卷分为送发式问卷、邮寄式问卷、报刊式问卷、人员访问式问卷、电话访问式问卷和网上访问式问卷六种。其中送发式问卷、邮寄式问卷、报刊式问卷、网上访问式问卷大致可以划归自填式问卷范畴，而人员访问式问卷、电话访问式问卷则属于代填式问卷。

送发式问卷就是由调查者将调查问卷送发给选定的被调查者，待被调查者填答完毕之后再统一收回。这种问卷由于有充足的时间供被调查者思考、查询或向他人请教，因此，在问卷设计上可适当安排一些较深入性的问题。送发式问卷的最大优点是问卷回收率高，缺点是成本偏高。

邮寄式问卷是通过邮局将事先设计好的问卷邮寄给选定的被调查者，并要求被调查者按规定的要求填写后回寄给调查者。邮寄式问卷的匿名性较好，便于设计一些人们不愿在公开场合讨论的敏感性问题，比如说涉及人的隐私方面的问题、一些争议较大的问题、政治敏感性问题以及有威胁或有损自我形象的问题等。这类问题如果采用其他访问方式，比如说采用人员访问式问卷或者送发式问卷，很有可能要么得不到回答，要么得到的回答都朝符合社会期望的方向倾斜。而邮寄式问卷，很大程度上可以避免这一现象。邮寄式问卷的最大缺点是问卷回收率低。如果缺乏必要的跟踪提示的话，很难达到满意的调查效果。

报刊式问卷是随报刊的传递发送问卷，并要求报刊读者对问题如实作答并回寄给报刊编辑部。报刊式问卷有稳定的传递渠道、匿名性好，费用省，因此有很大的适用性，缺点也是回收率不高。

人员访问式问卷是由调查者按照事先设计好的调查提纲或调查问卷对被调查者提问，然后再由调查者根据被调查者的口头回答如实填写问卷。人员访问式问卷的回收率高，也

便于设计一些便于深入讨论的问题，但不便于涉及敏感性问题，同时对访问人员的访问技巧有较高的要求。

电话访问式问卷就是通过电话中介来对被调查者进行访问调查的问卷类型。此种问卷要求简单明了，同时在问卷设计上要充分考虑以下几个因素：①通话时间限制；②听觉功能的局限性；③记忆的规律；④记录的需要。电话访问式问卷一般应用于问题相对简单明确，但需及时得到调查结果的调查项目。

网上访问式问卷是在互联网上制作，并通过互联网来进行调查的问卷类型。此种问卷不受时空限制，便于获得大量信息，特别是对于一些敏感性、威胁性问题，相对而言更容易获得满意的答案。缺点是对网上所获信息的准确性和真实性程度难以界定。

（三）根据房地产市场调查的目的、研究对象、资料分析和解释的种类的不同分类

根据房地产市场调查的目的、对象、资料分析和解释的种类不同，可以将房地产市场调查问卷分为宏观数据调查问卷、项目调查问卷、客户需求调查问卷和产品需求调查问卷。

宏观数据调查问卷主要包括一些区域房地产发展的长期数据，一般以年为单位，其中根据不同的目标可以分为增量房地产市场调查和存量房地产市场调查，要求数据要有一定的连续性，其中可以显示前后增长比例。必要的时候，可以将数据细化到季度和月。如2014～2015年青岛市房地产运行情况统计项目中，所统计项目包括：年度批准预售面积、年度预售登记面积、年度商品房成交面积、年度商品房成交金额、年度二手房成交面积、年度二手房成交金额、年度住宅新开工面积和年度住宅竣工面积。

项目调研问卷的主要对象是具体楼盘和地块。地块调研问卷主要强调特征和地块的前景，包括地形、地势、拆迁、地质及土地规划用途和周边情况等。楼盘调研问卷主要强调建筑指标、交通条件、小区配套、产品情况、房型、销售情况及设计、施工、监理、销售、物业等单位。

客户需求调查问卷的主要对象是潜在的购房客户，主要强调价格段和周边配套以及影响需求的因素，包括发展商实力及品牌、地段及交通、自然生态景观、会所的完善程度、休闲购物场所、保安系统、噪声和空气污染指数等。

产品调查问卷的主要对象是对区域内楼盘的建筑产品进行分析汇总，其中，包括对小区规划、主流房型、建筑类别、建筑材料、装修设备等。

三、房地产调查问卷的目的

制作调查问卷，首先必须明确调查的目的，即为什么要实施这种调查、该调查问卷到底想了解什么、它是否能提供必要的管理决策信息等。如果这些目的不明确，就无法决定要调查的内容、向谁调查、调查什么、用什么方式调查、要达到什么要求等。这样的话，很可能匆匆组织了问卷调查，结果取得的资料却是不需要的，或者口径范围不一致，无法进行汇总统计；而真正需要的资料，又没有搜集到，不仅浪费了人力、财力、物力，也延误了工作。

因此，确定调查问卷的目的是问卷设计的前提条件。如果这一步工作没有做好，后面的工作就有可能是盲目的。当然，确定调查问卷的目的不是主观的，它必须根据课题要求和课题需要，并结合现实可行性加以确定。

第三节 房地产调查问卷的基本结构

一、房地产调查问卷的基本要求

一份完善的房地产调查问卷取胜的关键是形式和内容的完美结合。

从形式上看，要求版面整齐、美观，便于阅读和作答。同时，问卷的长度也值得注意，不同的访问方式对问卷的长度要求不一样：比如说电话访问，长度一般设计为20～30分钟，不宜太长；人员访问式问卷相对可长一些，但一般也在45分钟左右。当然这些并不是绝对的，当被调查者对调查项目不感兴趣或不重视时，问卷长度相对就不重要了。换句话说，无论问卷是长是短，人们都不会参与调研；当被调查者对调查题目感兴趣或当他们感到回答问题不太困难时，他们会回答一些较长的问卷。

再从内容上看，一份好的问卷调查表至少应该满足以下几方面的要求。

① 问题具体、表述清楚、重点突出、整体结构好。问题具体，就是要言之有物，确保每一个问题都能反映事实；表述清楚，没有模糊信息、诱导信息，使收集的信息尽可能客观准确；主干题与细节题有机搭配，重点突出，整体结构好。

② 确保问卷能完成调查任务与目的。任何问卷都是为完成一定的调查任务与目的而制作的，如果问卷不能达到这一目标，也就意味着问卷设计不成功，应该返回去重新设计。

③ 调查问卷应该明确正确的政治方向，把握正确的舆论导向，注意对群众可能造成的影响，再好的问卷，如果偏离了这一导向，也就意味着失败或者不完善。

④ 便于编码和统计整理。我们进行问卷调查就是为了依据调查获取的信息得出统计结论，因此，是否便于编码和统计整理，对于一些大型的调查项目而言，也就构成了问卷设计一个不可回避的问题，并成为问卷设计的基本要求。

二、房地产调查问卷的基本结构

房地产调查问卷的基本结构一般包括三个部分，即说明信、调查内容和结束语。其中调查内容是问卷的核心部分，是每一份问卷都必不可少的内容，而其他部分则根据设计者需要可取可舍。

（一）说明信

说明信是调查者向被调查者写的一封简短信，主要用于介绍调查的目的、意义、选择方法以及填答说明等，一般放在问卷的开头；有些问卷的说明信还交代交表地点及其他事项等；有些则加上一些宣传内容，这样使说明信更具说服力。下面是两份调查问卷的说明信。

第一份说明信采用简洁、开门见山的方式。

济南市经济适用房需求状况调查问卷

女士/先生：您好！

我是××××（单位名称）的市场调查员，目前我们正在进行一项有关济南市经济适用房需求状况的问卷调查，希望从您这里得到有关消费者对经济适用房需求方面的市场信息，请您协助我们做好这次调查。该问卷不记名，回答无对错之分，务请您照实回答。下面我们列出一些问题，请在符合您情况的项目旁“□”内打“√”。谢谢！

第二份说明信则采用较详尽的介绍方式。

物业服务费与服务质量调查

亲爱的业主：

为了更好地服务大家，经过与小区业主委员会协商，共同发起本次调查活动，本次调查的主题是物业服务收费与物业服务质量关系。本次调查结果，将作为物业公司与业主委员会制定关于未来物业服务收费标准的参考依据。

可以说本次调查会影响你以后的生活，作为咨询过程的一部分，如果你对下列问题予以严肃的关注，我们将感激不尽。由于问卷设计得能快速容易地回答，它用不了你几分钟的宝贵时间。

问题的答案无所谓对错，所以，谨请你把你感觉合适的写下来。

可以肯定地指出，没留记录你姓名的地方，所以你的回答绝对是匿名的。我们只从本小区的部分人中抽样，希望送出的每份问卷都能返回。我们的工作时间很紧，需要你最好在星期五以前答复。请你直接填写后投入你所居住大楼附近的一个票箱内。

感谢你的参与和帮助。

敬礼！

阳光物业公司及业主委员会
2015 年 1 月

（二）调查内容

调查内容是调查问卷中最主要的部分，也叫正文部分，主要包括指导语、各类问题及其回答方式、问题的编码等。该部分是问卷的主体部分，也是问卷设计的关键部分。

1. 指导语

指导语，也就是填答说明，用来指导被调查者填答问题的各种解释和说明。不同的调查问卷，对指导语的要求不一样，指导语所采取的形式也多种多样。有些问卷中，指导语很少，只在说明信末附上一两句，没有专业的“填表说明”，如上文济南市经济适用房需求状况调查问卷中的说明信末则附有这类指导语；有的问卷则有专业的指导语，集中在说明信之后，并有专业的“填表说明”标题，如下文中附例；还有一些问卷，其指导语分散在某些较复杂的问题前或问题后，用括号括起来，对这一类问题做专业的指导说明（例如：本题可选三项答案，并按重要程度将其顺序排列）。

下面我们看一份专业的“填表说明”。

填　表　说　明

（1）请在每一个所给的备选答案中选择符合您的情况或您同意的答案，并在所选取答案前的□内打“√”，或在问题的__________处填写适当的内容。

（2）若无特殊说明，每一问题只能选择一个答案；若要求选择多项答案，题目后面都有注明；若还要求对所选多项答案排序，则请按题后说明填写。

（3）问卷内容较多，涉及面广，请在填答前认真阅读一遍，然后按要求仔细填写。

2. 问题及其回答方式

问题及其回答方式是调查内容的主要组成部分，包括调查者所要了解的问题及其答案，这是问卷设计的主要内容，可以说，问题及其回答方式的设计质量直接关系到整个调查问卷的质量。

3. 编码

编码一般应用于大规模的问卷调查中。因为在大规模问卷调查中，调查资料的统计汇总工作十分繁重，借助于编码技术和计算机，则可大大简化这一工作。

编码是将调查问卷中的调查项目以及备选答案给予统一设计的代码。编码既可以在问卷设计的同时就设计好，也可以等调查工作完成以后再进行。前者称为预编码，后者称为后编码。在实际调查中，常采用预编码。编码一般放在问卷的最右侧，有时还可以用一条竖线将它与问题及答案部分分开。在问卷中，常见的编码方法有以下几种。

(1) 以答案序号作为编码号

例如：您的职业是什么？

① 工人□　　1 __________

② 农民□　　2 __________

③ 教师□　　3 __________

④ 干部□　　4 __________

⑤ 其他□　　5 __________

(2) 从问卷编号开始编

例如：样本数为1～1300

问卷编号	编号格数	登录格数
1125	□□□□	1～4 __________
① 您的性别：		5 __________
男	□	6 __________
女	□	7 __________
② 您的文化程度：		8 __________
小学及以下		9 __________
中学及中专		10 __________
大专生		11 __________
本科及以上		12 __________

(3) 以答案本身的数字编码

这种编码方法常用于填入式问答题。

例如：

- 您家里有__________人？　　3
- 您家庭的住房面积__________平方米。　　90

(4) 对于无反应的问答题可采用"0"、"9"编码

例如：您的年龄多大？

(无反应)　　0或9

编码的方法多种多样，这里只列举了其中四种，大家可以根据实际情况选择合适的编码方法，不必苛求一律。

(三) 结束语

结束语一般放在问卷的最后面，用来简短地对被调查者的合作表示感谢，也可征询一下被调查者对问卷设计和问卷调查本身的看法和感受。

例：您觉得这份问卷设计的如何？

很好 □；好 □；一般 □；不好 □

如果是访问式问卷，可以在结束语部分设计有关调查过程的问题。

例：问卷调查到此结束，谢谢合作。

[以下由调查者填写]

- 调查花费的时间：______________
- 被调查者的态度：合作 □；应付 □
- 被调查者对问卷问题的理解程度：理解 □；不大理解 □

第四节　房地产问卷设计的过程

房地产问卷设计的过程一般包括十大步骤：确定所需信息、确定问卷的类型、确定问题的内容、确定问题的类型、确定问题的措辞、确定问题的顺序、问卷的排版和布局、问卷的预试、问卷的定稿和问卷的评价。

一、确定所需信息

确定所需信息是问卷设计的前提工作。调查者必须在问卷设计之前就把握所有达到研究目的和验证研究假设所需要的信息，并决定所有用于分析使用这些信息的方法，比如频率分布、统计检验等，并按这些分析方法所要求的形式来收集资料、把握信息。

二、确定问卷的类型

可供选择的问卷类型很多，诸如送发式问卷、邮寄式问卷、报刊式问卷、人员访问式问卷、电话访问式问卷、网上访问式问卷等，具体选择何种问卷类型，必须具体情况具体分析。一般来说，要确定问卷的类型，必须先综合考虑制约问卷类型选择的因素。制约问卷类型选择的因素很多，而且研究课题不同、调查项目不同，主导制约因素也不一样。但不管怎样，以下几类制约因素必须考虑。

（一）调研费用

调研费用一直是令很多调查者头疼的“瓶颈”因素。本来规划采用人员访谈式问卷对某些大公司的销售经理做一次深度访谈，却由于费用高昂不得不忍痛割爱，此时，也许一些效果欠佳而费用开支相对较小的问卷调查方式反而成为首选对象。

（二）时效性要求

某些财力雄厚的调查者（单位）也许并不在乎调研经费，但在时效性方面却“人人平等”了。如果时效性要求强的话，也许谁都不会选择邮寄式问卷调查，而电话访问式问卷调查与网上访问式问卷调查却是比较理想的选择方式。

（三）被调查对象

被调查对象也是制约问卷选择的一大因素。被调查对象身在何处、他们的职位如何、他们的可接触性如何等都是问卷选择时必须考虑的因素。也许调查者不会采用人员访谈式问卷对一位遥远的被调查者进行调查，但他可能选择邮寄式问卷或电话访问式问卷对其进行调查。

（四）调查内容

某些特殊的调查内容也许需要特定的调查方式，比如说对一些敏感性、威胁性问题的调查，最好选择邮寄式问卷和网上访问式问卷，如果采用人员访问式问卷进行调查，调查效果可能要打折扣。

以上采用以点带面的方式介绍了几条制约因素，旨在说明问卷类型的选择不是主观的。这里还有一点必须强调，在具体确定问卷类型时，往往必须综合考虑各项制约因素，反复权衡，因为现实中的决策是一项系统工程。

三、确定问题的内容

确定问题的内容似乎是一个比较简单的问题。比如，这个问题是一般性问题还是特殊性问题？是比较熟悉的问题还是比较生疏的问题？是有趣的问题还是枯燥的问题？是容易回答的问题还是难以回答的问题？是常识性问题还是专业性问题？……解决类似问题似乎并不是一个很难的事，不需要任何专业知识，一看就能把握，然而事实上不然，这其中还涉及一个个体的差异性问题：也许在你为容易的问题在他为困难的问题；在你为熟悉的问题在他为生疏的问题；同样，你感兴趣的问题他可能感觉枯燥无味。因此，确定问题的内容，最好与被调查对象联系起来。分析一下被调查者群体，有时比盲目分析问题的内容效果要好。

确定问题的内容是问卷设计的要求，它对于确定问题的顺序作用不小。

四、确定问题的类型

进行问卷设计时需要决定使用何种类型的问题，我们确定问题类型的出发点主要是基于研究要求，同时尽量使设计的每一个问题传达更多的有用信息。不过也有例外，有时问卷中出现的个别问题与市场研究看起来毫无关系，它的存在只是引起被调查者的兴趣，促使其继续往下答。但不管属于哪一类问题，都有其存在的理由，关键是看这种“存在”在一定程度上是否是不可替代的。在某种意义上说，这种“不可替代性”越强，也就代表着更高的问卷设计水平。

另一个方面，问题的难易程度也是一个值得考虑的因素。首先调查者必须分析他将要面对的被调查者群体的层次水平，太难或太无聊的问题往往令人兴味索然，比如，“您觉得您所在企业今后几年的努力方向是什么？”这样的题，对于普通工人，如果设计成开放式问题，则要想得到满意答案的概率很小，而得到空白答复的可能性则相当大。但如果设计成多项选择题，再加上一个“不知道”的选项，效果就不一样了。也许在调查者看来，空白和“不知道”代表一个结果，实际上不是这样。“不知道”向调查者传达了一个信息，既是合作的信息，也是一个企业内部信息。空白则有可能是“不知道”，也有可能是厌烦问题而避开问题以致拒答问卷。反过来，如果调查者正在进行一项深度访谈，而且面对的是经理层，那么调查者设计的问题最好是开放式问题，这对于他进行探索性研究，获得一些深层次市场信息不无裨益。

以上我们涉及了开放式问题和多项选择题的概念，到底什么是开放式问题？什么是多项选择题？这就涉及调查问卷问题的类型。问题的类型归结起来可以分为三类：开放式问题、封闭式问题、混合型问题。下面我们着重讨论一下这些问题。

(一）开放式问题

开放式问题，也称自由问答题，只提问题或要求，不给具体答案，要求被调查者根据自身实际情况自由作答。调查者没有对被调查者的选择进行任何限制。开放式问题主要限于探索性调查，在实际的调查问卷中，这种问题不多。开放式问题经常要“追问”。追问是访问人员为了获得更详细的材料或使讨论继续下去而对被调查者所做的一种鼓励，如：“还有什么需要补充的吗？”“在这一点上您是否能讲得更加详细一些呀？”……通过追问，可以深入了解大量的深层次信息，对调研不无裨益。

开放式问题的设计方式很多，概括起来，主要有以下几类。

1. 自由回答法

它要求被调查者根据问题要求用文字形式自由表述。例如：

- 您认为威尼斯花园项目的主要优点是什么？
- 您为什么要选择万科城区的物业？
- 您认为亚泰地产在哪些方面应该加以改进？

这类问题可以直接了解被调查者的态度和观点，而且回答不拘形式，被调查者可以自由发挥，全面收集大量的信息。但这种调查方式并不适合所有的被调查者，因为在有限的时间里，有些被调查者不愿对问卷做更深入的文字描述，宁愿接受选择答案的方式。

2. 词语联想法

这种方式是给被调查者一个有许多意义的词或词表，让被调查者看到词后马上说出或者写出最先联想到的词。例如，给被调查者一张两列调查表，其中一列为房地产品牌（刺激词），另一列为反映词，要求被调查者在很短的时间内给任一品牌配上最适合的反映词，如下表：

房地产品牌（刺激词）	反映词
A. 万科	D. 物业服务
B. 中海	E. 品质
C. 大连万达	F. 商业

词语联想法也可以采取无控制的方式，例如调查者说出“房地产”一词，要求被调查者马上说出或者写出所能联想到的品牌，如“万科”、“中海”等。

词语联想法是一种极大限度地开发被调查者潜藏信息的资料收集方式，这种方式主要通过对反映词以及反馈时间的分析来了解被调查者对刺激词的印象、态度和需求状况。

3. 文章完成法

它由调查者向被调查者提供有头或有尾的文章，由被调查者按自己的意愿来完成，使之成篇，从而借以分析被调查者的隐秘动机。例如：

“一个朋友对我说，昨天她参观了莯霖城邦的一个精装修的小户型商品房，户型设计很好，装修质量也很好，只是价格稍微贵了一点，朋友当时出于价格方面的考虑没有买。朋友总结说，价格贵的东西都不好卖，哪怕质量好一些。我说……”

4. 角色扮演法

这种方式不让被调查者直接说出自己对某种产品的动机和态度，而让他（她）通过观察别人对这种产品的动机和态度来间接暴露自己的真实动机和态度。美国在20世纪50年代曾用这种方式对速溶咖啡做过一次典型调查。速溶咖啡省时省力，味道也不错，但这一新产品当时却销量平平。调查者最初通过问卷调查，得到的结论是：消费者不喜欢速溶咖啡的味道，但没有说出速溶咖啡和新鲜咖啡的味道有什么不同。为了找出消费者持否定态度的真实动机，公司变换了问卷设计方式，向被调查者展示两张购货单，让其说出购买速溶咖啡和新鲜咖啡的两个家庭主妇的特点。调查结果是：被调查者普遍认为购买速溶咖啡的家庭主妇是懒惰、不会计划开支、不称职的家庭主妇。这个结果帮助公司了解了消费者不愿购买速溶咖啡的真实原因。被调查者在形容购买速溶咖啡的家庭主妇的特点时，不知不觉地将自己的看法表达出来了。

开放式问题具有明显的优点，主要表现在以下几个方面。

① 在开放式问题中，被调查者的观点不受限制，便于深入了解被调查者的建设性意见、态度、需求问题等。

② 开放式问题能为研究者提供大量、丰富的信息。被调查者一般运用生活中的语言而不是用实验室或营销专业术语来讨论有关问题。这样有助于帮助调查者设计广告主题和促销活动，使文案创作更接近于消费者语言。

③ 对开放式问题回答的分析有时候能够作为解释封闭式问题的工具。在封闭式反应模式后进行这种分析经常可在动机或态度上有出乎意料的发现。例如，在五种户型产品特性的重要性中，知道小户型产品排在第二位是一个方面，但知道为什么小户型产品排在第二位也许更有价值。而对于后者的把握，一般只能通过对开放式问题的问答才能完成。

开放式问题也有缺点。其中一个最主要的缺点是难于编码和统计。对开放式回答的编码需要把许多回答归纳为一些适当的类别并分配给号码，如果使用了太多的类别，各种类别的频次可能减小，从而使解释变得困难；如果类别太少，回答就集中在几个类别上，信息又变得太一般，重要的意见又会丢失。即使使用了适当的类别，编辑人员仍不得不解释访问人员已经给出的记录数据为什么归于某一类这样的问题。

与开放式问题有关的另一个缺点是访问点误差。尽管在培训会上可能一再强调逐字记录开放式回答的重要性，但在实际调查中经常做不到。人的记忆力有好坏之分，记得慢的访问人员也许会在无意中错过重要信息，从而带来资料收集误差。当然，良好的追问可能在一定程度上能弥补一些漏洞，但良好的追问本身就是一种素质要求，并非所有的人都能办到。

介于这些缺点，开放式问题在应用上也受到了很大的限制。一般而言，开放式问题通常应用于以下几种场合：①作为对调查的介绍。比如“您觉得开展经济廉租房供需调查有没有必要？能不能简要谈谈您的看法？”类似的问题便于被调查者迅速适应主题，为随后的回答作准备。②用于当某个问题的答案太多或根本无法预料时。如“您为什么要选择鲁能物业？”类似的问题答案至少可以罗列数十种，设计者往往疲于列举，设计成自由问答题则可以较好地解决这一问题。③由于研究需要，必须在研究报告中原文引用被调查者的原话时，需要采用开放式问题。

（二）封闭式问题

封闭式问题不同于开放式问题，一般给定备选答案，要求被调查者从中做出选择，或者给定“事实性”空格，要求如实填写。其主要优点是避开了开放式问题的缺点。传统上，市场调研人员通常把封闭式问题分成两项选择题、多项选择题、填入式问题、顺位式问题、态度评比测量题、矩阵式问题和比较式问题7类。下面我们分别来介绍一下这几类问题。

1. 两项选择题

两项选择题，也称是非题，是多项选择的一个特例，一般只设两个选项，如“是”与“否”；“有”与“没有”等。例如：

- “您了解搜房网吗？”

了解□　不了解□

- “您近期是否打算购置新房？”

是□　否□

两项选择题的特点是简单明了。缺点是所获信息量太小，两种极端的回答类型有时往往难以了解和分析被调查者群体中客观存在的不同态度层次。同时，两项选择题还容易产生大量的测量误差，因为处于两个极端之间的问题完全被排除在考虑之外，而这被排除的部分有时恰好又是最关键的部分，这时，测量误差便产生了。

当然，两项选择题在电话访问式问卷中还是有其优势的。

2. 多项选择题

多项选择题是从多个备选答案中择一或择几。这是各种调查问卷中采用最多的一种问题类型。例如：

- “您在购置新房时，最先考虑哪种因素？”

价格□　户型设计□　日照时间□　物业服务□　品牌□

- “在房展会期间，您咨询过哪些物业？”（可多选）

万科上东区□　中海水岸春城□
亚泰樱花苑□　长春世纪明珠□
银座水晶城□　南郡水云天□

多项选择题的优点是便于回答，便于编码和统计；缺点主要是问题提供答案的排列次序可能引起偏见。这种偏见主要表现在以下三个方面：

① 对于没有强烈偏好的被调查者而言，选择第一个答案的可能性大大高于选择其他答案的可能性。解决问题的方法是打乱排列次序，制作多份调查问卷同时进行调查，但这样做的结果是加大了制作成本。

② 如果被选答案均为数字，没有明显态度的人往往选择中间的数字而不是偏向两端的数字。

③ 对于A、B、C字母编号而言，不知道如何回答的人往往选择A，因为A往往与高质量、好等特性相关联。解决办法是改用其他字母，如L、M、N等进行编号，或者干脆不写字母。

3. 填入式问题

填入式问题一般针对只有唯一答案的问题。对于答案不固定的问题，则只能设计成开放式问题。例如：

- 您工作了__________年？（未工作填“0”；不足1年填“1”）
- 您的年均纯收入约为__________元？
- 您的出生年月是__________年__________月__________日。

填入式问题一般简便、易答，多数情况下是用来填写数字答案的。

4. 顺位式问题

顺位式问题，又称序列式问题，是在多项选择的基础上，要求被调查者对询问的问题答案，按自己认为的重要程度和喜欢程度顺位排列。例如：

- “请您按您选择物业时考虑的主次顺序，以1、2、3、4、5为序填在下列□内。”

价格□　质量□　绿化率□　使用率□　基础设施配套□

- “请按您的了解程度对以下房地产中介品牌进行编号，最喜欢者为1号，依次类推：”

住房专家□　　21 世纪不动产□　　顺驰不动产□　　北京链家□

调查者进行统计时，将每一品牌所得分数进行平均，就得出该品牌在消费者心中的一个总的印象。用这种方式也可以采取让被调查者打分的形式，如采用 100 分制，也可采用 10 分制或者 5 分制，最后通过分数高低的比较，即可权衡该品牌在消费者心中的地位。

5. 态度评比测量题

问卷调查中经常碰到这样一类题，要求测量被调查者对某种商品的态度，例如：您满意不满意中海物业的服务？您觉得公共设施配套对物业产品而言重不重要？等等。这类问题表面上看似乎很容易回答，如回答满意、不满意或重要、不重要，但这实际上只代表两种极端的态度，可能对更多的人而言，其态度层次介于二者之间，因此，进行态度评比测量非常重要。

态度评比测量题是将消费者态度分为多个层次进行测量，其目的在于尽可能多地了解和分析被调查者群体客观存在的态度。下面我们看一个例题：

- “您满意不满意中海物业的服务？”

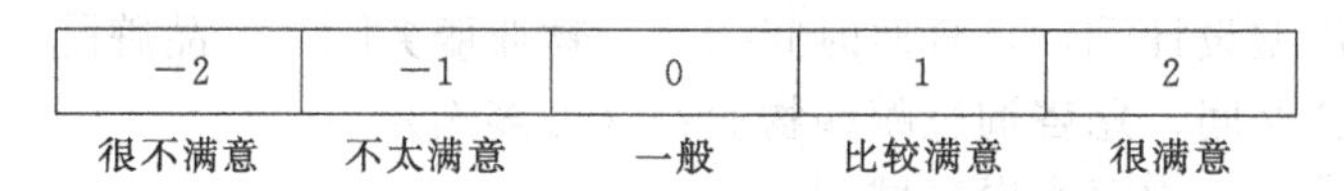

−2	−1	0	1	2
很不满意	不太满意	一般	比较满意	很满意

该题将态度分为五个层次，被调查者可以从中选择自己的态度。其实，两个极端之间设计多少个层次，设计者可以根据实际情况和需要而定，5 个、7 个、9 个、11 个……都可以，但有一条必须把握，即两个极端之间应该设计一个中性层次，中性层次左右两端的层次最好相等，如果不等，就会暴露设计者的倾向，导致测量误差。如上例，如果设计成四个层次：

−1	0	1	2
不太满意	一般	比较满意	很满意

实际上表明了设计者自身的偏好，满意的态度多于不喜欢的态度，导致的结果可能使持很不满意态度的被调查者感到茫然，无从下手。这样，被调查者或许空下不表态，或许受设计者诱导，选择“不太满意”或“一般”，而选择“一般”的可能更多，因为这使答案看上去似乎更符合设计者的期望，这便是问卷设计不成功的一个表现。

6. 矩阵式问题

矩阵式问题是将若干同类问题及几组答案集中在一起排列成一个矩阵，由被调查者按照题目要求选择答案。矩阵式问题可以采取表格式矩阵，也可以采取非表格式矩阵形式。请看下面一个例题：

- “您在万达购物广场购物时，是否存在下列现象？存在程度如何？”（请在相应的空格内打“√”）

程度 现象	经常存在	偶尔存在	不存在	不知道	不想回答
(1)商场过于拥挤 (2)结账时间长 (3)以次充好 (4)不退货 (5)服务态度不好					

也可采取如下格式：

程度 现象	经常存在	偶尔存在	不存在	不知道	不想回答
(1)商场过于拥挤					
(2)结账时间长					
(3)以次充好					
(4)不退货					
(5)服务态度不好					

矩阵式问题的优点是节省问卷篇幅，而且同类问题集中排列，回答方式相同，也节省了阅读和填写时间。但是，这种集中排列方式比分开排列复杂，容易使被调查者产生厌烦情绪，因此一份问卷中，这种形式的问题不宜采用太多。

7. 比较式问题

比较式问题是将若干可比较的事物整理成两两对比的形式，由被调查者进行比较后选择，这种问题在竞争者分析中应用较多，便于较快获得有针对性的具体资料。下面看一个例题：

请比较下列每一组不同序号的物业，哪一个写字楼设计更好？（每对中只选一个打“√”）

（1）世纪鸿苑□和鼎盛国际□

（2）鼎盛国际□和国际大厦□

（3）国际大厦□和世纪鸿苑□

如果从配套设施方面考虑，哪一个更好呢？

（1）世纪鸿苑□和鼎盛国际□

（2）鼎盛国际□和国际大厦□

（3）国际大厦□和世纪鸿苑□

（三）混合型问题

混合型问题，又称半开放半封闭式问题，是一种介于开放式问题和封闭式问题之间的一种问题设计方式，即在一个问题中，只给出一部分答案，被调查者可从中挑选，另一部分答案则不给出，要求被调查者根据自身实际情况自由作答。例如：

- “您认为企业竞争力研究对本企业意义如何？能否简单谈谈您的看法？”

十分必要□　必要□　不太必要□　没必要□

理由：______________________________

半开放半封闭式问题应用较少，因为很多场合下，可以将它一分为二。如上例，实际上可以将它分为一个开放式问答题和一个多项选择题，丝毫不影响调查效果。

问题的类型很多，对问卷设计者而言，确定问题的类型并不是随心所欲的，必须紧紧把握一条宗旨，即使设计出的问卷能尽可能多、尽可能准确地收集到有用信息。

五、确定问题的措辞

很多人可能不太重视问题的措辞，而把主要精力集中在问卷设计的其他方面，这样做的结果有可能降低问卷的整体质量。

其实，措辞在问卷设计中相当重要，有时由于提问的措辞不同，会对被调查者产生不同的影响。例如：

“很多人都认为，吸烟等于慢性自杀，您认为呢？”

这是一个措辞不当的提问，不同的人可能产生不同的反应。一种反应可能是“既然很多人都这样认为，还问我干嘛!”之所以有这种反应，是由于“慢性自杀”字眼的使用，这实际上等于把吸烟者划入了“黑名单”，让这部分人产生抵触情绪，这是由于“逆反心理”导致的拒答。另一种可能的反应是“也许是吧”，为什么会有这种勉强的附和声音呢？问题就出在“很多人都认为”这个词的使用上。“很多人都认为”，实际上是在暗示一种价值取向，容易使人产生“从众效应”。

那么，在问卷设计的措辞方面，到底需要注意哪些方面的问题呢？下面几条法则可以借鉴。

（一）问题的陈述应尽量简洁、清楚，避免模糊信息

一般而言，问题的陈述越长，引起误会或产生歧义的可能性也就越大。因此在陈述问题时，最好使用短句子。例如，“对于目前市场上众多房地产中介品牌，您更偏爱哪个品牌？”远不如“您更偏爱哪个房地产中介品牌？”来得干净利落。

至于清楚，也就是选择最合理的用词，问卷不是语汇测试，应当尽量避免专业术语。一般而言，最好使用具有准确意义、普通用法并且没有含糊其辞的用词。反过来，如果用词含糊不清，拒答现象将会大大增加。

（二）避免提带有双重或多重含义的问题

双重或多重含义问题往往令人无所适从。比如，“您对绿地上海城的物业收费标准和物业服务效果满意吗？”如被调查者对二者都满意或都不满意，也就不存在问题，但关键是可能有一部分人只偏爱其中一项，回答“是”或“不是”均不足以准确传达他们的信息，如果要不违心的话，只有放弃这个问题。

（三）最好不用反义疑问句，避免使用否定句

由于受习惯思维的影响，人们往往不太习惯否定形式的提问；而对于反义疑问句，实际上已经向人暗示了一种提示信息，在没有明确态度的情况下，被调查者已经被牵着鼻子走了。我们看看下面的例子：

- “您是否不赞成本物业实行外来车辆按时收费制度？”

这是一个否定式问句，由于受习惯性思维的影响，人们往往倾向于选择答案“是”，即“不赞成”，而对相当一部分人而言，可能并非出自本意。如果将否定句改为反义疑问句，情况同样糟糕：

- “您不赞成本物业实行外来车辆按时收费制度，是吗？”

这一问，可能相当一部分人要回答“是”了，尽管他们的本意是赞成外来车辆按时收费制度。造成这种结果的原因是受了反义疑问句中陈述部分的信息暗示。但是，如果将上题改为：

- “您是否赞成本物业实行外来车辆按时收费制度？”

情况则大为改观，有望获得准确信息。

（四）注意避免问题的从众效应和权威效应

所谓从众效应，是指人们普遍怀有的一种随大流的思想，在许多问题上愿意同意大多数人的意见，即使心里不同意，也会从表面上放弃自己的看法。有关从众效应的例子和分

析，上文已经提过，这里不再赘述。权威效应是指由于受权威人士、权威机关、权威观念等的影响而被迫放弃自己的观点，这也是问卷设计中应尽量避免的。下面我们看几个例题：

- “科学家认为，钙是人体生理不可缺少的元素。您认为您的孩子需要补钙吗？”（科学权威）
- “保护环境是我国一项基本国策。您认为对于污染严重的企业是否应该立即实行‘关停并转’？”（政府权威）
- “您如何看待‘第三者’插足他人家庭？”（道德权威）

以上三例均会产生权威效应，从而影响调查结果的真实性。因此对于调查问卷而言，措辞相当重要。

（五）避免使用引导性语句

如果问题的措辞并不是“中性”的，则有可能向被调查者提示答案或者暗示调查者自己的观点，这些就是引导性问题，也叫倾向性问题。例如：

- “现在小高层很流行，您也喜欢吗？”
- “现在小户型很受青年人欢迎，您也喜欢吗？”

解决类似问题的方法是将引导性语句改为“中性”语句，如上例，可改为：

- 您喜欢什么类型的商品房？

高层□　　小高层□　　多层□　　平层□

- 您喜欢什么户型的商品房？

大户型□　　中户型□　　小户型□

（六）避免使用断定性语句

断定性语句是前提已经被断定的语句。例如：

- 您喜欢喝什么酒？

上句就属于断定性语句，问这个问题的前提是“您是喝酒的”，但这类断定性语句的使用，则极有可能令不喝酒的人无所适从。因此，在提这类问题之前，先得设计一个过滤性问题。例如：

- 您喝酒吗？

喝□　　偶尔喝一点□　　不喝□

（如果您选择“喝”或“偶尔喝一点”，请接着回答下一题，否则请跳到第×题）

- “您通常喝什么牌子的酒？”＿＿＿＿＿＿＿＿

（七）避免使用假设性问题

假设性问题是在假设的前提下，要求被调查者作答。例如：

- “如果阳光顺城小高层在原价位基础上再下降20%，您是否愿意购买一套？”
- “假如北京华侨城小高层推出买房送装修政策，您愿意购买吗？”

这类假设性问题的最大弊端在于，既然问题是假设的，被调查者就不会太认真，因而由此得出的统计结论很可能失真。

六、确定问题的顺序

问卷中问题的排列，也就是问题相互之间的排列组合和排列顺序，是问卷设计中的另一个相当重要的问题。良好的排列组合方式和排列次序会激发被调查者的兴趣、情绪，进而提高其合作积极性；而杂乱无章的排列，则会影响被调查者的顺利作答和资料的准确性，甚至影响到问卷的回收率。一般来说，问题的排列顺序必须按以下两条基本要求加以确定：①便于被调查者顺利作答；②便于资料的整理和分析。具体来说，可以从以下几个方面下手。

（一）按问题的难易程度排列次序

一般而言，问卷的开头部分应安排比较容易的问题，这样可以给被调查者一种轻松、愉快的感觉，以便于他们继续答下去。如果一开始就遇到难答的问题，就会影响他们继续回答问题的积极性。先易后难的排列方法具体有以下几点：

① 先列被调查者较熟悉的问题，再列较生疏的问题；

② 先问事实、行为方面的问题，然后再问观念、情感、态度等方面的问题；

③ 先问一般性问题，后问特殊性问题，或者说先问能引起被调查者兴趣的问题，然后再问容易引起他们紧张、顾虑、厌烦的问题；

④ 开放式问题尽量安排在问卷的后面。

（二）按问题的时间先后顺序排列次序

有些问题具有时间上的逻辑联系，对于这部分的问题，可以考虑按照时间顺序先问当前的情况，再问过去的情况，而不宜远近交错、前后跳跃，这样容易打乱被调查者的思路，因为人们的思维总习惯按照一定的时间顺序进行。

（三）相同性质或同类问题尽量集中排列

如果问卷中出现相同性质或同类问题，应想办法尽量安排在一起，这样便于被调查者作答时，其思路不至于经常被不同性质的问题所隔断，也不至于过分频繁地在不同内容之间跳跃，从而减少或预防被调查者的疲劳程度和厌烦情绪，提高问卷的回收率和作答质量。

以上几条综合起来，就是要求问题的排列具有严密的逻辑性。有关逻辑性描述，请参见表 4-1。

表 4-1　问卷中问题的逻辑性顺序

位置	类型	例子	理论基础
过滤性问题	限制性问题	过去的一年中，你曾想购置新房吗？你参观过一些房地产项目吗？	为了辨别目标回答者，对去年拟购置新房参观了新项目客户的调查。
最初的几个问题	适应性问题	你最偏好于哪个房地产项目？你关注这个项目多久了？	易于回答，向回答者表明调查很简单
前 1/3 的问题	过滤性问题	你喜欢这个项目的哪些方面？	与调研目的有关，需要稍费些力气
中间 1/3 的问题	难于回答及复杂的问题	以下是房地产项目的 8 个特点，请用以下量表评价你关注的物业特点？	应答者已保证完成问卷并发现只剩下几个问题
最后部分	分类和个人情况	你的最高教育程度是什么？	有些问题可能被认为是个人问题，应答者能留下空白，但它们是在调查的末尾

七、问卷的排版和布局

问卷的设计工作基本完成之后，便要着手进行问卷的排版和布局。问卷的排版和布局总的要求是整齐、美观，便于阅读、作答和统计。下面我们具体谈谈这个问题。

① 卷面排版不能过紧、过密，字间距、行间距要适当，尤其是行间距，一定要设计好，行间距过小很容易造成阅读吃力，使人产生厌倦情绪，影响被调查者继续答下去的兴趣，从而直接影响答卷成绩。

② 字体和字号要有机组合，可适当通过变换字体和字号来美化版面。一般说来，问卷题目一定要醒目，可以采用黑体，字号可以选择“一号”、“初号”或直接“自定义”大小。至于问题和答案，要选择小四或四号字，也可用五号字，但问题和答案一定要有变化，应该突出问题。突出问题的方法很多，比如说加粗、放大字号、改变字体等等方法均可行，这里不再一一列举。另外，问卷的说明信、结束语和正文字体也要有所变化。通常的做法是说明信、结束语部分采用楷体，正文部分（调查内容）采用宋体或仿宋体。

③ 对于开放式问答题，一定要留足空格以供被调查者填写，不要期望被调查者自备纸加页。对于封闭式问答题，给出的每一个答案前都应有明显的标记，答案与答案之间要有足够的空格。

④ 注意一些细节性问题。比如说，在可能的情况下，一个题目最好不要编排成两页；核对一定要仔细，不要出现漏字、错字现象。

好的版面就像好的外表，是给人留下良好第一印象的关键因素，不可掉以轻心。

八、问卷的预试

问卷的初稿设计工作完毕、获得管理层的最终认可之后，不要急于投入使用，特别是对于一些大规模的问卷调查，一定要先组织问卷的预先测试。预先测试通常选择20～100人，样本数不宜太多，也不要太少，样本数太多增大调研成本，太少则达不到测试目的。

在预先测试工作完成之后，任何需要改动的地方应切实修改。如果第一次测试后有很大的改动，可以考虑组织第二次预试。

九、问卷的定稿

当问卷的预试工作完成、确定没有必要再进一步修改后，可以考虑定稿。问卷定稿后就可以交付打印，正式投入使用。

十、问卷的评价

问卷的评价实际上是对问卷的设计质量进行一次总体性评估。这是一项看似多余、实则必不可少的步骤。对问卷进行评价的方法很多，归纳起来，主要有四种：专家评价、上级评价、被调查者评价和自我评价。

专家评价一般侧重于技术性方面，比如说对问卷设计的整体结构、问题的表述、问卷的版式风格等方面进行评价。

上级评价则侧重于政治性方面，比如说对政治方向、舆论导向、措辞水平、问卷调查可能对群众造成的影响等方面进行评价。

被调查者评价可以采取两种方式：一种是在调查工作完成以后再组织一些被调查者进

行事后性评价；另一种方式则是调查工作与评价工作同步进行，即在调查问卷的结束语部分安排几个反馈性题目，比如，“您觉得这份调查表设计得如何？”“您对这份问卷的设计有何评价？”“您觉得填答这样的问卷对您有没有帮助？”等等。在具体的问题类型设计上，可以采用封闭式，也可以采用开放式，或二者兼而有之。

自我评价则是设计者对自我成果的一种肯定或反思。

以上介绍的几种评价方法可视情况单独使用，也可综合使用。当然综合使用的效果要好些，但成本偏高。

本章小结

本章主要阐述了房地产市场调查计划书的撰写及房地产问卷设计的基本概念、问卷的基本结构、问卷设计的基本过程。

问卷设计是组织问卷调查的关键，其好坏直接决定着所获信息的数量和质量，必须认真组织好。

房地产调查问卷一般由说明信、正文和结束语三个部分组成。说明信主要是向被调查者介绍调查的目的、意义、选择方法以及填答说明等。正文部分也就是问卷的调查内容部分，主要包括各类问题及其回答方式、指导语、问题的编码等，是问卷的主体部分。结束语一般放在问卷的最后面，用来简短地对被调查者表示感谢，也可征询被调查者对问卷设计的看法。

问卷设计过程包括十大步骤：确定所需信息、确定问卷的类型、确定问题的内容、确定问题的类型、确定问题的措辞、确定问题的顺序、问卷的排版和布局、问卷的预试、问卷的定稿和问卷的评价等。

思考题

1. 问卷设计的基本结构包括哪些部分？
2. 试对比分析开放式问题与封闭式问题各自的优缺点？
3. 在确定问题的措辞时，应把握哪些原则？
4. 概括问卷形成的步骤。
5. 房地产市场调查计划书撰写的步骤。

项目实训

1. 请根据所学知识修改下面调查问卷中的不足之处。

上海市住房需求调查表

尊敬的先生/女士：

您好！

我是上海华天置业有限公司的专署市场调查员，为了更好地服务我市市民，建造最经济、最适合我们居住的房子，我们很需要您能提供给我们此方面的意见，只要它能真实地反映您的想法，对我们就是一个很大的帮助。调查资料所涉及的您的个人资料我们将完全保密。多谢您在百忙之中抽出时间，对于您的帮助我们深表感谢！

（一）住房现状

1. 您现在住房的户型是：

A. 一室一厅　B. 两室一厅　C. 三室一厅　D. 三室两厅

2. 您现在住房面积是：

A. $70m^2$ 以下　B. $71\sim90m^2$　C. $91\sim110m^2$　D. $111\sim130m^2$

3. 您现在住房来源是：

A. 商品房　B. 自租　C. 单位福利房　D. 经济适用房

（二）住房需求

4. 您打算在最近____内买房？（不买房，请直接跳转第九题）

A. 半年　B. 一年　C. 两年　D. 更久　E. 其他

5. 您若买房，购买的主要原因是：

A. 结婚用房　B. 现有住房太小　C. 想有一所自己的房子

D. 现有住宅地址不好　E. 现有住宅结构不好

F. 现有住宅不够大投资　G. 其他________

6. 您若购买商品房，打算选什么户型？

A. 一室一厅　B. 两室一厅　C. 三室一厅

7. 您若购买商品房，您打算买多大面积（建筑面积）

A. $60\sim69m^2$　B. $70\sim79m^2$　C. $80\sim89m^2$

D. $90\sim99m^2$　E. $100\sim110m^2$　F. $110m^2$ 以上

8. 您打算购买的住宅类型是：

A. 高层住宅　B. 小高层住宅　C. 多层住宅（有电梯）

D. 多层住宅（无电梯）

9. 您认为住宅最重要的条件是什么？

A. 质量　B. 宽敞程度　C. 舒适　D. 方便　E. 安静

F. 美观　G. 气派　H. 其他________

10. 请您对住宅选出您的偏好顺序：

南北对流 朝南 朝北 东西向 朝西

最喜欢__________其次__________不喜欢__________

11. 您希望小区有哪些配套设施？

A. 运动场所　B. 健身器材　C. 诊所　D. 幼儿园　E. 超市

F. 美容　G. 休闲娱乐　H. 其他__________

12. 您希望物业服务的类型是

A. 公共服务　B. 专门服务　C. 特约服务

13. 买房时，下列哪一项是您最注重的条件：

A. 单位价格　B. 内部格局　C. 物业管理　D. 交通便利

E. 付款方式　F. 小区绿化　G. 周边公共配套设施（学校、医院、超市等）

H. 小区周边

14. 你更希望哪些生活设施在小区周边？

A. 学校　B. 百货超市　C. 银行　D. 酒店饭馆

E. 税务　F. 邮政　G. 电信

15. 您希望买的住房装修标准如何？

A. 全毛坯　B. 提供一般装修　C. 厨卫高档装修，其他毛坯

D. 发展商提供多种套餐买家选择，另付装修费　E. 精装修

16. 您若买房，您的厨房打算放什么电器？

A. 洗碗机　B. 微波炉　C. 电冰箱　D. 洗衣机　E. 热水器

17. 您若购买商品房，您的卫生间是否安装浴缸和洗衣机？

A. 同时安装浴缸和洗衣机　B. 仅安装浴缸

C. 只安装洗衣机　D. 浴缸和洗衣机均不安装

18. 您理想客厅的面积是多大？

A. 10～15m^2　B. 16～20m^2　C. 21～25m^2　D. 26～30m^2

19. 您理想的卧室是多大面积？

A. 8～10m^2　B. 11～12m^2　C. 13～14m^2　D. 15m^2 以上

20. 您喜欢的阳台设计是：

A. 传统阳台　B. 落地玻璃阳台　C. 封闭式阳台　D. 其他

21. 您若购置商品房，所承受的总价是：

A. 10 万以下　B. 10 万～15 万　C. 15 万～20 万

D. 20 万～25 万　E. 25 万～30 万　F. 30 万以上

22. 您所能承受的单价是：

A. 3600 元以下　B. 3700 元　C. 3800 元　D. 3900 元

E. 4000 元　F. 4100 元　G. 4150 元

23. 您获得房产广告的来源主要是：

A. 电视广告　B. 东营广播电视报　C. 胜利广播电视报

D. 城市信报　E. 收音机广播　F. 朋友介绍　G. 路边户外媒体

H. 其他（新思维传媒/东营商界……）

最后，我想问几个关于您个人情况的问题，供资料分析使用，请您不要介意。

性别（□男/□女）年龄__________

您家庭人口数量：__________

您和老人住在一起么？

□是　□否

您的文化程度　□大学本科 □专科 □中专 □中专以下 □硕士 □博士 □博士以上

请问您的职业是

□油田工人 □油田领导 □自营企业 □企业职工

□个体工商 □老师 □医生 □护士 其他__________

请问您的朋友平均每月收入一般属于哪一类？

□2000 元 □2100～2500 元 □2510～3000 元

□3010～3500 元 □3510～4000 元□4000 元以上

您的个人爱好是____

访问到此结束，再次感谢您的支持！

调查员记录（对被调查者的态度和提供信息的评价）：

被调查者认真程度：□很认真　□比较认真　□一般　□随意　□敷衍

获得资料真实性：□比较客观　□一般不可信

2. 撰写一份关于当代大学生未来住房需求的调研计划书。

3. 请设计一个关于当代大学生未来住房需求的调查表。

第五章 态度测量技术

名师导学

在房地产市场调查过程中，有些问题由于没有确定的尺度，所以很难解决所调研的问题。如何事先确定科学的评价规则，如用一些数字或特殊符号来表示某个事物的特征或属性，从而更好地了解和认识分析被调查人员对事物的偏好，以及对未来行为或状态的预期和意向等，需要我们系统的学习房地产态度测量技术，从而轻松解决上述问题。

知识目标

• 态度测量的步骤和程序　• 量表的分类与特征　• 量表的使用技巧

能力目标

• 针对不同内容选择量表　• 量表的正确使用

案例导入

100. 1 房地产研究中心（100. 1rerc）是我国著名的房地产数据产品研究机构，秉承比一百专业一点的理念，致力于房地产数据研究，其中调研数据产品是中心的重要的利润因素之一。中心希望将自己的形象和其他同类机构（公司）进行比较，以下是问卷的部分问题。

A1. 我们想了解您对以下七家研究房地产数据机构（公司）的整体印象。请您给他们评级，从 1 到 5，1 表示最好，5 表示最差。阅读下表并打分，要保证不同的机构（公司）有不同的分值，而且每个机构（公司）都有一个分值。

公司名称	等级
中原地产	________
云栖经纪	________
亚尔贝林	________
100. 1rerc	________
世纪地产	________
亚泰数据	________
长城中心	________

A2. 现在我想知道您对一些用来形容 100. 1 房地产研究中心和它发布的数据产品的陈述的意见。对我所读出的每个陈述，请告诉我您同意或不同意这个陈述的程度。如果您完全同意

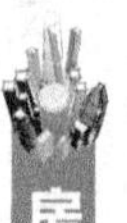

此陈述，请给它 10 分，如果完全不同意请给它 0 分。或者，请您可以用其间的任何能表达您对每个陈述意见的数字（阅读下表，从有 • 的陈述开始，并分别给每个陈述一个数字，保证答案都被记录下来）。

陈述	评分
他们是一个现代化的专业机构	______
• 他们的数据产品相比其他公司的数据产品能给顾客提供更高的价值	______
他们的数据产品比其他公司的数据更可靠	______
他们是关注数据产品质量的机构	______
他们的数据产品比其他公司的数据产品具有鲜明的专业特点	______
使用他们的数据产品比其他公司的数据产品可享受更好的跟踪服务	______
他们是一个信誉良好的机构	______
他们的数据产品比其他公司的数据产品更让顾客放心	______

A3. 假如今天您要购买以下数据产品和服务（见下表），哪种品牌是您的第一选择、第二选择、第三选择？（阅读下表，圈出数字。）从有标记 • 的产品开始。

品　牌	数据产品			数据服务		
	第一选择	第二选择	第三选择	第一选择	第二选择	第三选择
中原地产	1	1	1	1	1	1
云栖经纪	2	2	2	2	2	2
亚尔贝林	3	3	3	3	3	3
• 100. 1rerc	4	4	4	4	4	4
世纪地产	5	5	5	5	5	5
亚泰数据	6	6	6	6	6	6
长城中心	7	7	7	7	7	7

A4. 假如今天您要购买一份数据产品，您会有多大兴趣购买您在互联网上看到的 100. 1rerc 数据产品？

您能说出您将……（阅读下表，圈出一个数字）

非常感兴趣	1
有些感兴趣	2
无所谓	3
不太感兴趣	4
完全感兴趣	5

A5. 为什么您会有这样的感觉？（探寻完整和有意义的答案）

____

____

____

____

____

A6. 下面问您几个个人问题，目的是为了资料进行有效的分类统计：
(a) 您目前是否使用过 100. 1rerc 的数据产品或服务?
□是　□否
(b) 在您的公司中对此类数据产品或服务做出购买决定的是谁?
□总经理　□项目经理　□其他__________

案例引导

案例中的问卷不同于普通的调查问卷，它使一些难以表达的看法，通过各种量表的方式予以表述和测量，不仅增加了问卷的趣味性和内容的可读性，更可以使被调查者愿意接受调查。不过，量表的设计是一个复杂的过程，上述量表也有一些可以改善的地方，大家可以系统学习本章内容，结合实训问题，更好地去完善案例中的量表。

第一节　量表

一、态度测量

根据预先确定的规则，用一些数字或符号来代表某个事物的特征或属性就是测量。在房地产市场营销研究中，我们感兴趣的不是测量消费者本身，而是消费者的意见、态度、偏好以及其他有关的特征，习惯上称之为态度测量。

在房地产市场营销活动中，了解人们的态度，尤其是消费者对于产品、公司、营销活动等的态度是十分重要的。但是，通过直接询问的方法常常不能真正掌握人们的态度，因为有些人根本就不知道他们自己的态度，或无法用语言或文字表达出来；观察法也不是衡量态度的有效方法，因为观察到的外在行为常常不能代表真实的态度。因此，利用某些特殊的态度测量技术是完全必要的，这就是所谓的量表。

量表的设计包括两步。第一步，设定规则，并根据这些规则为不同的态度特性分配不同的数字。这些数字和态度变量的取值必须一一对应，每个数字代表唯一的态度变量值，而每个态度变量值对应一个唯一的数字。这种对应关系应该是明确的和固定的。第二步，将这些数字排列或组成一个序列，根据受访者的不同态度，将其在这一序列上进行定位。

例如，将“对于某写字楼项目可行性的态度”这一态度变量的可能取值，用不同的数字来代表：“1”代表“认可”，“2”代表“放弃”，“3”代表“不认可”；然后，根据受访者是回答“认可”、“无所谓”和“不认可”填写房地产调查问卷或调查表。这就是一个典型的三级量表。

量表中用数字代表态度的特性是出于两个原因。第一，数字便于统计分析；第二，数字使态度测量活动本身变得容易、清楚和明确。

二、测量的量表

对事物的特性变量可以用不同的规则分配数字，因此形成了不同测量水平的测量量表（测量尺度）。基本的测量量表有四种：即类别量表、顺序量表、等距量表和等比量表。

（一）类别量表

类别量表中的数字分配，仅仅是用作识别不同对象或对这些对象进行分类的标记。

例如，在一个物业调研项目中对每个受访者进行编号，这个编号就是类别量表。当类别量表中的数字是用于识别不同对象时，数字与对象间存在着一一对应的关系，例如门牌号、身份证号、电话号码等。在房地产市场营销研究中，类别量表常用来标识不同的受访者、不同的品牌、不同的房产特性、不同的公司或其他对象等。这些对象对于该数字所代表的特征来说是同质的。

类别量表的数字不能反映对象具体特征的性质和数量。例如，同一层门牌号较大的房间并不比门牌号较小的房间高，反过来也是一样。对类别量表中的数字，只能计算发生频度以及和频率有关的一些统计量，如百分比、众数等。计算平均数是没有任何意义的。

(二) 顺序量表

顺序量表是一种排序量表，分配给对象的数字表示对象具有某种特征的相对程度。顺序量表可以让我们确定一个对象是否比另一个对象具有较多（较强）或较少（较弱）的某种特征，但并不能确定多多少或少多少。顺序量表规定了对象的相对位置，但没有规定对象间差距的大小。排在第 1 位的对象比排在第 2 位的对象具有更多的某种特征，但是只多一点儿还是多了很多则无从得知。顺序量表的例子有商品房质量的等级、销售员月销售额的排名等。

和类别量表一样，在顺序量表中等价的个体有相同的名次。任何一系列数字都可用于表达对象之间已排定的顺序关系。例如，只要能保持对象间基本的顺序关系，就可对顺序量表施以任何变换。因此，顺序量表还可用来计算频度、百分位数、四分位数、中位数等。

(三) 等距量表

等距量表也称区间量表，在等距量表中，量表上相等的数字距离代表所测量的变量相等的数量差值。等距量表包含顺序量表提供的一切信息，并且可以让我们比较对象间的差别，它就等于量表上对应数字之差。等距量表中相邻数值之间的差距是相等的，1 和 2 之间的差距就等于 2 和 3 之间的差距，也等于 7 和 8 之间的差距。有关等距量表最典型的实际例子是体温计。在房地产市场营销研究中，利用评比量表得到的态度数据一般经常作为等距数据来处理。

等距量表中原点不是固定的，测量单位也是人为的。因此，任何形式为 $y=a+bz$ 的线性变换都能够保持等距量表的特性。这里，z 是测量变量在原量表中的值，y 是变换后得到的新值，b 是一个正的常数，a 可以是任何常数。因此，对四个对象 A、B、C、D 分别打分为 1、2、3、4 或 22、24、26、28 都是等价的。后一种量表可以从前一种量表经过变换得到，其中 $a=20$，$b=2$。由于原点不固定，量表上数字的比值没有任何意义。例如 D 和 B 的比值变换前为 2∶1，变换后却为 7∶6，但测量值差距之比是有意义的，因为在这个过程中常数 a、b 都被消掉了。在不同量表中，对象 D、B 的差值和对象 C、B 的差值之比都是 2∶1。

对于等距量表可采用类别量表和顺序量表适用的一切统计方法。此外，还可以计算算术平均值、标准方差以及其他有关的统计量。

(四) 等比量表

等比量表具有类别量表、顺序量表、区间量表的一切特性，并有固定的原点。因此，在等比量表中，我们可以标识对象，将对象进行分类、排序，并比较不同对象某一变量测

量值的差别。测量值之间的比值也是有意义的，不仅“2”和“5”的差别与“10”和“13”的差别相等，并且“10”是“5”的2倍，身高、体重、年龄、收入等都是等比量表的例子。房地产市场营销研究中，销售额、生产成本、市场份额、消费者数量等变量都要用等比量表来测量。

等比量表仅限于使用形式为 $y=bx$ 的变换，这里 b 是个正的常数，不能够像在等距量表中那样再加上一个常数 a。例如从“米”到“厘米”的变换（$b=100$），不管是用米还是用厘米作为测量单位，对象之间的比较总是一致的。

所有的统计方法都适于等比量表，包括几何平均数的计算。遗憾的是等比量表对态度测量并没有太大的用处。表5-1对四种量表的性质进行了总结。

表5-1　测量量表的四种类型

类型	规则描述	基本操作	应用实例	统计计算
类别	用数字识别对象，对其分类	判断相等或不等	品牌编号、受访者编号等	频数、百分比、众数等
顺序	除识别外，数字表示测量对象的相对顺序，但不表示差距的大小	判断较大或较小	产品质量等级评价、销售人员月销售额排名等	百分位数、中位数等
等距	除排序外，可比较对象间差别的大小，但原点不固定	判断间距相等性	体温、品牌认知水平等复杂概念和偏好的测量	极差、均值、标准差等
等比	有固定原点，且具备上述三种类型的性质	判断等比相等性	销售量、市场份额、产品价格等精确数据	几何平均数、变异系数

（五）量表实例

表5-2是一个应用实例，说明各种基本量表的使用。

这是一项对10个房地产品牌的调查。可以用1～10这10个数字分别代表10个品牌，这就是一种类别量表。比如，编号8代表中房集团，吉林亚泰编号为1，但这并不意味着它要比中房集团好些或差些。对这十个数字重新进行分配，例如，让中房集团编号为1，吉林亚泰编号为8，对于整个测量没有任何影响，因为这些数字并不代表品牌的任何具体特征；本月有20%的受访者曾看过吉林亚泰投放的电视广告，这样的陈述是有意义的，而计算所有编号（1～10）的平均数得到5.5，“地产品牌编号平均值为5.5”这样的陈述则是毫无意义的。

要求受访者根据对这10个地产品牌的喜爱程度进行排序，就可采用顺序量表。比如，要求受访者对最喜欢的地产品牌用“1”表示，次喜欢的用“2”表示，依次类推。表5-2给出了两种排序的结果。我们能够知道受访者对大连万达的偏好超过对中房集团的偏好，但不知道到底差多少；而且也不一定要用数字1到10来代表偏好的顺序，比如，在第二种顺序量表中，大连万达被分配到“32”，中房集团被分配到“137”等等。这两个量表是等价的，因为变换是单调的、正向的，两个量表对根据喜好程度对栏目的排列顺序完全一致。

要求受访者根据个人对品牌喜爱程度对10个地产品牌用9分制打分，就得到表5-2中第一个等距量表。由表5-2给出的得分结果，中海得8分，海信地产得2分，但这并不意味着受访者对中海的偏好程度是对海信地产的三倍。在另一个等价的等距量表中，受访被要求用11～19而非1～9对栏目打分，中海得了18分，海信地产得了12分。这两个数字的比值显然不再等于3。

表 5-2 基本量表实例

类别量表		顺序量表		等距量表		等比量表
品牌名称	品牌编号	按照喜好程度排序		按照喜好程度评分 1～9	11～19	本月投放电视广告收视时间/小时
吉林亚泰	1	8	95	5	15	40
中海	2	6	75	8	18	30
绿城	3	9	110	7	17	15
阳光 100	4	2	18	8	18	30
鲁商置业	5	5	50	3	13	20
大连万达	6	3	32	5	15	60
海信地产	7	4	44	2	12	20
中房集团	8	10	137	4	14	0
万科	9	1	12	9	19	10
长江实业	10	7	90	2	12	50

第二节　测量的基本技术

如前所述，量表作为一种测量工具，它试图确定主观的、有时是抽象的定量化测量程序，即用数字来代表测量对象的某一特性，从而对测量对象的不同特性以多个不同的数字来表示的过程。根据要测量的概念或对象的复杂性和不确定性，量表既表现为四种不同的测量水平，又有一维量表与多维量表之分。本节中我们主要讨论用于态度测量的一维顺序量表和等距量表，包括评价量表、等级量表、配对比较量表、沙氏通量表、李克特量表和语意差异量表。

一、评价量表

评价量表也叫评比量表，它是由研究人员事先将各种可能的选择标示在一个评价量表上，然后要求应答者在测量表上指出他（她）的态度或意见。根据量表的形式，评价量表又分为图示评价量表和列举评价量表。一般图示评价量表要求应答者在一个有两个固定端点的图示连续体上进行选择；列举评价量表则是要求应答者在有限类别的表格标记中进行选择。评价量表获得的数据通常作为等距数据使用和处理。图 5-1 和表 5-3 分别给出了一些图示评价量表和列举评价量表的例子。

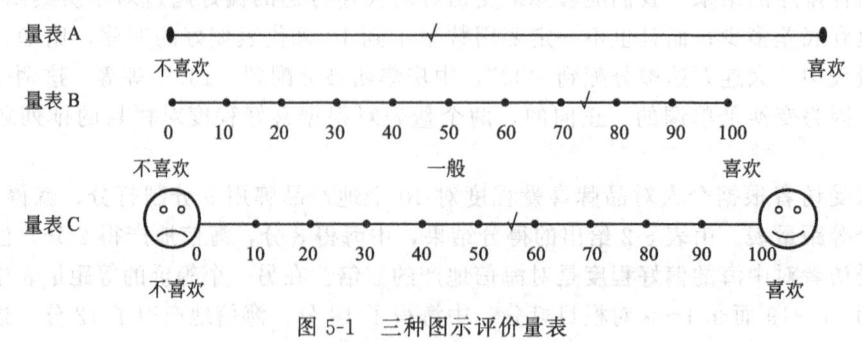

图 5-1　三种图示评价量表

表 5-3 三种列举评价量表

量表 A 下面我将向您列举一些地产品牌，当我提到每一种品牌时，请您告诉我您认为该品牌的电视广告是非常差的、差的、一般的、好的还是非常好的。

您认为下列地产品牌的电视广告是(从起点位置●开始循环读出)

起始位置●	○万科地产	○中海地产	●大连万达
1 非常差	○	○	○
2 差	○	○	○
3 一般	○	○	○
4 好	○	○	○
5 非常好	○	○	○

量表 B 下面我将向您列举一些物业品牌，当我提到每一种品牌时，请您告诉我您认为该品牌的知名度是非常低的、低的、一般的、高的还是非常高的。

您认为下列地产品牌的知名度是(从起点位置●开始循环读出)

起点●	非常低	低	一般	高	非常高
○长城	5 ○	4 ○	3 ○	2 ○	1 ○
○中海	5 ○	4 ○	3 ○	2 ○	1 ○
○鲁能	5 ○	4 ○	3 ○	2 ○	1 ○
●中兴	5 ○	4 ○	3 ○	2 ○	1 ○
○戴德梁行	5 ○	4 ○	3 ○	2 ○	1 ○

量表 C 您认为戴德梁行的物业服务水平怎样？

戴德梁行的物业服务

特别差	一般	特别好
○	○	○

图 5-1 中量表 A 是最简单的一种形式，应答者只需根据自己的喜好程度在连续直线的适当位置做出标记，然后研究者根据整体的反应分布及研究目标的要求，将直线划分为若干部分，每个部分代表一个类别，并分配给一个对应的数字；量表 B 事先在连续体上标出刻度并分配了相应的数字，应答者在适当位置做出反应标记即可；量表 C 在本质上与量表 B 没什么区别，但是由于在连续体两端分别增加了对应的哭脸和笑脸，使量表更具有生动性和趣味性。

表 5-3 中量表 A 和量表 B 都是列举评价量表最普通的一种形式。此时，访问人员通常向应答者出示一个基本量表的复制卡片，卡片上标有相应的有限选择答案，在访问人员读出一个品牌时应答者作出自己的选择。整个问卷中品牌的起始位置是循环的，因为相同的起点会给应答者带来影响，可能成为误差的一个来源。量表 C 适用于针对儿童进行的调查，小人头的表情有助于儿童的理解和反应，同时也增加了调查的趣味性。

列举评价量表比图示评价量表容易构造和操作，研究表明在可靠性方面也比图示评价量表要好，但是不能像图示评价量表那样衡量出客体的细微差别。总体上讲，评价量表有许多优点：省时、有趣、用途广、可以用来处理大量变量等，因此在市场营销研究中被广泛采用。但是这种方法也可能会产生三种误差。

1. 仁慈误差

有些人对客体进行评价时，倾向于给予较高的评价，这就产生了所谓的仁慈误差；反之，有些人总是给予较低的评价，从而引起负向的仁慈误差。

2. 中间倾向误差

有些人不愿意给予被评价的客体很高或很低的评价，特别是当不了解或难于用适当的方式表示出来时，往往倾向于给予中间性的评价。可以用以下方法防止这种误差的发生：

① 调整叙述性形容词的强度。

② 增加中间的评价性语句在整个量表中的空间。

③ 使靠近量表两端的各级在语意上的差别加大，使其大于中间各级间的语意差别。

④ 增加测量量表的层次。

3. 晕轮效果

如果受测者对被评价的对象有一种整体印象，可能会导致系统偏差。预防的方法是对所有被评价的对象，每次只评价一个变量或特性；或者问卷每一页只列一种特性，而不是将所有要被评价的变量或特性全部列出。

二、等级量表

等级量表是一种顺序量表，它是将许多研究对象同时展示给受测者，并要求他们根据某个标准对这些对象排序或分成等级。例如，要求受访者根据总体印象对不同品牌的商品进行排序。典型地，这种排序要求受测者对他们认为最好的品牌排“1”号，次好的排“2”号，依次类推，直到量表中列举出的每个品牌都有了相应的序号为止。一个序号只能用于一种品牌。表 5-4 是等级量表的比较典型的例子。

表 5-4 等级量表实例

下面的卡片中列举的是两类公司，每类公司项下各有五个品牌，请你根据对各品牌的喜爱程度进行排序，分别给予1～5个等级，等级 1 表示你最喜爱的品牌，等级 5 表示你最不喜欢的品牌，依次类推。

请注意：一个等级号码只能用于一个品牌。

量表 A

物业公司

品牌名称	品牌等级
长城	________
中海	________
鲁能	________
中兴	________
戴德梁行	________

量表 B

房地产公司

品牌名称	品牌等级
万科	________
中海	________
万达	________
绿城	________
亚泰	________

卡片 A

长城　中海　鲁能　中兴　戴德梁行

卡片 B

万科　中海　万达　绿城　亚泰

等级量表也是使用很广泛的一种测量技术，这种题目容易设计，受测者也比较容易掌握回答的方法。等级量表强迫受测者在一定数目的评价对象中作出比较和选择，从而得到对象间相对性或相互关系的测量数据。等级法也比较节省时间。

等级量表最大的缺点在于只能得到顺序数据，因此不能对各等级间的差距进行测量，同时卡片上列举对象的顺序也有可能带来所谓顺序误差。此外，用于排序的对象个数也不能太多，一般要少于10个，否则很容易出现错误、遗漏。而且，从心理学的角度来说，对象个数越多，受测者越难以分辨对各对象偏好程度的差别，诸如只对两三个对象有明显偏好，其他都差不多的情况在实际研究中是经常发生的。在这种情况下就必须借助其他间接的评价方法。

三、配对比较量表

在配对比较量表中，受测者被要求对一系列对象两两进行比较，并根据某个标准在两个被比较的对象中做出选择。配对比较量表也是一种使用很普遍的态度测量方法。它实际上是一种特殊的等级量表，不过要求排序的是两个对象，而不是多个。配对比较方法克服了等级排序量表存在的缺点。首先，对受测者来说，从一对对象中选出一个肯定比从一大组对象中选出一个更容易；其次，配对比较也可以避免等级量表的顺序误差。但是，因为一般要对所有的配对进行比较，所以对于有 n 个对象的情况，要进行 $n(n-1)/2$ 次配对比较，是关于 n 的一个几何级数。因此，被测量的对象的个数不宜太多，以免使受测者产生厌烦而影响应答的质量。表5-5是一个配对比较量表的例子。

表5-5 配对比较量表实例

下面是十对地产的品牌，对于每一对品牌，请指出你更喜欢其中的哪一个。在选中的品牌旁边“口”处打钩(√)。

量表A	十对地产品牌配对比较
①万科口	中海口
②万科口	中房集团口
③万科口	大连万达口
④万科口	阳光100口
⑤中海口	中房集团口
⑥中海口	大连万达口
⑦中海口	阳光100口
⑧大连万达口	中房集团口
⑨大连万达口	阳光100口
⑩中房集团口	阳光100口

访问结束后，可以将受测者的回答整理成表格的形式。表5-6是根据某受访者的回答整理得到的结果。表中每一行列交叉点上元素表示该行的品牌与该列的品牌进行比较的结果，其中元素“1”表示受测者更喜欢这一列的品牌，“0”表示更喜欢这一行的品牌。将各列取值进行加总，得到表中合计栏，这表明各列的品牌比其他品牌更受偏爱的次数。

表 5-6　根据配对比较量表得到的品牌偏好矩阵

名　称	万科	中海	中房集团	大连万达	阳光 100
万科	—	0	0	0	0
中海	1	—	0	1	1
中房集团	1	1	—	1	1
大连万达	1	0	0	—	0
阳光 100	1	0	0	1	—
合计	4	1	0	3	2

从表 5-6 中看到，该受测者在万科和中海品牌中更偏爱前者（第二行第一列数字为 1）。在“可传递性”的假设下，可将配对比较的数据转换成等级顺序。所谓“可传递性”是指，如果一个人喜欢 A 品牌甚于 B 品牌，喜欢 B 品牌甚于 C 品牌，那么他一定喜欢 A 品牌甚于 C 品牌。将表 5-6 的各列数字分别加总，计算出每个品牌比其他品牌更受偏爱的次数，就得到该受测者对于 5 个房地产品牌的偏好，从最喜欢到最不喜欢，依次是万科、大连万达、阳光 100、中海和中房集团。假设调查样本容量为 100 人，将每个人的回答结果进行汇总，将得到表 5-7 的次数矩阵。再将次数矩阵变换成比例矩阵（用次数除以样本数），如表 5-8 所示，在品牌自身进行比较时，我们令其比例为 0.5。

表 5-7　品牌偏好次数矩阵（假设一）

名　称	万科	中海	中房集团	大连万达	阳光 100
万科	/	15	12	24	20
中海	85	/	40	50	40
中房集团	88	60	/	75	80
大连万达	76	50	25	/	70
阳光 100	80	60	20	30	/

表 5-8　品牌偏好次数矩阵（假设二）

名　称	万科	中海	中房集团	大连万达	阳光 100
万科	0.50	0.15	0.12	0.24	0.20
中海	0.85	0.50	0.40	0.50	0.40
中房集团	0.88	0.60	0.50	0.75	0.40
大连万达	0.76	0.50	0.25	0.50	0.70
阳光 100	0.80	0.60	0.20	0.30	0.50
合计	3.79	2.35	1.47	2.29	2.2

从表 5-8 中的合计栏中，可以看出 5 个品牌中万科被认为是最好的，中海次之，再次是大连万达和阳光 100，中房集团最差。

当要评价的对象的个数不多时，配对比较法是有用的。但如果要评价的对象超过 10 个，这种方法就太麻烦了。配对比较量表的另外一个缺点是“可传递性”的假设可能不成立，在实际研究中这种情况常常发生；同时对象列举的顺序可能影响受测者，造成顺序反应误差；而且这种“二中选一”的方式和实际生活中作购买选择的情况也不太相同，受访者可能在 A、B 两种品牌中对 A 要略为偏爱些，但实际上却两个品牌都不喜欢。

四、沙氏通量表

在市场营销研究中，经常涉及对某一主题的态度测量，如人们对于房地产电视广告的态度、对物业服务的态度等。沙氏通量表通过应答者在若干（一般9～15条）与态度相关的语句中选择是否同意的方式，获得应答者关于主题的看法。沙氏通量表的实地测试和统计汇总都很简单，只是量表的构作相对来说比较麻烦。一个测量态度的沙氏通量表，其构作的基本步骤如下。

① 收集大量的与要测量的态度有关的语句，一般应在100条以上，保证其中对主题不利的、中立的和有利的语句都占有足够的比例，并将其分别写在特制的卡片上。

② 选定20人以上的评定者，按照各条语句所表明态度的有利或不利的程度，将其分别归入11类。第1类代表最不利的态度，依次类推，……，第6类代表中立的态度，……，第11类代表最有利的态度。

③ 计算每条语句被归在这11类中的次数分布。

④ 删除那些次数分配过于分散的语句。

⑤ 计算各保留语句的中位数，并将其按中位数进行归类，如果中位数是n，则该态度语句归到第n类。

⑥ 从每个类别中选出一两条代表语句（即各评定者对其分类的判断最为一致的），将这些语句混合排列，即得到所谓的沙氏通量表。

表5-9给出了一个典型的沙氏通量表所包含的11条态度语句。

表5-9 典型的沙氏通量表

量表A房地产电视广告态度测量的沙氏通量表
1. 所有的房地产电视广告都应该由法律禁止。
2. 看房地产电视广告完全是浪费时间。
3. 大部分房地产电视广告是非常差的。
4. 房地产电视广告枯燥乏味。
5. 房地产电视广告并不过分干扰欣赏电视节目。
6. 对大多数房地产电视广告我无所谓好恶。
7. 我有时喜欢看房地产电视广告。
8. 大多数房地产电视广告是挺有趣的。
9. 只要有可能，我喜欢购买在电视上看到过广告的房地产。
10. 大多数房地产电视广告能帮助人们选择更好的商品。
11. 房地产电视广告比一般的电视节目更有趣。

沙氏通量表通常在设计时，将有关态度语句划分为11类，其实并不一定非要划分成11类不可，多些少些都可以，但最好划分成奇数个类别，以中点作为中间立场。分类后在每个类别中至少选择一条代表语句，也可以选择多于一条语句，这样组成的沙氏通量表就不止包含与类别数相同的语句，可能多达二十几条态度语句，但一般来讲在每个类别中选择多条语句没有特别的必要。

沙氏通量表构作比较麻烦但使用操作很简单，只要求受测者指出量表中他同意的陈述或语句。每条语句根据其类别都有一个分值，量表中的语句排列可以是随意的，但每个受测者都应该只同意其中的分值相邻的几个意见。如果在实际中一个受测者的语句或意见其分值过于分散，则判定此人对要测量的问题没有一个明确一致的态度，或者量表的构作可能存在问题。

沙氏通量表根据受测者所同意的陈述或意见的分值，通过分值平均数的计算求得受测者的态度分数。例如某人同意第八个意见，他的态度分数就是8，如果同意七、八、九三条意见，他的态度分数为（7+8+9)/3=8。在上例中，分数越高，说明受测者对某一问题持有的态度越有利；分数越低，说明受测者持有的态度越不利。沙氏通量表是顺序量表，可以用两个受测者的态度分数比较他们对某一问题所持态度的相对有利和不利的情况，但不能测量其态度的差异大小。

沙氏通量表在市场营销研究中使用得不是太多，主要原因是沙氏通量表的构作非常麻烦，即使单一主题的量表构作也要耗费大量的时间，对于多个主题的沙氏通量表制作就更加困难。另外，不同的人即使态度完全不同，也有可能获得相同的分数。例如一个人同意第五个意见，得5分，另一个人同意第三、四、八条意见，也得5分。再有，沙氏通量表无法获得受测者对各条语句同意或不同意程度的信息，这也是其缺点之一。

五、李克特量表

李克特量表形式上与沙氏通量表相似，都要求受测者对一组与测量主题有关的陈述语句发表自己的看法。它们的区别是，沙氏通量表只要求受测者选出他所同意的陈述语句，而李克特量表要求受测者对每一个与态度有关的陈述语句表明他同意或不同意的程度。另外，沙氏通量表中的一组有关态度的语句按有利和不利的程度都有一个确定的分值，而李克特量表仅仅需要对态度语句划分是有利还是不利，以便事后进行数据处理。李克特量表构作的基本步骤如下。

① 收集大量（50～100条）与测量的概念相关的陈述语句。

② 研究人员根据测量的概念将每个测量的项目划分为“有利”或“不利”两类，一般测量的项目中有利的或不利的项目都应有一定的数量。

③ 选择部分受测者对全部项目进行预先测试，要求受测者指出每个项目是有利的或不利的，并在下面的方向-强度描述语中进行选择，一般采用所谓“五点”量表：

a. 非常同意　b. 同意　c. 无所谓（不确定）　d. 不同意　e. 非常不同意

④ 对每个回答给一个分数，如从非常同意到非常不同意的有利项目分别为1、2、3、4、5分，对不利项目就为5、4、3、2、1分。

⑤ 根据受测者的各个项目的分数计算代数和，得到个人态度总得分，并依据总分多少将受测者划分为高分组和低分组。

⑥ 选出若干条在高分组和低分组之间有较大区分能力的项目，构成一个李克特量表。如可以计算每个项目在高分组和低分组中的平均得分，选择那些在高分组平均得分较高并且在低分组平均得分较低的项目。

李克特量表的构作比较简单而且易于操作，因此在房地产市场营销研究实务中应用非常广泛。在实地调查时，研究者通常给受测者一个“回答范围”卡，请他从中挑选一个答案。需要指出的是，目前在商业房地产调查中很少按照上面给出的步骤来制作李克特量表，而是通常由客户项目经理和研究人员共同研究确定。

在李克特量表中，受访者要对每一条语句分别表示同意的程度。一般采用5级：非常同意、同意、无所谓、不同意和非常不同意，当然也可以是相反的顺序，如1表示非常不同意，5代表非常同意等。可以将各数字代表的含义在题目开头给出，然后让受访者根据对每个陈述语句的同意程度填写1～5中的某个数字，但更常用的一种格式是将1～5分别列在每个陈述语句的后面，让受访者根据自己同意或不同意的程度在相应的数字上打钩或

画圈。后一种方式看起来不太简洁，但更便于受访者理解和回答。表 5-10 是一个利用李克特量表测量人们对某物业商场态度的例子。

表 5-10 测量对商场态度的李克特量表

（出示卡片 A）下面是对 A 商场的一些不同的意见，请指出您对这些意见同意或不同意的程度，1=非常不同意 2=不同意 3=无所谓 4=同意 5=非常同意。

	非常不同意	不同意	无所谓	同意	非常同意
A 商场出售高质量的商品	1	2	3	4	5
A 商场的服务很差劲	1	2	3	4	5
我喜欢在 A 商场买东西	1	2	3	4	5
A 商场没有提供足够的品牌选择	1	2	3	4	5
A 商场的信用制度很糟糕	1	2	3	4	5
大多数人都爱在 A 商场买东西	1	2	3	4	5
我不喜欢 A 商场做的广告	1	2	3	4	5
A 商场出售的商品种类很多	1	2	3	4	5
A 商场的商品价格公道	1	2	3	4	5
A 商场的购物环境很差	1	2	3	4	5

卡片 A

1=非常不同意 2=不同意 3=无所谓 4=同意 5=非常同意

在数量处理时，给受访者对每条态度语句的回答分配一个权值，可以是从 1 到 2，也可以是从 1 到 5。可以汇总计算每条态度语句的得分，从而了解受访者群体对测量对象各方面的态度；也可以计算每个受访者对测量对象的态度总分，以了解不同受访者对受测对象的不同态度。例如，用与表 5-10 相同的测量表测量同一受测者群体对 B 物业商场的态度，就可以比较受访消费者对两家商场各方面的不同评价，如商品质量、店堂服务、品牌等。对不同受访者计算态度总分也是经常要做的，这时要根据受访者的回答对每条陈述进行打分，高分总是对应着有利的态度（或相反）。值得注意的是，陈述语句本身是有态度倾向的，有利或不利，对于“有利”的态度语句是回答“非常同意”和对“不利”的态度语句回答“非常不同意”都应该打 5 分。在表 5-10 的量表中，如果高分代表有利的态度，就要对第二条、第五条、第七条和第十条语句的得分做逆向处理，将 1 变为 5，2 变为 4，4 变为 2，5 变为 1，3 保持不变。具有最高得分的受访者对 A 物业商场持最有利的态度。

在房地产市场营销研究中，李克特量表的使用十分普遍，因为它比较容易设计和处理，受访者也容易理解，因此在邮寄访问、电话访问和人员访问中都适用。李克特量表的主要缺点是回答时间长，因为受访者需要阅读每条态度陈述语句。

李克特量表是顺序量表，每条态度陈述语句的得分及每个受访者的态度分数都只能用作比较态度有利或不利程度的等级，不能测量态度之间的差异。

六、语意差异量表

在房地产市场研究中，常常需要知道某个事物在人们心中的印象，语意差异法就是一种常用的测量事物印象的方法。语意差异法可以用于测量人们对商品、品牌、商业物业的印象。在设计语意差异量表时，首先要确定与要测量对象相关的一系列属性，对于每个属性，选择一对意义相对的形容词，分别放在量表的两端，中间划分为 7 个连续的等级。受访者被要求根据他们对被测对象的看法评价每个属性，在合适的等级位置上作标记。下面是一个应用语意差异法测量受访者对商业物业印象的例子。

例：你对A商业物业的看法怎样？下面是一系列评价标准，每个标准两端是两个描述它的形容词，这两个形容词的意义是相反的。用这些标准来评价A商业物业，在你认为合适的地方打钩。请注意不要漏掉任何一项标准。

你认为A商业物业是

可靠的 |___|___|___|___|___|___|___| 不可靠

时髦 |___|___|___|___|___|___|___| 过时

方便 |___|___|___|___|___|___|___| 不方便

态度友好 |___|___|___|___|___|___|___| 不友好

昂贵 |___|___|___|___|___|___|___| 便宜

选择多 |___|___|___|___|___|___|___| 选择少

带有否定含义的形容词有时放在量表左边，有时放在右边。习惯上，在语意差别量表的形容词中，大约一半是将肯定的词放在左边，另一半将否定的词放在左边，这样可以减少反应误差。项目的排列顺序是随机的。

语意差别量表的主要优点是可以清楚有效地描绘形象。如果同时测量几个对象的形象，还可以将整个形象轮廓进行比较。图5-2就是一个这样的例子，从中可以清楚地、直观地看到消费者对各商业物业的不同印象。

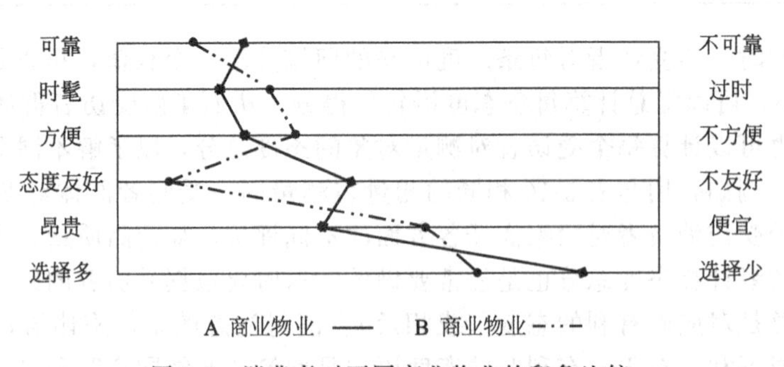

图5-2　消费者对不同商业物业的印象比较

由于功能的多样性，语意差别量表被广泛地用于市场研究，用于比较不同品牌物业和房地产公司的形象，以及帮助制定广告战略、促销战略和新产品开发计划等。

七、量表选择对应考虑的基本因素

上面我们简要介绍了几种测量量表，它们可以用于不同对象的测量，因此对研究人员来讲，就存在着使用哪种量表对给定对象进行测量的问题。

（一）量表种类的选择

毫无疑问，量表制作与测量的难易程度是研究人员选择的重要因素。绝大多数研究人员都倾向于使用制作简单，而且测量操作也非常容易的量表。所以在实践中，制作相对容易的评比量表、等级量表、配对量表和李克特量表经常被使用，而制作过程冗长复杂的沙氏通量表已很少被使用。语意差别量表的制作和开发也比较复杂，但是此量表用于特定问题的测量效果非常好，所以使用的场合还是比较多的。究竟采用哪种量表，原则上还是取决于所要解决的问题和想要知道的答案。通常，在一份调查问卷中会使用多种不同的测量量表。

(二) 平衡量表与非平衡量表的选择

所谓平衡量表，就是在量表中肯定态度的答案数目与否定态度的答案数目相等，否则就称为非平衡量表。一般来讲，如果研究人员想得到广泛的意见，并且估计有利的意见和不利的意见分布是对称的，则采用平衡量表比较好。如果以往的经验或预先研究已表明，大多数的意见都是肯定的，那么量表就应该给出更多的肯定答案，这样能使研究者更确切地测出受测者的肯定程度。

(三) 量级层次的个数

量表层次的个数也是研究人员要解决的一个问题。量表是用于测量态度、感觉或动机等的倾向程度，如果层次个数太少，比如只有同意、无所谓、不同意 3 层，那么量表就过于粗略而不够全面。通常一个 3 层量表难以反映出感觉的强度。然而，如果量表层级太多，比如 10 层量表，又可能超出了人们的分辨能力。研究表明，评比量表、李克特量表等基本上以 5～9 层为宜，如果采用电话访问方式，量级层次个数只能为 5 层。一般来讲，5 层的量表使用得最多。

(四) 量级层次的奇数与偶数选择

偶数个量级的量表意味着没有中间答案。如果没有中间答案，被访者就会被迫选择一个正向或负向答案，但那些确实持有中立意见的人就无法表达他们的观点。另一方面，研究人员也认为给被访者设立一个中间答案，事实上就给被访者提供了一个简单的出路。假设他确实没有某种很强烈的意见，他就不必集中思考他的真实感觉而可以简单地选择中间答案。

(五) 强迫性与非强迫性量表的选择

强迫性与非强迫性量表的选择与上面的奇数和偶数量表有关，通常强迫选择就是剔除量表中的中立答案，使受测者被迫给出正面的或负面的答案。事实上，在实际工作中人们对某些问题的态度可能是中立的，量表要测量准确全面的数据就要给出中立选择。但是，有时在涉及一些行为选择和决策时，中立的态度无法指示研究人员做出满意的决定，在这种情况下使用强迫选择是必要的。

本章小结

测量就是对测量对象进行分类和按照某种规则赋值。在房地产市场营销调研中，经常要测量一些相关的概念，特别是关于对某些问题的一般看法、偏好程度和预期意向。量表是指确定概念的定量化的测量程序，其核心是对测量对象某属性的分类和对应数字的规则。按照规则的不同性质，量表分为类别量表、顺序量表、等距量表和等比量表。

房地产市场营销调研中，经常使用的量表有评价量表、等级量表、配对比较量表、沙氏通量表、李克特量表和语意差异量表。它们可用于相同问题或不同问题的测量，各自都有其优点和缺点，有时研究人员会同时使用这些量表。

在使用量表时，研究人员要考虑下列一些因素：第一，量表类型的选择，是使用评价量表，还是使用等级或排序量表，或是使用其他量表；第二，是使用平衡量表还是非平衡量表；第三，使用量表的量级如何确定，是使用 3 级量表，5 级量表，还是更多量级的量

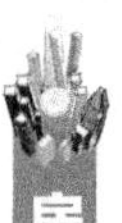

表；第四，量级层次的奇数级和偶数级选择；最后，研究人员要确定是使用强迫选择还是非强迫选择的量表。

思考题

1. 测量基本步骤和程序是什么？
2. 简述四种量表的类别、特征和适用场合。

项目实训

1. 仔细研读本章前的案例导入，回答下列问题。

① 问卷中使用了哪几种量表？目的是什么？

② 您认为可以在这份问卷中使用语意差异量表吗？如果可以，有哪些可以使用的形容词？

③ 您是否认为 100.1 房地产研究中心的主任现在已经拥有足够的信息来评价顾客所认知的他们的机构形象和竞争地位？如果不是，还应询问哪些问题？

2. 分别用评价量表和李克特量表来测量学生对学校物业服务的看法。
3. 用语意差异量表测量你所在城市最知名的两个房地产公司在公众中的形象。

第六章 样本设计

名师导学

市场调查需要具有一定的代表性和说服力，最好的方法当然是进行全面普查，但更多的时候，由于种种原因，我们只能选择进行抽样调查。本章中，将要对抽样调查进行重点地阐述。

知识目标

- 熟练掌握抽样调查技术
- 确定样本容量的选择
- 样本误差测量

能力目标

- 房地产调研真实样本设计
- 样本容量的计算

案例导入

“昨天，央行公布了今年第四季度城镇储户抽样调查结果。今年第四季度，央行在全国50个城市进行了2万户城镇储户抽样调查，调查显示，倾向于‘更多投资’的居民有所提高，倾向于“更多储蓄”的居民有所减少，而52.5%的居民预期下季房价基本不变。”

储蓄意愿下降 消费投资意愿上升

调查显示，倾向于“更多储蓄”的居民占44.9%，较上季下降1.1个百分点；倾向于“更多消费”的居民占18.7%，较上季上升0.7个百分点；倾向于“更多投资”的居民占36.4%，较上季提高0.4个百分点。居民偏爱的前三位投资方式依次为：“基金及理财产品”“债券”和“实业投资”，选择这三种投资方式的居民占比分别为31.6%、16.2%和13.3%。

居民未来3个月购车意愿为16.8%，较上季提高0.1个百分点；居民未来3个月购买大件商品（电器、家具及高档商品等）的消费意愿为26.8%，较上季提高0.4个百分点；居民未来3个月旅游意愿为26.1%，较上季下降3.3个百分点。

52.5%的居民预期房价基本不变

58.8%的居民认为目前房价“高，难以接受”，较上季下降0.7个百分点，37.6%的居民认为目前房价“可以接受”，3.6%的居民认为“令人满意”。

对下季房价，17.3%的居民预期“上涨”，52.5%的居民预期“基本不变”，16.4%的居民预期“下降”，13.8%的居民“看不准”。未来3个月内准备出手购买住房的居民占比为14.5%，较上季提高0.3个百分点。

物价满意程度上升

物价满意度方面，当期物价满意指数为25.4%，较上季提高0.3个百分点。其中，

52.9%的居民认为物价“高，难以接受”，较上季下降1.1个百分点。未来物价预期指数为64.5%，较上季提高0.4个百分点。其中，32.5%的居民预期下季物价水平“上升”，50.1%的居民预期“基本不变”，6.6%的居民预期“下降”，10.9%的居民“看不准”。

——摘自《北京青年报》

案例引导

全面普查虽能更全面地反映被调查者的诉求，但费用高、时间长，抽样调查则不然，通过上述案例我们不难发现，只要选择样本合理，一样可以得到较为系统、客观的数据，较好地反应被调查者的真实想法。

第一节　样本设计概述

一、样本的选择

在市场调查中，根据样本对象数量的不同，可以分为全面普查和抽样调查。

全面普查可以覆盖所有的调查对象，具有说服力，但是实际情况却难以做到的，如对客户需求的调研，根本无法获得能够代表目标总体的样本，那下一步就是考虑抽样技术以及如何将其用于市场调研。信息可以通过普查或抽样获得。普查涉及统计一个总体中的全部个体，然后直接计算总体参数，样本是被选出来研究的总体的子集，样本特征也叫统计量，可用来对总体参数进行推断。

房地产市场调查所涉及的抽样技术所运用的基本原理与一般的抽样调查一样，主要是对部分调查总体的调研，考察其中所包含的相应特征。房地产抽样调查主要针对的是调查样本比较大的情况下，如客户需求调研，区域楼盘调研等，一般会将有共性特征的部分群体加以区分，以总体的一部分个体为调查对象，为样本，通过调查这些个体来获取第一手资料。

在市场调查中，常常有客户和研究者询问：“要掌握市场总体情况，到底需要多少样本量?”，或者说“我要求调查精度达到95%，需要多少样本量?”对此调查人员往往感到难以回答，因为要解决这个问题，需要考虑的因素是多方面的：研究的对象，研究的主要目的，抽样方法，调查经费……有人说，北京这么大，上千万人口，我们怎么也得做一万人的访问才能代表北京市吧。根据统计学原理，完全不必。只要在500～1000左右就够了。当然前提是，我们要按照科学的方法去抽样。

根据市场调查的经验，市场潜力等涉及量比较严格的调查所需样本量较大，而产品测试、产品定价、广告效果等人们间彼此差异不是特别大或对量的要求不严格的调查所需样本量较小些。

二、房地产抽样调查的概述

房地产项目市场调研是以具体的客户或项目为调查对象的，由于全部调研成本很高，因此在某些调查过程中采用抽样调查是可取的，比如，客户的需求调研，可以对客户的年龄加以分类，从中抽取典型样本调查。此外，对于一个区域的楼盘进行调研由于所涉及的楼盘很多，在大多数情况下，出于精确度的考虑，将其中一些主要楼盘或区域代表性比较强的楼盘加以抽样，同样可以达到比较精确和有代表性的调查结果。

调查样本要在调查对象中抽取，由于调查对象分布范围较广，应制定一个抽样方案，以保证抽取的样本能反映总体情况。样本的抽取数量可根据市场调查的准确程度的要求确定，市场调查结果准确度要求愈高，抽取样本数量应愈多，但调查费用也愈高，一般可根据市场调查结果的用途情况确定适宜的样本数量。实际市场调查中，在一个中等以上规模城市进行市场调查的样本数量，按调查项目的要求不同，可选择200～1000个样本，样本的抽取可采用统计学中的抽样方法。具体抽样时，要注意对抽取样本的人口特征因素的控制，以保证抽取样本的人口特征分布与调查对象总体的人口特征分布相一致。

抽样调查是根据部分实际调查结果来推断总体标志总量的一种统计调查方法，属于非全面调查的范畴。它是按照科学的原理和计算，从若干单位组成的事物总体中，抽取部分样本单位来进行调查、观察，用所得到的调查标志的数据以代表总体，推断总体。

抽样调查数据之所以能用来代表和推算总体，主要是因为抽样调查本身具有其他非全面调查所不具备的特点，主要是：

① 调查样本是按随机的原则抽取的，在总体中每一个单位被抽取的机会是均等的，因此，能够保证被抽中的单位在总体中的均匀分布，不致出现倾向性误差，代表性强。

② 是以抽取的全部样本单位作为一个“代表团”，用整个“代表团”来代表总体。而不是用随意挑选的个别单位代表总体。

③ 所抽选的调查样本数量，是根据调查误差的要求，经过科学的计算确定的，在调查样本的数量上有可靠的保证。

④ 抽样调查的误差，是在调查前就可以根据调查样本数量和总体中各单位之间的差异程度进行计算，并控制在允许范围以内，调查结果的准确程度较高。

基于以上特点，抽样调查被公认为是非全面调查方法中用来推算和代表总体的最完善、最有科学根据的调查方法。

第二节　抽样技术

一、抽样调查的作用

① 有利于调研项目的顺利开展和进行。对于涉及面广、调查对象样本量超大的市场营销调研项目，只有采用抽样调查的方式才使调研工作进行成为可能。

② 有利于提高调研工作的速度和效率。通过科学的抽样，能够减少调查访问对象的数量或提高调查工作的针对性和有效性，从而使市场营销调研工作速度和效率均得以大大提高。

③ 有利于降低调研成本。在保证抽样科学性和调查结果准确性的前提下，通过抽样来达到减少调查样本量，这将大大节约市场营销调研中的人力、物力和财力。

④ 有利于提高调查结果的准确性。由于抽样调查可以使调查人员将全部精力集中于少数样本之上，故有助于调查工作误差的降低，更易于获得正确而周详的访问信息。

二、抽样设计的过程

抽样设计从定义目标总体开始，总体目标指的是拥有研究人员所需要寻找的信息的个

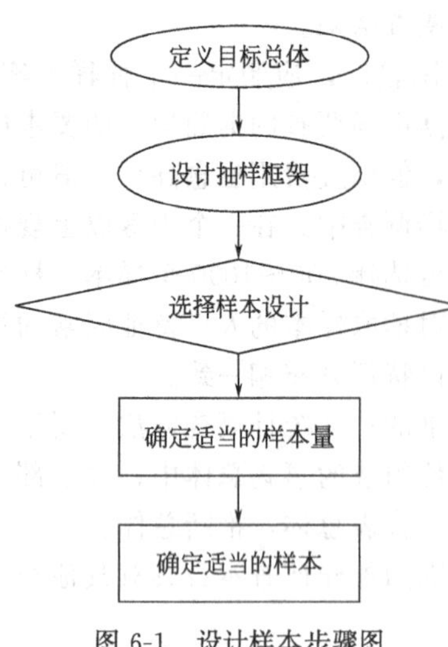

图 6-1 设计样本步骤图

体的集合，推论就是由这些信息得出的。总体目标必须定义精确，不精确的目标总体定义将会导致研究无效，甚至导致误解。定义目标总体涉及将问题的定义转换成一个精确的陈述，说明谁应该谁不应该被包括进样本中。

房地产调查抽样设计程序包含四个步骤。这些步骤之间密切关联，涉及调研计划的所有问题（如图 6-1）。

1. 界定总体目标

通常，调研中的总体规模都很大，要想接触到所有个体非常不现实或成本太高，在这种情况下，不得不从总体中选取样本——但必须保证所选取的样本能够代表总体。

在拟定抽样计划时，要做出以下三项决策。

① 对谁进行调研？这是定义目标总体。一旦这一步完成，下一步就是设计抽样框架，也就是把目标总体中的每一个元素以同等机会包括在样本中的一种方法。

② 应用多少人对多少公司进行调研？大样本比小样本能获得更好的调研结果。但如果抽样程序可靠，通常不到总体的 1/100 的样本就能提供较好的，可靠的信息。

③ 怎样选择调研对象？概率抽样允许通过置信区间来衡量样本误差。这样在进行概率抽样时，我们就能为任何要估计的点赋予概率值。成本和时间的限制往往使通过概率抽样来获取数据不具有可行性。调研人员常常使用非概率抽样——特别是配额抽样。严格地说，在这种情况下，抽样误差是无法测量的。

2. 确定抽样框

编制抽样单位的清单（简称抽样框），是抽样调查的前期工作。抽样框可以是调查楼盘的名录，一本房地产企业联系电话簿，一本城市指南手册或一张地图。其作用就是方便抽样。通常，总体和抽样框之间不一定完全一致，某些情况下，这种不一致性可以忽略不计，但大多数情况下，调研人员必须处理抽样框误差。这里有两种方法。

① 总体目标的重新设定。根据抽样框重新界定总体，如果抽样框是电话簿，则家庭成员总体可以重新界定为指定区域内被正确地列入电话簿中的那部分家庭的成员。

② 对回复信息实施筛选。例如在数据收集阶段，通过筛选回答者来解释，并说明抽样框误差。可以依据人口统计特征、产品的使用习惯特征等筛选回答者。筛选可以消除抽样框中不适当的个体但不能解释被忽略的个体。

3. 选择抽样技术

有多种抽样技术可供选择。可以在返回抽样和不返回抽样中选择，也可以在非概率抽样和概率抽样中选择。

4. 执行抽样程序

执行抽样程序就是要求对抽样框、抽样单位、抽样技术和样本容量等的设计、决策进行详细的说明。

三、抽样方法的分类

房地产市场调研中一般采用非概率抽样法和概率抽样法。

(一)非概率抽样法

非概率抽样法，即以有目的的方式对调研对象进行选择，可能要求样本要有一定的比例，如调研客户中男女比例或相类似的标准，但是，由于样本不是严格抽样出来的，不可能从统计意义上确定真正的抽样误差。依据的是主观判断，即有由调研人员确定哪些个体应包括在样本中。经常采用的非概率抽样方法包括方便抽样、判断抽样、配额抽样。

1. 方便抽样

方便抽样是采用方便的抽样方式选择样本，抽样对象的选择取决于调研人员。通常，回答者之所以被选中只是因为他们当时碰巧在调研现场。如：商业项目中对于商场人流的抽样调查、夹在杂志中的问卷调研、街头访问等。

但是，该抽样法也有较大的局限性。样本偏差往往较大，有时不能较好地代表总体。同时，它也不适合描述性或因果性调研。

2. 判断抽样

判断抽样是依据调研人员或者了解总体的有关人士的判断选取样本地抽样方法。调研人员运用自己的专业技能和判断，确认哪些个体能较典型地代表所关注的总体特征，然后就将他们选入样本。通常，在房地产市场调研中运用到判断抽样的有：为确定某种房型产品的市场需求潜力选定市场，为测试一种新的促销方法而选定的楼盘项目等等。

判断抽样法广泛应用于商业领域的市场调研中。它具有成本较低，方便快捷的优点。但是，由于判断抽样法的主观性较强，其抽样的质量完全取决于调研人员的判断力，专业知识水平及创造力。如果并不需要进行广泛的总体判断，该方法是可以使用的。

3. 配额抽样

配额抽样可以看作是被划分为两个阶段的判断抽样。第一阶段是确定总体中个体的特征和配额。为分配这些配额，调研人员应列出相关的控制特征，如性别、年龄、民族等。至于如何确定控制特征，还要靠主观判断。一般来说，配额分配应使用具有这些控制特征的个体在样本中所占的比例与具有这些特征的个体在总体中所占的比例趋向一致。第二阶段是利用任意或判断抽样法抽样。一旦配额分配完成，在如何选择个体的问题上是较灵活的，唯一的要求是所选个体应符合控制特征。

(二)概率抽样法

概率抽样，即所包含的元素具有已知被选到的可能性，能确定抽样误差，而且可以数字形式表示样本误差，大样本通常意味着较小的抽样误差。

在概率抽样中，由于抽样单位是已知概率随机抽取的，所以我们可以应用统计方法来估计抽样误差。当抽样资料的有效性需要用统计方法去验证时，应该尽量使用概率抽样。房地产市场调研经常采用的概率抽样包括随机抽样、系统抽样、分层抽样和整群抽样等。

1. 随机抽样

简单随机抽样中，总体中的每个个体都是已知的，并且以已知且均等的概率被独立抽取。进行简单随机抽样前，调研人员首先要确定一个抽样框，其中每个个体被指定一个数字作为代码。然后依据一组随机数字确定哪些个体将进入样本。

2. 系统抽样

按照一定顺序，机械地每隔若干个个体抽取一个个体的方法叫做系统抽样法。从操作上讲，系统抽样比简单随机抽样更容易，且成本较低。因为系统抽样只进行一次随机抽样，从而降低了抽样成本。如果设定特征的信息较易得到，则系统抽样样本比简单随机抽

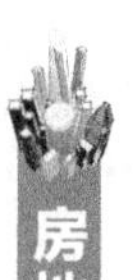

样样本的代表性更强，且更可靠。因此，系统抽样被广泛地用于对消费者的邮寄访问、电话访问、中心区域拦截访问等。

3. 分层抽样

分层抽样程序分为两个步骤，第一步，将总体划分为若干部分，统计上称之为层。层与层之间相互排斥，每个个体仅属于一个层。第二步，在每一层中一般采用简单随机抽样，有时也采用系统抽样或其他概率抽样。

用来划分总体的标准是分层变量，它与被关注特征紧密相关。选择分层变量要考虑同质性、异质性、相关性和成本等指标。同一层的个体应最大限度地同质，而不同层的个体应最大限度地异质。为了降低分层抽样的成本，变量的选择应该是易测验和易操作的。常用的分层变量包括人口统计特征，消费者类型，企业规模以及行业类型等，一般很少使用两个以上的变量。

分层抽样包括比例和非比例抽样。在比例分层抽样中，各层样本的大小应与该层相对总体的大小或比例一致。在非比例分层抽样中，各层所抽取的样本容量不仅与该层相对总体的大小有关，还与反映该层特征的分布的标准差有关。在非比例抽样中，为了提高样本的代表性，应从标准差较大的层中抽取较多的个体，从标准差较小的层中抽取较少的个体。由于特征的标准差难以获得或估测，调研人员将不得不依赖于经验或逻辑性来最后确定各层样本的大小。

分层抽样能够确保总体中所以重要的部分在样本中都得到体现。分层抽样融合了抽样精度高和操作简便的双重优点，因此，它是一种应用较广泛的抽样技术。

4. 整群抽样

在整群抽样中，目标总体首先被划分为相互排斥且无个体遗漏的部分或群。样本是随机地从某个群中获得的。整群抽样与分层抽样的区别在于，在整群抽样中，样本是从一个或几个群中抽取的。而在分层抽样中，样本是从所有的层中抽取的。另外，两种方法的目的也不相同。整群抽样的目的是在不提高成本的前提下提高抽样效率，而分层抽样的目的则是提高精度。从同质性和异质性分析，分群与分层的标准刚好相反。

整群抽样的一般形式是区域抽样，其中各群由地理上的区域如省、市、区、县、社区板块等组成。一般在两种情况下使用整群抽样：一是对样本资料难以全面了解时；二是当需要把调研限制在某个特定的区域或调研时间与经费均有限时。在大规模的房地产市场调研中，整群抽样易于组织，可以节省人力物力。但是由于各群间差异较大，故抽样误差较大。

第三节　样本容量

一、样本容量概述

市场研究的客户经常不理解样本容量。对于每一个新客户，市场研究人员可能都需要花费大量的时间纠正对于样本容量和样本的错误概念。客户提出的一个典型问题是，“拥有 17 万名顾客，我们需要多少百分比得到一个精确的样本?”这是一个典型的错误观念。样本容量的决定与其说与总体容量不如说与客户的预算，研究目标，数据用途和报告的时间期限更直接相关。

样本容量与样本对总体的代表性无关。样本的代表性由抽样方法决定，不幸的是，许多管理人员错误地相信样本容量和样本代表性有关。

样本容量不决定代表性，然而影响结果的精确度。样本精确度指样本统计数据接近它所代表的总体真实值的程度。样本容量与样本统计量相对于总体真实值的精确度有直接关系。样本量的大小涉及调研中所要包括的人数或单元数。确定样本量的大小是比较复杂的问题，既要有定性的考虑也要有定量的考虑。

从定性的方面考虑样本量的大小，其考虑因素有：决策的重要性，调研的性质，变量个数，数据分析的性质，同类研究中所用的样本量、发生率、完成率、资源限制等。具体地说，更重要的决策，需要更多的信息和更准确的信息，这就需要较大的样本；探索性研究，样本量一般较小，而结论性研究如描述性的调查，就需要较大的样本；收集有关许多变量的数据，样本量就要大一些，以减少抽样误差的累积效应；如果需要采用多元统计方法对数据进行复杂的高级分析，样本量就应当较大；如果需要特别详细的分析，如做许多分类等，也需要大样本。针对子样本分析比只限于对总样本分析，所需样本量要大得多。

具体确定样本量还有相应的统计学公式，根据样本量计算公式，我们知道，样本量的大小不取决于总体的多少，而取决于：①研究对象的变动程度；②所要求或允许的误差大小；③要求推断的置信程度。也就是说，当所研究的现象越复杂，差异越大时，样本量要求越大；当要求的精度越高，可推断性要求越高时，样本量越大。因此，如果不同城市分别进行推断时，“大城市多抽，小城市少抽”这种说法原则上是不对的。在大城市抽样太大是浪费，在小城市抽样太少没有推断价值。

总之，在确定抽样方法和样本量的时候，既要考虑调查目的，调查性质，精度要求（抽样误差）等，又要考虑实际操作的可实施性，非抽样误差的控制、经费预算等。专业调查公司在这方面会根据您的情况及调查性质，进行综合权衡，达到一个最优的样本量的选择。

根据一些学者的研究，市场调查中确定样本量通常的做法如下。

① 通过对方差的估计，采用公式计算所需样本量；

② 用两步抽样，在调查前先抽取少量的样本，得到标准差 S 的估计，然后代入公式中，得到下一步抽样所需样本量 n；

③ 如果有以前类似调查的数据，可以使用以前调查的方差作为总体方差的估计；

④ 根据经验，确定样本量；

⑤ 如果以前有人做过类似的研究，初学者可以参照前人的样本；

⑥ 如果是大型城市、省市一级的地区性研究，样本数在500～1000之间可能比较适合，而对于中小城市，样本量在200～300之间可能比较适合；如果是多省市或者全国性的研究，则样本量可能在1000～3000之间比较适合；

⑦ 通过试验设计所作的研究，可以采用较小的样本量，如产品试用（留置）调查，在经费有限的情况下，可以将每组的样本量降低至30个左右，最好每组在50以上。

此外，我们在多次的实际研究中发现，每组超过100个可能是一种资源浪费。

二、抽样误差

抽样误差是样本指标和总体指标之间数量上的误差。

抽样误差指的是代表性误差，而不包括登记误差。代表性误差有两种，一是偏差，只破坏了随机原则而带来的误差，另一种是随机误差，是指虽然遵守了随机原则但仍然会出现的误差，这种误差是必然的，但是我们可以计算它并且加以控制。通常对抽样误差的理解就是随机误差。

随机误差有两种，实际误差和平均误差。

实际误差是一个样本指标和总体指标之间的差异。这是我们无法知道的误差。平均误差是所有可能出现的样本指标的标准差，是可以计算的，我们通常说的抽样误差就是指平均误差。

1. 由调查者的差错造成的误差

主要包括以下几个方面。

① 代用信息误差可以定义为是调研问题所需的信息与调研者所搜集的信息之间的变差。例如，本来需要的是关于消费者选择一种新品牌的信息，但是调研者得到的却是关于消费者偏好方面的信息，因为选择的过程不易观察到。

② 测量误差可以定义为是所搜寻的信息与由调研者所采用的测量过程所生成的信息之间的变差。例如在测量消费者的偏好时，调研者没有使用测量偏好的量表，而是用了测量概念的量表。

③ 总体定义误差可以定义为与手中要研究的问题相关的真正总体与调研者所定义的总体之间的变差。例如要了解某医院在患者心目中的形象，真正的总体应当是某地区的患者，但调研者定义成了某地区的全体居民。

④ 抽样框误差可以定义为是由调研者定义的总体与所使用的抽样框隐含的总体之间的变差。例如，按照电话簿作为抽样框并不能代表潜在消费者的总体，因为有些电话号码没有入电话簿，又有些号码联系不上（不在家或其他原因），还有不少号码是已经不能使用的（已搬迁等）。

⑤ 数据分析误差指的是由问卷中的原始数据转换成调查结果时产生的误差。例如，使用了一种不恰当的统计方法导致了不正确的解释和结果。

2. 由调查员（访问员）的差错造成的误差

主要包括以下几个方面。

① 问答误差表示地询问被调查者时产生的误差，或是在需要更多的信息时没有进一步询问而产生的误差。例如，在调查过程中调查员没有完完全全地按照问卷中的措辞来提问。

② 记录误差是由于在听、理解和记录被调查者的回答时造成的误差。例如，被调查者给出的是中性的回答（例如还未决定），但调查员错误地翻译成了肯定的回答（要买这种新品牌）。

③ 欺骗误差是由调查员伪造部分或全部答案而造成的。例如，调查员并没有询问被调查者关于信念方面的某个敏感性问题，但过后调查员又根据自己的个人判断将答案填了上去。

3. 由被调查者（客户）的差错造成的误差

主要包括以下几个方面。

① 不能正确回答误差是由于被调查者不能提供准确的答案造成的。被调查者提供不准确答案的原因可能有：不熟悉、劳累、厌烦、想不起来、问题的格式不好、问题的内容不清楚，以及其他一些因素。例如，一个被调查者想不起来一个月以前看过的电视剧名称。

② 不愿正确回答误差是由于被调查者不愿意提供准确的信息造成的。被调查者有意错答的原因可能有：想给出一个社会上能接受的答案、为了避免出麻烦、或为了取悦于调查员。例如，为了给调查员一个深刻的印象，某被调查者故意说自己阅读过“销售市场”杂志。

误差的来源是多方面的。在方案设计过程中，调研者应注意使总误差最小，而不只是注意某种误差。特别是在学生和一些初级的调研者心目中，只注意通过大样本来控制抽样误差。当然增加样本量可以减小抽样误差，但可能由于增加了调查员误差也就增加了非抽样误差。非抽样误差比抽样误差更严重。

抽样误差是可以计算的，而许多形式的非抽样误差根本无法估计。一些研究表明，在总误差中非抽样误差占了主要的部分，随机抽样误差相对来说是较小的。重要的是总误差。某一类型的误差仅当其在总误差中占较大比重时才是重要的。在有些情况下，调研者甚至不惜增加某一类的误差，以通过减小其他误差的手段，来达到降低总误差的目的。

三、样本容量计算

（一）简单随机抽样

① 对于简单随机抽样，给定均值估计 $\hat{\bar{Y}}$的精度（100%回答）。

简单随机抽样下，通常使用误差限和估计量的标准差来确定所需的样本量。

$$n=\frac{z^2\hat{S}^2}{e^2+\dfrac{z^2\hat{S}^2}{N}} \qquad \text{公式(1)}$$

n 为样本量；N 为总体；e 为可接受误差限；z 为概率度；$\hat{S}^2$ 为估计量的标准差。

② 对于简单随机抽样，给定比例估计 $\hat{P}$ 的精度（100%回答率）。

$$\hat{S}^2=\hat{P}(1-\hat{P})$$

于是公式（1）变为：

$$n=\frac{z^2\hat{P}(1-\hat{P})}{e^2+\dfrac{z^2\hat{P}(1-\hat{P})}{N}}$$

$\hat{P}$ 为总体比例。

若在以往调查中可得总体比例的一个较好估计 $\hat{P}$，那么直接将它代入上面的公式就可以得到所需的样本量；否则可以用 $\hat{P}=5$，因为这时总体的方差最大。

③ 对一般抽样设计，给定比例估计 $\hat{P}$ 的精度，逐步计算样本量（回答率小于100%）。

第1步：计算初始样本量

注意，公式（1）使用了有限总体校正因子 $1-n/N$，对总体大小进行校正。如果忽略这个因子，初始样本量 n_1 应按下列公式计算：

$$n_1=\frac{z^2\hat{P}(1-\hat{P})}{e^2}$$

第2步：对总体大小进行调整

$$n_2=n_1\frac{N}{N+n_1}$$

第 3 步：如果抽样设计不是简单随机抽样，则用下面公式对样本量进行调整

$$n_3=Bn_2$$

B 为设计效应。

第 4 步：根据无回答再次进行调整，以确定最终的样本量 n

$$n=\frac{n_3}{r}$$

r 为预计的回答率。

下面举一个确定样本量的例子

【例题 6-1】 某房地产公司希望得到其在某杂志发布的房地产广告满意度的估计值。通过邮寄调查，房地产公司可以联系到所有 2500 个该杂志的订户。但由于时间的限制，房地产公司决定使用简单随机抽样进行电话调查。请问应访问多少个订户？

我们假定：

- 可接受的误差限 e 为 0.10；
- 调查估计值的置信度为 95%，因此 $z=1.96$；
- 使用简单随机抽样；
- 预计回答率 $r=0.65$；
- 由于事先没有关于广告满意度的估计 $\hat{P}$，方差应取最大，即 $\hat{P}=0.50$。

样本量的计算步骤如下。

第 1 步：计算初始样本量 n_1

$$n_1=\frac{z^2\hat{P}(1-\hat{P})}{e^2}$$

$$=\frac{(1.96)^2(0.50)(0.50)}{(0.10)^2}=96$$

第 2 步：根据总体大小调整样本量（这一步只需对中小规模的总体）

$$n_2=n_1\frac{N}{N+n_1}$$

$$=96\frac{2500}{(2500+96)}=92$$

第 3 步：根据抽样的设计效应来调整样本量

$$n_3=Bn_2$$

$$=n_2=92$$

在这个例子中，由于假定采用简单随机抽样设计，所以 $B=1$。

第 4 步：根据无回答情况进行调整，确定最终的样本量 n

$$n=\frac{n_3}{r}=\frac{92}{0.65}=142$$

在实际中，在确定样本量时，不考虑时间和费用这两个极为重要的因素是不可思议的。大多数统计调查机构（和他们的客户）都不可能忽视这些限制条件。最终确定的样本量必须与可获得的经费预算和允许的时限保持一致。

最终样本量的确定需要在精度、费用、时限和操作的可行性等相互冲突的限制条件之间进行协调。它还可能需要重新审查初始样本量、数据需求、精度水平、调查计划的要素和现场操作因素，并做必要的调整。通常，统计调查机构和客户寻求在最有效使用费用的基础上（例如缩短访问时间），使用户能对所需的样本量提供经费支持。

（二）分层抽样中样本在各层中的分配

将 n 个样本单元分配到 L 层中去有两种方式：一是先用确定总的样本量，然后再在层间进行分配，即总样本量固定的情况；另一种情况是先根据预定的精度，确定每一层所需要的样本量，然后将各层的样本量加总得到总的样本量（若精度是由变异系数表示的，即是给定变异系数的情况）。

1. 总样本量固定

这种准则是先确定总的样本量，然后再将确定的总样本量 n 以某种方式分配到各个层。分配给第 h 层的样本分配系数为 $a_h=n_h/n$，这里每个 a_h 都在 0 到 1 之间取值，包括 0 和 1（即 $0\leqslant a_h\leqslant 1$），同时，$a_h$ 的和等于 1（即 $\sum_{h=1}^{L}a_h=1$）。

由此，对于第 h 层，其样本量 n_h 等于该层的样本分配系数 a_h 乘以总的样本量 n：

$$n_h=na_h$$

2. 给定变异系数

确定总样本量 n 的另一种准则是在给定总体估计值精度水平的情况下，计算确定每一层所需的样本量 n_h（$h=1$，2，…，L），使估计值的变异系数不超过事先估计的值 $\hat{C}$。

$$n=\frac{\sum_{h=1}^{L}N_h^2\hat{S}_h^2/a_h}{\hat{C}^2\hat{Y}^2+\sum_{h=1}^{L}N_h\hat{S}_h^2}$$

用给定变异系数法要比总样本量固定方法复杂，在下面样本分配的例子中只用总样本量固定方法。

四、样本分配方法

1. 比例分配

比例分配即是与 N 成比例分配，就是每一层的样本量 n_k 与该层的总体大小 N_k 成比例的分配。因此，层的规模越大，分配到的样本单元数也就越多。即各层的抽样比 $f_k=n_k/N_k$ 是相同的，等于总的抽样比 n/N。

比例分配的分层随机抽样还是一个自加权的样本设计。

2. 与 Y 成比例分配

调查中，如果变量 Y_{hi}（第 h 层中的第 i 个单元的指标）是关于大小（或规模）的一种度量，那么第 h 层的样本量 n_k 就可以是第 h 层大小或规模度量 Y_h 的一个比例，这种分配方法称为与 Y 成比例分配。这时，$a_h=Y_h/Y$，即每层的分配系数 a_k 等于该层大小度量与总体大小度量的比。

与 Y 成比例分配方法在商业调查中有着广泛的应用。因为这类调查中，Y_{hi} 经常呈偏态分布。

3. 与 N 的平方根成比例分配

到目前为止，所介绍的所有分配方法都只考虑了总体估计值 $\hat{Y}$ 的精度。但是通常客户还希望层估计值 $\hat{Y}_h$ 也具有较高的精度。例如，如果以省为层，那么省和全国的估计值可能都很重要。

$$a_h = \frac{\sqrt{N_h}}{\sum_{h=1}^{L} \sqrt{N_h}}$$

换句话说，分配系数 a_h 等于该层总体大小的平方根与所有层总体大小平方根的总和之比。

4. 与 Y 的平方根成比例分配

确保层估计值和总估计值都有较高精度的另一种方法，是使用与 Y 的平方根成比例分配。

$$a_h = \frac{\sqrt{Y_h}}{\sum_{h=1}^{L} \sqrt{Y_h}}$$

即分配系数 a_h 等于层大小度量的平方根与所有层大小度量平方根的总和之比。

5. 最优分配

当各层单元调查费用不全相同，以及层间的方差 S_h^2 变化很大的情况下，可以考虑使用以下称为最优分配的不按比例分配方法。

最优分配的分配系数 a_k 按下式计算：

$$a_h = \frac{N_h S_h / \sqrt{c_h}}{\sum_{h=1}^{L} N_h S_h / \sqrt{c_h}}$$

最优分配法可以在规定的抽样费用下，使估计值的抽样方差最小；或者在给定的总抽样方差下，使费用最少。

当所有层的费用和方差都相等时，最优分配就简化为比例分配。在这种情况下，与 N 成比例分配是使估计值的抽样方差最小的分配形式。当所有层的层内抽样费用都相等时，最优分配就简化为以下讨论的奈曼分配。

6. 奈曼分配

各层中每个单元的调查费用都相同的最优分配就称为奈曼分配。

奈曼分配下，分配系数表示为：

$$a_h = \frac{N_h S_h}{\sum_{h=1}^{L} N_h S_h}$$

7. 方差相等时的最优分配

最优分配的另一个特例是所有层方差都相等的情况。该方法将更多的样本单元分配到规模较大的层和单元抽样费用较小的层。分配系数计算如下：

$$a_h = \frac{N_h / \sqrt{c_h}}{\sum_{h=1}^{L} N_h / \sqrt{c_h}}$$

五、分配样本时需要注意的事项

在进行样本分配时，应考虑以下问题：

① 借助辅助数据进行与 Y 成比例的分配和与 Y 的平方根成比例分配；

② 超额分配；

③ 根据多个变量进行分配。

本章小结

本章介绍了抽样调查技术，在总体中抽取有代表性的个体，作为调查对象的具有科学性的市场调查技术。抽样技术可以分为随机抽样技术与非随机抽样技术两大类。随机抽样技术是对总体中每一个个体都给予平等的抽取机会的抽样技术，一般分为简单随机抽样、分层随机抽样、等距离随机抽样和分群随机抽样四种类型；非随机抽样技术是对总体中每一个个体不给予被平等抽取的机会，而是根据一定主观标准来抽选样本的抽样技术，一般分为任意抽样、判断抽样和配额抽样三种类型。

思考题

1. 简述抽样调查的优缺点。
2. 简述误差产生的原因。
3. 简述简单随机抽样的样本量计算方法。

项目实训

采用任意一种随机抽样的方法，对所在城市的任意选定人群进行收入水平或消费水平的调查，并计算应抽取样本数量。

第七章 房地产市场调查资料的收集、整理与分析

名师导学

在市场调研过程中收集的各种调查资料是整理和分析资料的必要基础。调查资料的整理和分析是一个信息处理的过程。通过对原始资料和二手资料进行适当的整理和分析，能够反映出不同数据之间的联系，显示一定的意义，更好地揭示出房地产市场的客观运行规律。调查资料的收集、整理与分析在房地产市场调研与预测中占有重要的位置，因此，我们要掌握调查资料收集、整理与分析的基本内容和基本方法。

知识目标

- 原始资料的收集方法
- 二手资料的收集方法
- 资料的收集与具体的分析方法

能力目标

- 数据的录入预处理
- 数据处理实践能力

案例导入

史上最严公积金贷款新政或不大调

笔者从广州住房公积金管理中心获悉，中心共收到1300多条反馈意见，目前该中心正在对意见进行归类整理，接下来将召开公积金管理委员会会议，结合群众反映对办法进行完善后再正式出台。“但依照目前收集的情况看，做大幅调整的可能性不是特别大了。”该中心相关人士透露。

与此前反映的情况大致相同，问题主要集中在限制贷款次数和缴存年限上。在1300多条反馈意见中，有700多条反对限制二套贷款，300多条反对延长缴款年限。这些意见是否会对征求意见稿的最终出台产生影响？这个主要是看反映的问题是否合理、提出的建议是否可行、且焦点是否集中、反映问题的人数是否够多来定。

在住建部公积金管理部门负责人参加的广州调研座谈会上，广州公积金中心负责人再次强调了出台新政的多方面原因。他表示，首先是出于控制风险的考虑，由于商业银行收紧二套房贷款，公积金贷款利率比商业银行低，近期公积金中心贷款申请大大增加。其次，出台新政也是为了避免一些人“钻空子”。在实际操作中，有职工交了几个月的公积金就贷款，贷款发放后就不再交公积金，这样就享受了公积金贷款的低利率。此外，该负责人称出台公积

金新政也有应对房价上涨和楼市调控的考虑。

案例引导

案例中，公积金中心通过对调查资料的收集、整理和分析，提出了被调查者关注的问题，客观反映了被调查者的诉求和政策调控之间存在的矛盾，有助于公积金中心有针对性的解决问题。请大家一同探讨，公积金中心会如何解答被调查者的诉求呢。

第一节　房地产市场调查资料的收集

房地产市场调查资料的收集分为原始资料的收集和二手资料的收集。

一、原始资料的收集

（一）原始资料的含义

原始资料也称一手资料，是指市场调研人员根据需要通过在市场实地调查获取的第一手资料，具有直观、具体、零碎等特点，是直接感受和接触的现象。在这里，被调查者主要是指市场的购买者或者潜在的购买者。从狭义的方面来看，被调查者主要包括消费者、供应商、零售商等，广义的被调查者还包括市场知情者。市场知情者是那些对事件或事情有深切了解的个体。市场知情者并不一定是参与活动的个体，但接触大量综合信息，对要调查的事件有较宏观的理解。

（二）原始资料的种类

按照收集的原始资料内容的不同，可将其分成四种不同的类型。

1. 有关被调查者社会特征的资料

原始资料中有一类基本的资料是关于被调查者社会特征的，它主要是指被调查者的身份背景等情况，主要包括年龄、性别、婚姻、教育程度、职业、收入和社会阶层等等。在这类资料中，一些是可以确定的，如年龄、性别等；另外还有一些资料是不确定的，如婚姻、教育程度、收入、社会阶层等。

2. 有关被调查者购买行为特征的资料

消费者的购买行为是指消费者为满足其个人或家庭生活需要而发生的购买商品的决策或行动。消费者的购买行为受到诸多方面的影响，包括消费者的心理、收入和习惯等。因此，被调查者的购买行为必然具有不同的特征，具体表现在购买的产品和品牌、商品的价格，购买的地点选择，购买的数量和支付方式等。掌握被调查者购买行为特征的资料有助于了解被调查者的购物习惯和行为特点。

3. 有关被调查者心理的资料

要了解被调查者的购买行为，最根本的是要了解其购买心理。消费者的购买行为是受购买心理支配的。有关被调查者购买心理的资料包括购买认知、购买动机、购买意向和购买态度等。但是，购买者的心理是很难被准确测量的，要了解购买者的心理是十分困难的。

4. 有关被调查者购买行为结果的资料

有关被调查者购买行为结果的材料主要来源于房地产企业的内部资料或者房地产行业

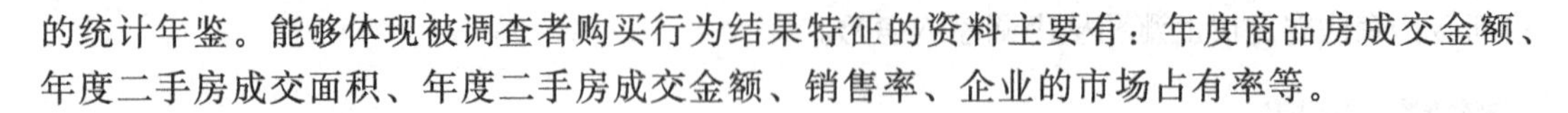

的统计年鉴。能够体现被调查者购买行为结果特征的资料主要有：年度商品房成交金额、年度二手房成交面积、年度二手房成交金额、销售率、企业的市场占有率等。

(三) 原始资料的来源

原始资料是市场调研人员经过实地调查得来的第一手资料，具有直接性、针对性和应用性强的特点。原始资料来源广泛，目的性强，可以根据调研人员的需要控制调研的内容和发放的方式等，同时，原始资料的真实性是非常可靠的。

但是，市场调研人员在收集原始资料时耗费的精力是比较大的，费时费力，而且有时还会遇到收集上的困难。因此，除了实地调查之外，企业内部资料和消费者本身也是原始资料的重要来源。

1. 实地调查

实地调查是原始资料最主要的来源。通过对调研对象的实地调查，市场调研人员可以了解基础的信息，掌握最基本、真实的情况。例如，市场调研人员可以通过实地调查来了解楼盘工程进度的信息，如开工的时间、目前的工程进度、预计的竣工时间、施工平面图等。同时，市场调研人员还可以实地调查某地区的整体开发量、交易面积、市场价格的资料，由此预测房地产市场的供求情况，未来一段时间内的房地产市场价格等。

2. 企业内部资料

企业内部资料是原始资料的另外一个主要来源。每个企业都会有大量的内部资料，涉及宏观政策、行业数据、历史信息、未来的发展预测等。市场调研人员可以直接到企业内部的相应部门索取需要的资料，或者通过咨询相关的工作人员获得所需的信息资料。相比于实地调查，从企业内部获取原始资料省时省力，可以提高市场调研人员的工作效率，节约大量的调研成本。

3. 消费者

消费者也是市场调研人员获取原始资料的一个重要来源。消费者是市场调研的主要对象，同时也是市场营销活动的对象。企业在进行房地产的开发和销售工作时，最主要的就是了解消费者的需求。通过对消费者和潜在消费者购买行为、购买心理、购买习惯的了解，可以更好地对产品进行定位，使营销活动有目的的实施。为此，企业需要对消费者和潜在消费者进行广泛的、经常性的调研。

(四) 原始资料的收集方法

现实生活中，各种数据资料数量众多、分布分散，因此原始资料的收集是市场调研中一项复杂、辛苦的工作，但又影响到调查结果。一般来说，为取得原始资料，主要采用访问调查法、观察方法、定性研究技术以及实验法等。本部分我们重点介绍这几类资料收集方法。

1. 访问调查法

访问调查法又叫做直接调查法，是一种通过直接询问的方式向被调查者了解市场情况，获取原始资料的方法。它是房地产市场调查中最常用的方法之一。一般来说，访问调查法更多地用于有关购买者社会特征、过去行为特征和心理特征的资料收集。

市场调研人员在采用访问法进行调查时，通常会事先设计好所要调查了解的问题，并将其陈列在调配表中，按照调查表的内容和要求进行询问。

根据传递询问内容的方式和调查人员与被调查者接触方式的不同，又可将访问调查法分为面谈调查、电话调查、邮寄调查、留置问卷调查和网上访问等。

（1）面谈调查　面谈调查是调查者与被调查者面对面交谈，以了解情况，获取资料信息的一种调查方法。这是一种最常用的方法。

① 面谈调查的分类。面谈调查根据谈话方式的不同可以分为自由交谈方式和调查提纲提问方式两种。

自由交谈方式有利于调查者与被调查者更顺畅的沟通，深入地探讨问题。从被调查者方面来讲，自由交谈的方式可以给他们更多的机会充分发表意见；从调查者方面来讲，这种方式有利于了解更多的问题和重要资料，并且有机会了解问题的来龙去脉。但是，这种方式对于调查人员的要求比较高。

面谈调查也可以采取事先拟好调查提纲，在谈话时逐一向被调查者提问的方式。这种方式有利于调研人员提出问题，控制谈话的内容和节奏，有效回收资料。在房地产市场的需求预测中经常用到这种方法。

② 面谈调查的优缺点。面谈调查是通过调查者与调查者的人际沟通实现的，所以此种方法需要调查者掌握一定的技巧和方法。另外，由于人员访问采取面对面的交谈方式，也使人员访问具有独特的优点。

a. 面谈调查具有很大的灵活性。由于调查者与被调查者双方面对面交流，调查者可以根据实际情况采取不同的调查方式。对于一些重要的的问题，尤其是那些争议较大的问题，调查者可以采取灵活委婉的方式，迂回提问，逐层深入，进行重点调查。此外，当被调查者对某一问题误解或不理解时，调查者可以当面予以解释说明，有利于资料收集的正确性。

b. 拒答率较低。与其他方式相比，人员访问容易得到较高的回答率，这也可以说是人员访问最为突出的优点之一。

c. 调查资料的真实性较好。在访问过程中，由于调查者和被调查者是面对面的，因而既可以对访问的环境和被调查者的表情、态度进行观察，了解被调查者的心理状态，又可以判断信息的可靠程度，对被调查者回答问题的质量加以控制，从而使得调查资料的准确性和真实性大大提高。

d. 调查对象的适用范围广。由于人员访问主要依赖于口头的沟通方式，因此，它适用的调查对象范围十分广泛，既可以用于文化水平较高的调查对象，也可以用于文化水平较低的调查对象。

e. 调查资料的偏差小。在调查过程中，被调查者经常会对提出的问题内容产生误解。面对面调查，调查者可以针对被调查者不清楚的问题进行解释，以免由于被调查者的理解错误产生调查结果的偏差。

但是，面谈调查也存在如下缺点。

a. 调查费用较高。调研人员进行面谈需要耗费大量的人力成本，尤其是当被调查者的样本分布地域广泛的时候，各种费用明显升高，主要表现为调查者的培训费、交通费、工资以及问卷及调查提纲的制作成本费等。这种方法是询问调查法中费用最高的。

b. 对调查者的要求较高。可以说，调查结果的质量很大程度上取决于调查者本人的访问技巧和应变能力。因此，面谈调查要求调查者有较高的素质，包括调查经验、谈话方式、沟通技巧、态度等。

c. 主观性较强。在面谈调查的过程中，调查者可以通过交谈启发、引导被调查者回答问题。但是，在沟通过程中，被调查者不可避免地会受到调查者主观思维、态度的影响，从而使调查资料的客观性产生偏差。

d. 访问调查周期较长。面谈调查需要调查者与被调查者面对面的沟通，因而需要耗费大量的时间。在大规模的市场调查中，这种收集资料的方式较少见。

(2) 电话访问　电话访问是通过电话与选定的被调查者交谈以获取信息资料的一种方法。由于彼此不直接接触，而是借助于电话这一中介工具进行，因而是一种间接的调查方法。

① 电话访问的优缺点。电话访问的优点如下。

a. 信息反馈快。这是电话访问最大的优点。相比于面谈调查，电话访问节省了大量的时间，提高了调研的效率和信息的反馈速度。

b. 费用低。电话访问的费用比面谈调查的费用要少很多。

c. 辐射范围广。由于电话访问不受地域的限制，能够更好的应用于被调查者比较分散的情况。

电话访问也存在着一些缺点，主要表现在以下几个方面。

a. 由于电话访问调查的项目过于简单明确，而且受通话时间的限制，因而调查内容的深度远不及其他调查方法。

b. 电话访问的对象只能是有电话的群体，因而选择调查对象存在局限性，不利于资料收集的全面性和完整性。

② 电话访问应注意的问题。电话访问自身特点决定了要成功地进行访问，必须首先解决好以下几个方面的问题。

a. 问卷调查表的设计问题。电话访问同样需要预先设计问卷调查表。电话访问受通话时间和记忆规律的约束，因此这类问卷调查表大多采用两项选择法向被调查者进行访问。

b. 调查员的素质问题。电话访问对调查员的要求主要是口齿清楚、语气亲切、语调平和。

c. 调查样本的抽取及访问时间的选择问题。由于电话访问的特殊性，调查样本的抽取和访问时间是非常重要的。调查样本的抽取通常采用随机抽取几本电话号码簿，再从每个电话号码簿中随机抽取一组电话号码，作为正式抽中的被调查者。访问时间的选择要根据调查对象的生活习惯而定，如果访问的对象是青年，最好选择在工作日的晚上，而对老年人的访问，则可以选择白天。

2. 观察法

观察法是指调查者在现场对被调查者的情况直接观察、记录，以取得所需资料的方法。这种方法主要凭借调研人员的直观感觉或是借助于某些摄录设备和仪器来跟踪、记录和考察被调查者的活动和现场事实，来获取某些重要的市场信息。观察方法可以为特定的调研目的专门使用，也可作为询问调查法的一种补充。

(1) 观察方法的优缺点比较　观察方法是现代市场调查中一种基本的调查方法。同其他方法相比，一个最为明显、突出的优势就是通过观察法调查，调研人员不需要直接向被调查者发问，在其没有察觉的情况下观察其行为。这样可以获得更加真实、客观的原始资料。

① 观察方法的优点。客观、真实。观察调查是在被观察者没有觉察到自己的行动正在被观察的情况下进行的，如在房地产交易场所、房地产建筑工地记录参观人数、咨询人数、咨询内容、停留的时间等。由于被观察者能够保持正常的活动规律，调研人员一般可以客观地搜集、记录观察现场实况，搜集第一手资料，所得的资料真实可靠、较为客观，调查结果更接近实际。

技术要求不高。观察方法对技术要求较低，调研人员只需选择好合适的时间、地点和

所需的仪器进行调查，而且不需特别的费用。

当然，观察方法也有一些缺点。

② 观察方法的缺点。

a. 只观察外部因素。观察法一般只能了解事实本身，只能观察被观察对象的外部动作和表面现象，调研人员很难从直接观察中了解其内在因素和动机，尤其是很难了解被调查者的动机、偏好等内在心理活动。

b. 时间长、费用大、易受限制。观察法在实施时需要大量人员到现场长时间观察，所需时间较长。由调查人员亲临现场进行长时间的观察，调查费用支出较大，因此，观察方法较适用小范围的微观市场调查。

(2) 观察方法的分类 按照不同的分类标准，可将观察法分为许多类。

① 按观察所采取的方式分，可以分为人员观察和仪器观察。在人员观察式调查中，调研人员亲自进入调研区域，在被观察者没有意识到自己正在受到观察的情况下进行的一切观察活动。在实行过程中，这种方法无法避免的存在主观性，调研人员要合理的运用这种主观的判断，尽可能减少这种影响，获得需要的信息。

仪器观察，即调研人员利用电子摄录仪器，记录被调查者的行为和反应。这种方法主要应用于一些并不适合或不需要调研人员亲临现场的情况。调研人员可以根据调研的要求，在调研现场设置摄像机、红外线探测器等电子设备自动采集信息。

② 按观察时间周期分，可以分为连续性观察和非连续性观察。连续性观察是指通过对某一事项的连续调查，取得不同时期的连续资料。如对某个楼盘进行连续几个月甚至长达几年的观察。连续性观察需要在比较长的一般时间内，对被观察对象连续作多次、反复的观察调查。连续性观察适用于对动态性事件的观察，可以定期进行，也可以不定期进行。

非连续性只是在较短时期内的一次性观察调查，一般适用于对过程性、非动态性事件的观察。一般是在某一特定时间内对若干个调查对象所发生的事态同时加以记录，取得相关资料。

③ 从调查者对观察环境施加影响的程度，可以分为组织观察法和自由观察法。组织观察法与自由观察法的区别主要体现在前者在调查之前会先设定观察计划、观察提纲等，而后者不硬性规定观察的方法和手段。组织观察法即根据调查目的，预先拟定观察提纲，确定观察具体对象、项目、观察的手段和程序，有组织地系统观察。一般而言，在运用组织观察法进行观察时，市场调研人员没有很大的自主权。自由观察法与组织观察法相反，前者不硬性规定观察的手法和手段，而是依靠调研人员的意思自由的进行观察，实事求是地记录事件发生、发展的真相。这种方法对调研人员的要求很高，只有受过良好训练的调研人员才能胜任，此种方法一般只适用于探索性观察。

④ 按调研人员扮演的角色分，可以分为参与性观察和非参与性观察。参与性观察是指调查者参加到被观察对象群体中并成为其中的一员，直接与被观察者发生关系以收集有关资料的一种调查方法。一般来说，在参与性观察过程中，调研人员事先没有计划，没有准备的加入被观察者的行列，通过亲身的观察和体验来采集所需要的营销信息。非参与性观察是指调查者不改变身份，而是以局外人的身份从外围现场收集资料的一种调查方法。一般而言，在非参与性观察过程中，调研人员必须事先制定周密的观察计划，严格规定观察内容和记录方式，有目的的利用一定的观测设备和记录设备，比如望远镜、摄影机、摄像机、记数仪器、记数表格等，对被观察者进行观察。非参与性观察比起参与性观察而言调研费用更低，一般适用于描述市场状况而不追究其原因的市场调查类型。

3. 定性研究技术法

原始资料的获得也可以采用定性研究方法。定性研究方法是对研究对象质的规定性进行科学抽象和理论分析的方法，这种方法是选定较小的样本对象进行深度的、非正规性的访谈，以进一步弄清问题，为随后的正规调查做准备。目前国内常用的定性研究方法主要包括小组座谈会、深度访谈法、案例研究、投影法等。这里我们主要介绍小组座谈会和深度访谈法。

(1) 小组座谈会　小组座谈会也叫做焦点访谈法，是以会议的形式，由经过训练的主持人就某一个或某几个特定的主题与小组的被调查者进行集体讨论的调查方法。小组座谈会是一种自然的，无结构的调研方法，其目的是通过自由进行的小组讨论得到一些意想不到的发现。

在进行焦点小组座谈时，应注意以下几个问题。

① 确定会议主题，设计详细的会议提纲，这样才能保证座谈会始终围绕着主题进行讨论。

② 主持人的确定。在小组座谈会中，主持人起着至关重要的作用。主持人需要有丰富的经验，鼓励与会者畅所欲言，尽量防止讨论话题偏离主题，避免“从众”现象的发生，控制会议的进程和方向。

③ 小组成员的选定。每个小组成员不能太多，也不能太少，一般以 8～12 人为宜。在选择小组成员时，应预先筛选，尽量保持每一组成员的同质性。

④ 应确定座谈的次数。一般一个主题应组织上 3～4 次小组座谈，每次座谈的人员不应相同，以便保证每次座谈都有新的内容和新的想法。

⑤ 选择座谈会的时间和场所。座谈会的场所要营造一种轻松、自由的氛围，使大家能够畅所欲言，充分的发表意见。座谈会的时间确定应以对大多数与会者方便为原则。

⑥ 分析评价讨论结果。对讨论结果进行系统性分析和总结性评价，既是对与会者讨论成绩的肯定，同时也有利于确定下一轮讨论的内容和方向。

(2) 深度访谈法　深度访谈包括自由交谈和半控制性访谈两类。前者对交谈内容没有控制，而后者则需要对每个问题的讨论时间和讨论内容加以控制。

自由式访谈一般适用于平级关系或工作时间弹性较大的被调查对象。在自由式访谈中，被调查者可以自由地发表意见和回答问题，不受讨论时间的限制，也没有讨论提纲和制约，只要是和主题相关的内容，就可以畅所欲言。自由式访谈的目的在于从更深层次发掘主题内涵，捕捉深度信息。

半控制性访谈一般适用于工作很忙的被调查对象，比如说经理人员、工程专家等。一般而言，半控制性访谈的内容多是最基本的市场情报。相对自由访谈而言，半控制访谈对调查者的要求更高，因为很多情况下，这是一种自下而上的访问方式，需要调研人员具有良好的人际沟通能力和攻关能力，接近被访问对象，获得足够的信息资料。半控制性访谈一旦访问成功，往往能获得一些不曾预料到的事实和信息。

以上我们分析讨论了两种基本的定性研究方法。由于定性研究方法所调查的样本容量小，研究结果并不一定能代表所要研究的目标总体。因此定性研究方法一般作为其他方法的辅助方法，而不足以单独支持决策。

4. 实验法

实验法是在调查过程中找出影响调查目的的诸多因素中的已知两个因素，将它们置于模拟环境中进行小规模的实验，然后对实验结果进行分析、判断和决策。运用实验法进行市场调查，关键在于实验设计。实验设计的应用形式主要包括无控制组的事前事后设计、

有控制组的事后设计、有控制组的事前事后设计三种。

下面我们分别来讨论一下这几种设计方法。

(1) 无控制组的事前事后设计　这种实验方式是最简单的实验法，它既不设置控制组，也无事前测量，只考察实验组在引入实验因素前后量的变化。这种方法最大的优点是简单，但是它不考虑非实验因素，如自然季节、心理因素的影响，从而影响了实验结果的准确性。

(2) 有控制组的事后设计　这种实验方式同时设立实验组和控制组，实验组按设定的实验条件进行实验，控制组实验前后均不受实验因素影响。通过实验组与控制组的事后测量对比来判断实验效果。这是目前市场研究中最常用的方法之一。这种方法的使用前提是实验组与控制组的市场环境、规模、经营水平等因素应该是相同的，否则实验结果会产生很大误差。

(3) 有控制组的事前后设计　有控制组的事前后设计是指将控制组事前事后测量同实验组事前事后测量进行对比判断的一种实验调查方法。这种方法既可以考查实验组的变动结果，又可以考查控制组的变动结果，是上述两种实验法的结合。有控制组的事前后设计有利于消除外来因素的影响，提高实验变量的准确性。

二、二手资料的收集

(一) 二手资料的含义

二手资料，也称间接资料，是相对于原始资料（亦称一手资料）而言的，主要指那些以前收集好的而且通常已经使用过的资料，这些资料既包括那些过去的市场调查资料，也包括那些非市场调查资料，甚至还包括那些不一定与当前问题有关的历史资料。市场调查人员通过对二手资料的收集，可以使企业迅速了解有关信息，把握市场机会，也可以帮助市场人员对要了解的市场情况有初步认识，为进一步的直接调查奠定基础。

一般来说，二手资料是其他机构或个人提供的现成的资料。政府部门的统计年鉴、科研机构或咨询机构提供的科研报告和调研报告，企业内部的资料等，都是市场调研的二手资料的来源。在实际进行房地产市场调研时可能用到的二手资料有：《中国房地产统计年鉴》、《中国房地产发展报告》、《中国房地产金融报告》、各类房地产信息数据库、出版物等。

(二) 二手资料的类型和来源

房地产市场调研的二手资料来源于企业内部和企业外部。内部二手资料（简称内部资料）来自于企业的日常运作或企业自己收集的外部资料，如公司的销售量、营销活动、价格信息、分销商的报告和反馈、顾客的反馈信息以及竞争对手的各种信息等。外部二手资料（简称外部资料）是指来自于企业外部的各种相关信息资料，主要包括政府的各类出版物、图书馆和信息服务行业提供的资料，数据库和网络提供的信息和资料等。

总的来说，相对于外部资料，内部资料收集方便、而且是免费的。相对于内部资料，外部资料内容和来源都十分广泛，是市场调研中二手资料的主要来源，但一般收集时间长、费用大、不易控制。在二手资料的收集活动中，调研人员一般应先考虑内部资料，在内部资料不足以支持调研工作时再通过收集外部资料加以补充扩展。下面具体介绍这两类二手资料的来源。

1. 内部二手资料

内部二手资料主要包括：经营资料、统计资料、财务资料、客户资料、人事资料、竞争对手资料和企业积累的其他资料等，这些材料都可能用于房地产市场调研过程中。

(1) 经营资料　主要包括与企业经营业务有关，能够反映企业业务流程和运作模式的各种资料信息，如各种票据单证、购销合同、销售记录、客户名录、促销资料等。通过对这些资料的收集和分析，可以掌握企业内部经营情况。

(2) 统计资料　主要包括企业经营过程中形成和保存的各类统计报表，它们是研究企业运营水平和规律的重要定量依据，也是企业进行生产经营预测和决策的重要基础。

(3) 财务资料　是由企业财务部门提供的财务报表、会计核算和相关分析资料，一般包括企业资产、负债、销售收入、销售成本、商品价格及资本利润率等方面的内容。通过对这些资料的分析，便于掌握企业的盈利能力和各类商品的销售状况，可以从财务的角度对企业的营销活动进行决策。

(4) 客户资料　是指企业客户部门收集的有关企业客户性别、年龄、职业、收入、联系方式、爱好等客户基本信息的资料。除此之外，有些企业还会收集和企业经营范围相关的比较详细的客户信息，如客户对该公司产品的使用量、使用偏好、购买频率等。一般公司会建立专门的数据库存放这些信息，并定期对客户信息进行更新和维护。通过对客户信息分析可以深入了解公司客户，为其提供个性化服务，从而提高客户满意度；可以辨别公司的核心客户，保证公司利润的稳定；可以分析客户的未来需求，找到企业新的利润增长点。

(5) 人事资料　主要是企业人力资源部门提供的有关企业员工情况的资料，一般包括员工的人数、学历分布、年龄分布、培训程度等。通过对这些资料的分析，便于掌握企业内部环境的特点，根据企业自身的特点提高企业的核心竞争力。

(6) 竞争对手资料　为了发现其经营上的优劣势，掌握其在行业内的水平、区分竞争对手、寻找适合的合作伙伴，企业特定部门会收集有关企业现有竞争对手和潜在竞争对手的资料，如企业战略、企业文化、市场份额、产品特性、营销策略、员工素质等和企业运营有关的信息。通过分析竞争对手的资料，可以更深入了解所在的行业，实现有效的经营。

(7) 企业积累的其他资料　企业积累的其他资料是指企业平时积累的各种调研报告、工作总结、规章制度、顾客信息、供应商信息等方面的资料。企业内部资料分析不仅是公司制定战略、做出决策的有利凭证，也是企业日常运营的基础。目前，许多企业意识到内部信息的重要性，纷纷建立了包含多类信息的企业内部数据库系统，为企业内部资料的收集、使用提供了方便，也为市场调研人员收集资料减少了难度。

2. 外部二手资料

企业外部二手资料的主要来源有：各类出版物、数据库、信息服务业资料和互联网。

(1) 出版物　出版物是指可以免费或者花费很少的能够在图书馆、档案馆或其他实体机构中找到的资料，它包括政府出版物、社会组织出版物、图书、期刊、杂志和研究报告等。房地产市场调研人员在分析房地产市场宏观经济情况时，政府出版物是一个主要的二手资料来源，例如《中国房地产统计年鉴》、《中国房地产发展报告》、《中国房地产金融报告》等。除了政府出版物之外，行业协会和非官方机构的出版物，以及图书、期刊、杂志等普通商业资料，都是房地产市场调研的重要来源。

(2) 数据库　数据库是指用来满足特定信息需要的相关信息的集合，大多数的数据库都是由计算机管理和实现对大量数据的存储、编辑、整理和分析。数据库根据其所包含的

数据性质不同大致可以分为四类。

① 文献类数据库。文献数据库通常由期刊、报纸、杂志、市场调研报告、政府文献等文章中引用的例句组成，它们是对引用材料的总结和概括。该类型数据库为使用者指出在其他来源里寻找文章和信息的途径，帮助使用者了解文章引用了哪些资料。例如，《中国专利文摘数据库》包含了中国专利局公布的所有发明专利和实用新型专利的申请，内容有摘要和主权项等，每一件申请均有名称、摘要、申请（专利权）人、申请（专利权）人通讯地址、发明（设计）人、代理人、专利代理机构、申请（专利）号、申请日、公开（公告）号、公开（公告）日、分类号、主分类号、法律状态、主权项、说明书光盘号、优先权、进入国家公布日期、国际申请、国际公布等 20 个描述字段。用户可对库内所有内容进行检索。在获取大量具体信息之前，利用这些数据库是对某个主题进行研究的一种快速、高效率的方法。

② 全文类数据库。全文类数据库包含文献资料的全部内容。例如，房地产金融库提供与房地产相关的各种金融数据资料，主要包括历年银行存贷款利率、银行对房地产放贷规模、个人购房放贷规模等年度数据、个人购房抵押贷款利率、住房公积金利率、保险险种与保险费率等数据资料。

③ 指南性数据库。是指列出了关于某个特定机构、个人或政府部门等信息的数据库。例如，房地产上市公司资料库反映在深市、沪市两大股票市场上市的重要房地产公司或有房地产业务的公司的各方面情况，包括公司介绍、管理层、各年中报、各年年报、相关报道、公司动态等数据资料。房地产企事业名录库提供房地产相关企事业名录查寻功能，主要包括政府管理部门、投资商、开发商、金融机构、规划设计、建筑公司、施工监理、中介代理、物业管理、评估机构、律师事务所、建材企业、装潢公司等企事业单位，包含单位的地址、电话、邮编、负责人等。

④ 数据类数据库。它包括各种数值信息和统计信息。例如，房地产指数库包含历年各物业各地区各家单位的指数系统，具体包含 17 个城市的中国房地产指数、天津土地交易指数、35 个大中城市房地产价格指数、伟业指数、戴德梁行指数、国房景气指数等。

（3）信息服务业资料　信息服务业资料是一种外部的二手资料。信息服务业，如市场信息服务公司或市场调研公司，专门调查和收集市场信息或资料，通过较高专业水平的资料调查、整理和分析，将结果销售给客户。其收集信息的目的并非为了市场调研，而是为了满足客户的信息需求。这类信息服务业公司收集的信息通常比企业内部资料具有更高的质量，而且信息成本低于公司直接收集原始信息的花费。目前，很多公司的市场调研都乐于采用这种信息服务的形式，而且大都收效不错。

目前，国外的信息服务业公司已经比较成熟，能够为客户提供有特色的服务，更好地满足客户的需要。例如，美国市场信息服务业在二手资料的提供上形成六类专业化的体系，包括：消费者资料、零售商资料、批发商资料、工业品生产商资料、广告资料和媒体资料。

概括地说，信息服务业资料具有很多优点。

① 信息质量高。信息服务业机构是专门从事信息收集工作的机构，其专业水平相对较高。此外，为了维持企业的竞争力，信息服务业机构对信息数据的质量一般都比较关注，会进行比较深入和细致的调研。

② 成本低。信息服务业机构提供的信息服务一般都是标准化的，所以机构收集信息的成本被分摊，对于单个公司来说，为得到信息而支付的费用会低于企业自行收集相同的资料信息。

③ 时效性强。信息服务业机构拥有一套完整的工作运作模式和经过反复实践的数据收集方法，工作效率高，通常可以很快将收集到的信息发送给客户。

当然，信息服务业机构也不可避免地存在缺点。信息服务业机构提供的信息服务一般都是标准化的，因此，企业和竞争对手拥有的资料是一样的，不存在差异性，此外，标准化的信息无法满足每个企业特定的信息需要。

随着信息技术的发展和各种机会的出现，信息服务业机构不断完善，新的信息服务业机构不断涌现，其必将更加深入、更加广泛地覆盖消费者市场和团体组织市场，为决策者提供更多的帮助。

(4) 互联网　随着以互联网技术为核心的信息化时代的到来，互联网已经成为一个全球性的信息平台，它使计算机的使用者能获得世界范围内的数据、图像、声音和文字资料，因此，互联网已经成为二手资料的一个重要来源。

其具体的优势主要表现在如下几个方面。

① 不受地域限制。通过互联网收集资料不受地域的限制，无论企业处于世界的哪个角落，都可以通过互联网及时而迅速地获取所需信息。

② 信息覆盖范围广。互联网涵盖的信息量非常大，并涉及各个行业的资讯。调研人员可非常容易地获取来自世界各地的各个行业的信息资料。

③ 取得成本低。通过互联网获取信息不像其他形式的信息那样需要付出高额的费用，一般是免费的。随着网络的日益普及，企业纷纷建立了自己的网站，并在网上公布企业的相关信息；政府和各种非营业性机构也逐渐在网上公布各类信息和报告，同时各种网上信息咨询机构也不断涌现出来，这使二手资料的搜集变得越来越简单。

互联网技术给市场调查业带来深远的影响，为其提供了机遇，也带来了挑战。调研者在网上查询信息可能非常简单，使调研活动收到事半功倍的效果。虽然目前互联网上提供的信息已经远远多于世界上任何一个图书馆的信息储藏量，但信息资源极其丰富的同时也存在着一系列问题：资料被反复引用，资料的准确性受到了挑战；垃圾文件不断涌现；虚假信息泛滥。因此，调研者还需要掌握必要的搜索技术，提高利用互联网收集信息的能力。此外，调研者需要对不同的信息加以鉴别，去粗取精，去伪存真找到自己真正需要的、有价值的资料。

(三) 二手资料的优缺点

1. 二手资料的优点

(1) 节约调研成本　二手资料是从外部收集的现成资料，相比于原始资料，收集二手资料花费的时间短、成本也低得多，可节省大量的调研时间和调研成本。

(2) 信息客观准确　二手资料的来源主要是政府部门和专业的机构，并且是书面形式的，因此反映的信息相对比较客观准确。

(3) 分析和描述性强　相比于原始资料，二手资料通常具有更强的描述性，有助于调研人员对问题的分析。例如，政府每年提供的房地产统计年鉴就是描述性的资料，既有概括性的宏观描述，也有时序型的描述，这对于调研人员分析问题的帮助是非常大的。

2. 二手资料的缺点

(1) 缺乏适用性　虽然二手资料有丰富的来源，但它是他人为其他目的而调研和提供的资料，对于某些特定问题，特别是那些新的独特的调研课题，很可能不适用。

(2) 缺乏真实性　二手资料是他人调研后提供的资料。调研资料的来源、收集方式、整理和分析的方法可能会存在一些潜在的错误，许多误差不易发现，并且很难剔除。这些都会影响二手资料的真实性。因此，调研人员在使用二手资料时，会受到错误的影响使调研结果产生偏差。

(3) 缺乏时效性 从时间上看，二手资料大多是过去的研究报告，其时间很可能与本调研项目对时间的要求不一致，不适合调查的需要。

通过以上分析，我们可以发现原始资料和二手资料各有其优缺点，存在互补性。因此，高质量的市场调研总是需要两者的结合，一般情况下调研者总是先收集二手资料，在二手资料不足或需要验证时再考虑收集原始资料。

（四）二手资料的收集方法

现实生活中各种数据资料数量众多、分布分散、内容交叉重复、高质量文献较少，市场调研人员需要掌握必要的方法和技术，从大量的信息中收集到自己需要的资料。下面简要介绍二手资料收集的具体原则和步骤。

1. 收集的原则

收集二手资料应遵循以下原则。

① 从收集的方法来说，调研人员一般应先收集那些比较容易得到的和公开发表的现成的信息资料。如果这些资料无法满足分析问题的需要，调研人员再进一步收集那些保密和付费的资料。

② 从收集的时间来说，调研人员应遵须由近至远的原则。一般来说，距离调研时间近的二手资料相比于时间远的资料具有更高的价值。因此，调研人员应先收集近期的二手资料，再收集远期的资料。

③ 从收集的顺序来说，调研人员应遵须先内后外的原则。企业内部、本行业内部的资料收集起来相对容易，因此，调研人员应先收集企业内部资料，然后再根据分析问题的需要考虑其他单位和其他行业的相关资料。

④ 重视资料的筛选。因为二手资料是他人为其他目的而调研和提供的资料，调研人员需要通过鉴别和筛选，尽可能收集和调研与主题密切相关的资料。

2. 收集的具体步骤

收集二手资料的具体步骤可以概括为收集前的准备、收集和获取和收集后的评估和整理。

(1) 收集前的准备

① 确定调研目的。在收集二手资料之前，调研人员应先确定调研的目的，这有助于确定二手资料的收集范围。

② 确定所需资料。明确市场调研目的后，调研人员应确定已有的资料和需要查找的资料。确定需要查找的资料包括资料内容本身和可能获得信息资料的渠道。

③ 确定资料收集工作的日程安排。这可以帮助调研人员按时完成收集工作，避免因二手资料收集工作的延期而影响整个调研活动的开展。

(2) 收集和获取 完成资料收集前的准备工作之后，调研人员开始正式的收集工作。在这一阶段，调研人员需要确定资料收集方法。主要的资料收集方法有以下几种。

① 查找法。这是获取二手资料的基本方法。根据二手资料收集的原则，调研人员应采取先内后外的顺序，首先收集企业内部的信息资料。通过企业内部资料的收集，调研人员可以获得大量反映企业本身经营状况的资料，和有关供应商、竞争对手、客户、市场方面的资料。获取内部资料之后，调研人员还需要到企业外部去查找，通过图书馆、档案馆或网络，以及统计年鉴、报纸杂志、研究报告等出版物来获取相关资料。在查找过程中，

调研人员应注意和各个机构的工作人员处好关系，使调研工作顺利开展。

② 索取法。索取法是指向占有信息资料的相关单位和个人无代价索要信息资料的方法。在索取资料时应注意以下几点：a. 调研人员在向单位索要资料时，应尽量保持友好的态度，取得对方的配合。如果平时有联系的单位或个人，应先选择向这些单位索要资料，尽量避免向陌生的单位或个人索要资料；b. 索要资料时，调研人员要选择合适的沟通方式，使对方明确所需资料的内容、类别及其用途，提高获取资料的效率和质量；c. 索取的资料数量应适可而止，以满足调研分析的目的为原则，不可提出过分的要求。

③ 购买法。购买法是指通过付出一定数量的资金向有关单位和部门购买所需资料的方式。这种方法主要是针对向信息服务业机构购买资料。一般来说，企业的市场调研会受到人力、时间和专业知识的限制，无法获取足够的资料。因此，调研人员可能需要向特定的机构购买信息资料，如向专业咨询机构、调研公司、行业协会、信息中心等单位购买定期和不定期出版的房地产市场分析报告、竞争对手分析等资料。在向这些公司购买所需资料时，调研人员应注意鉴别购买资料的真实性和实用性，确保购买到的信息能够符合调研目的的需要。

④ 交换法。交换法是指与信息机构和其他单位间进行对等的信息交流。这是一种信息共享的合作关系，交换双方都向对方无代价提供资料并获得对方无代价提供的资料。一般情况下，这种二手资料收集方法使用不多。

（3）收集后的评估和整理

① 资料的评估和再收集。把所有收集的资料综合起来，调研人员需要对资料进行初步的评估，过滤掉不可靠和不必要的资料，并在此基础上确认是否已收集到所有所需资料；决定是否需要再次开始资料收集工作。

② 资料的整理。当资料的收集工作基本结束后，即开始对资料的整理。调研人员收集的二手资料广泛，相互之间必然存在着差异，因此，需要根据资料的特点和调研的目的对它们加以整理。对于文字性资料，调研人员应该按照逻辑关系将它们按一定的顺序排列，整理成统一的文档进行分析；对于数字性资料，调研人员应先将各类数据转化成统一单位，按一定的方法重新编排和组合外，再将数据转化为统计图表，帮助使用者较方便地分析和解释，掌握事实本质。

第二节 房地产市场调查资料的整理与分析

在市场调查中所获得的资料，需要用科学的方法和一定的程序进行必要的整理、分析和解释，最终找到调查目的所需的资料，为撰写房地产市场调查报告，总结出规律性，为更加深入、系统地了解市场提供必要的基础。

一、资料的整理

资料的整理对于整个房地产市场调研的工作来说是非常重要的。它能够保证资料的准确性和完整性，也是进一步分析研究资料的基础。

一般来说，调查得来的资料是杂乱无章的，很难直接利用。资料整理是根据研究的目的、运用科学的方法，对调查资料进行编辑、编码的过程。通过资料整理，使资料系统化和条理化，便于存储和使用，并客观地反映出调查对象的总体情况和事物之间的本质联系。

市场调研资料的整理主要是对原始资料的整理，过程一般包括下列步骤。

① 资料的编辑，主要是检查和修正收集到的材料，选择真正有用的资料。

② 资料的编码和录入，主要是把每个问题配上数字或符号，方便接下来对于资料的统计分析。

（一）资料的编辑

通过调研获得资料后，就要对资料进行编辑。资料的编辑可以分为现场编辑和审核编辑。

1. 现场编辑

现场编辑是一个初始的编辑过程，这项编辑工作主要在访问现场进行。一般来说，被调查者很难回答问卷的所有问题或者存在填写的错误，因此调研人员在访谈之后首先要检查资料中非常明显的遗漏和错误，并尽快审阅和更正。现场编辑主要包括初步的审查和核实，校正错误和遗漏的答案，剔除空白、严重缺答案的废卷等。通过现场编辑，对资料检查，可以保证收集资料的完整性、清楚性、一致性、明确性。

2. 审核编辑

审核编辑是在调查资料收回后，由调研人员进行的综合审查编辑，以保证更完整、确切地审查和校正收集的全部资料。在进行审核编辑时，重点应放在资料的真实性、准确性和完整性上。这项工作要求由那些对调研目的和过程有透彻了解，且具有敏锐洞察力的人来进行。

一般来说，编辑人员在审核和编辑资料的过程中可能遇到的问题包括：不完全答案、错误答案、无效答案、假答案和无法识别的答案。

① 不完整答案分为三种情况：第一种是大面积的无回答，或相当多的问题无回答，对此应宣布为废卷；第二种是个别问题无回答，应为有效问卷，所遗空白待后续工作采取补救措施；第三种是相当多的问卷对同一个问题（群）无回答，仍作为有效问卷。造成这种“无回答”答案的情形有三种：第一种是有些回答者确实不知道该如何回答；第二种是由于回答者不理解所问的问题而无法给出答案；第三种情况是回答者不想回答，这通常是由于该问题（群）太具敏感性或威胁性使他们不愿意回答，抑或是根本就无法给此问题（群）找到现成的答案。

② 错误答案是指那些调研人员凭知识、经验和通过前后答案的对照就可以明确判断是错误的答案。这种错误一旦发现，编辑人员就只能根据全卷的答案内在逻辑联系，对某些前后不一致的地方作小幅度的纠正和调整。对于无法调整和纠正的部分按“不详值”对待。

③ 无效答案。例如，有些问卷的所有答案都是“A”，或者答案不符合填写要求，在问卷上随笔一勾，一笔带过了若干个问题。这明显反映出被调查者对所提问题缺乏兴趣。这类问卷应当彻底抛弃。

④ 假答案通常是由少数不负责任的调研人员捏造的假问卷或填写的假答案。这类情况一般发生在个人访问或者电话调查中。经常性的检查有助于控制这类假答案的发生。

⑤ 无法识别的答案一般发生在邮寄问卷的情况中。如果问卷上的答案是手写的，有些答案可能很难识别。在编辑过程中，编辑人员不能依靠自己的想象力判断答案，只能将这类答案按“不详值”对待。

在资料审核编辑时发现的问题应该分不同的情况予以处理：对于在调查中已发现并经过核实后确认的错误，可以由编辑人员代为改正；对于存在问题的地方应及时进行补充调

查；无法进行补充调查的错误资料应坚决抛弃，以保证资料的真实性和正确性；对于最后判定按“不详值”处理的答案，编辑人员要明确注明“不详值”字样或其代码。

（二）资料的编码和录入

目前，资料的统计分析工作主要借助于计算机来完成，未变于计算机处理和分析调查资料，调研人员需要对已编辑的资料进行编码和录入。

1. 资料的编码

编码就是对一个问题的不同回答进行分组和确定数字代码的过程。资料的编码分为事先编码和事后编码。

（1）事先编码　大多数问卷中的大多数问题是封闭式的，并且已预先编码。这意味对调查中一组问题的不同数字编码已被确定，因此，对全部封闭式问题采用事先编码。如下面的问卷，在每种答案的旁边都有一个数字代码为指定的编码。封闭式问题中编码的难题是对多选题如何编码。它的方法是将每一回答指定为次级变量，用“1”表示受访者选择了该答案，用“0”表示未选择。

- 您喜欢什么类型的商品房？

  高层□1　　小高层□2　　多层□3　　平层□4

- 您喜欢什么户型的商品房？

  大户型□1　　中户型□2　　小户型□3

- 您在购置新房时，最先考虑哪种因素？

  价格□1　　户型设计□2　　日照时间□3　　物业服务□4　　品牌□5

（2）事后编码　开放式问题只能在资料收集好之后，再根据被调查者的答复内容来决定类别的指定号码，因此只适宜利用事后编码。

对于开放式问题的事后编码可以遵循下述步骤进行。

① 列出答案，所有答案都一一列出。

② 将所有有意义的答案列成频数分布表。

③ 确定可以接受的分组数。此时主要是从调研目的出发，考虑分组的标准是否能紧密结合调研目的。

④ 根据拟定的分组数，对列在第②步整理出来的答案分布表中的答案进行挑选归并。在符合调研目的的前提下，保留频数多的答案，然后把频数较少的答案尽可能归并成含义相近的几组。对那些或含义相距甚远，或者虽然含义相近但合起来频数仍不够多的，最后一并以“其他”来概括，作为一组。

⑤ 为所确定的分组选择正式的描述词汇。

⑥ 根据分组结果制定编码规则。

⑦ 对全部回收问卷（或其中开放式问题答案）进行编码。

（3）编码的方法　目前，资料分析工作越来越多地应用了相应的统计学软件，而用在计算机处理资料时，面临的第一个问题是如何准确地录入资料。这要求把文字资料转化成数码形式的数据，编码的方法主要包括以下几类。

① 顺序编码法，又称为系列编码法，它通常是将编码对象按一定顺序排列，然后对其依次编号，所得的编码为顺序码。这种方法一般适用于一些比较固定的永久性编码，同时也可与其他编码方法相结合使用。例如，一项调查业主年龄情况的项目，可把不同年龄层次分为 5 个档次。如下所示：

A. 30 岁以下；

B. 31～40 岁；

C. 41～50 岁；

D. 51～60 岁；

E. 60 岁以上。

② 分组编码法，又称区间编码法，它是将数据项按一定顺序分组以表示不同类型，并以两个具有特定含义的码的组合来表示某一实体。通常分组编码法都在每组留有备用码，以便于进行扩充。这种编码方法的优点在于使用相对广泛，容易记忆，处理较方便，但有时位数过多，可能造成系统维护上的困难。

例如，对消费者住房需求的意向调查，相关信息包括户型、类型、配套设施和购房意向等 4 项如下图所示，我们可以将资料分为 4 组，然后再编码。如首位“1”表示“小户型”，第二位“1”表示“高层”，其后的“1”表示“有配套设施”，最后的“1”表示“有购买意向”。合起来的“1111”数码就表示该消费者的住房需求是对于有配套设施的高层小户型具有现实的购买意向。

户型	类型	配套设施	购房意向
小户型 1	高层 1	有配套设施 1	有购房意向 1
中户型 2	小高层 2	无配套设施 2	无购房意向 2
大户型 3	多层 3		
	平层 4		

③ 分组编码法。这种方法是指将数据项按一定顺序分组以表示不同类型，每个组给予一定的组码进行编码的方法。这种编码方法能以较少的位数分组，但一旦编码体系确定，遇到某些组内资料增加，处理起来较困难。通常分组编码法都在每组留有备用码，以便于进行扩充。

例如，对户主行业分布调查的分组编码可以如下表示：

组　别	各　组　编　码
金融贸易	00～30
制造业	31～60
服务业	61～90
计算机业	91～120
教育业	121～150
……	…

④ 助忆编码法，又称表意式文字编码法，它是指用数字、文字、符号等表明编码对象的属性，并按此进行信息资料编码的方法。这种方法所得编码为助忆码或缩写码。

例如，在调查消费者对于购房区域选择情况的时候，可以将黄埔、卢湾、静安、徐汇等地区用 HP、LW、JA、XH 等来表示。

⑤ 缩写编码法，这种方法是把常用的缩写用来做代码进行编码。例如 ASCII、区位码等。

2. 资料的录入

在市场调查过程中，资料的录入是由专门的录入人员完成的。录入人员的主要工作就是将资料输入计算机。

资料录入的方法主要有两种。

一种方法是直接将问卷上编码的数据输入计算机。这种方法的主要优点是可以减少出现差错的机会，但是，它的缺点是录入速度相对缓慢。因为，直接录入需要不断的翻动问卷，特别是问卷较多、内容较长时，录入的速度会显著降低。

另一种方法是先将问卷上编码的数据转录到登录表上，再输入计算机。这种方法的优点是可以提高录入的速度，计算机录入人员操作方便，但是转录增加了产生差错的机会，加大了风险。

二、资料初步列表分析

原始资料经过编辑之后，需要利用科学的方法进行分析，以达到分析实际情况，实现市场调研的目的。资料的初步分析主要包括根据统计的要求对资料进行分组，和对分组后的调查资料进行列表分析。

（一）资料的分组

1. 分组标志的选取

选择正确的分组标志（即分组的标准）是进行分组的关键问题。只有选择恰当的分组标志，才能使分组后的资料符合研究的要求。从而说明现象的本质及其规律性。选择分组标志的依据如下。

① 选择反映事物本质的标志。在分组时，一定要选择反映事物本质的标志。例如：在调查户主收入状况时，选择每户人均月收入作为分组标志显然比将每户月收入作为标志分组更为合理。

② 根据研究的目的选择分组标志。例如：如果目的在于广告对房地产销售的影响，则可以按广告的方式、投放地点等标志分组；如果是为了了解居民收入对房地产购买的需求量的影响，则可按居民收入等标志分组。

③ 分组标志的选择还要考虑经济发展及历史条件的变化。随着社会经济的不断发展变化，被研究对象的特征也在不断变化，因而分组标志也应该为适应这种变化而加以改变。比如在研究户主行业分布情况时，由于许多新兴产业的出现和发展，分组标志也要相应发生变化。

此外，在将调查资料与历史资料进行对比时，应注意可比性问题。尤其在改变分组标志时，必须注意选择与历史资料可比的分组标志。

市场调研人员在利用分组标志进行分组时可以采用以下的分类方法。

（1）按采用标志的多少分组　按选择分组标志的多少及复杂程度可将总体进行简单分组和复合分组。

① 简单分组，是指只采用一个标志对总体进行分组的方法。例如：对于消费者可以按年龄分组；房地产可以按用途分为办公、商业、住宅、其他等。简单分组只能单独反映总体某一方面的特征，相互之间并不交叉。为了利用客观现象之间存在的联系较深入地研究问题，在调查资料的整理中，往往需要采用复合分组。

② 复合分组是选择两个或两个以上的标志结合起来进行的层叠分组。例如，当研究户主受教育程度、收入水平与购房需求之间的关系时，就要采用复合分组。用复合标志分组有助于全面、深入地分析和比较总体的性质，能够更好地揭示现象的本质特征。但是随着分组标志的增加而成倍地增加，如果分组过细，组数过多，则各组包括的单位数就相应减少，这就难于表现出不同类型现象的特征，有时会得出不正确的结论。因此，不宜采用过多的标志进行复合分组。

（2）按标志的特征分组　根据分组标志的特征不同，可分为按品质标志分组和按数量标志分组。

品质标志是反映事物属性的标志。按品质标志分组，其目的在于揭示总体内部的性质和属性差异。按品质标志分组，有些比较简单，分组的内容、组的界限和组的数目都易于确定，如消费者根据性别进行分组。但有时在划分各组的界限时也会遇到困难，因此必须慎重研究。

按数量标志分组，其目的在于揭示总体内部的数量差异，是按照某一标志的不同数量，将总体单位划分为若干组。分组标志的数量可以是绝对值，如收入水平、年龄分布、租金承受能力等；也可以是相对值，如合租选择率、购房区域选择率等。选择数量标志来分组，重要的是通过数量差异反映出各组不同的性质。

2. 分组的方法

分组标志确定之后，就要根据标志的特征，确定分组界限，将总体中的所有数据分类，形成在各组间的分布，再将各组组别与次数依次编排形成数列。

（1）确定分组界限　对于按品质标志分组编制的数列来说，分组较易确定，而对于按数量标志分组编制的变量数列来说，就要确定分组的界限。确定分组界限，包括组数、组距、组限、组中值的确定和计算等内容。

① 组数的确定，应以明确显示总体分布趋势为原则。在数量标志的变动幅度不太大的情况下，可直接将每个标志值列为1组。当数量标志的变动幅度很大时，要根据研究的目的，把变量数列依次划分为几个区间，以减少分组的数量。

② 组距是组与组之间的距离，即各组中最大值与最小值之间的差。它分为等距数列和不等距数列两种。一般来讲，凡是标志值的变动比较均匀，现象性质差异与数量绝对数的关系较均衡时，就用等距分组。凡是现象性质差异与数量绝对值的关系不均衡，全组距范围较大时，用不等距分组。

③ 组限是组距的两个端点。每组的最小值为组的下限，每组的最大值为组的上限。划分组限时，需要注意的一个问题是各组频数的计量不能重复，每一总体单位只能记数1次。恰好重叠在组限上的变量值一般归入下限的1组，即遵循“上限不在内”原则。如果需要放入上限组，应加以说明。若一组内只有上限或下限，那么此组称为开口组。

④ 组中值。组中值是上限与下限之间的中点数值。它是各组标志值的代表值。计算公式为：

$$组中值=(上限+下限)/2$$

在开口组，只有上限，无下限的组中值的计算公式为：

$$组中值=上限-相邻组的组距/2$$

在开口组，只有下限，无上限的组中值的计算公式为：

$$组中值=下限+相邻组的组距/2$$

（2）分布数列的编制　编制分布数列是资料整理中常用的方法，具体编制步骤如下。

① 将原始资料按大小顺序排好。通过初步的观察，确定其最大值与最小值、全距及大致的集中趋向，并作为确定组距和组数的依据。

② 确定组距和组数。组数与组距的确定是相互制约的，按照经验，组数过多过少都不好。一般来说，组数和组距的确定应根据实际情况，充分反映总体的特点。在确定组距时，应注意的是必须把原始资料全部变量值都包括在所分组内，不能有任何遗漏。同时，组距尽可能取整数，不要小数。此外，等距分组便于后阶段的分析，所以尽量多使用等距分组，少用不等距分组。

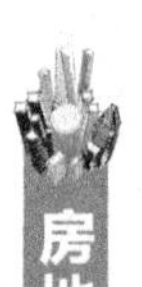

③ 确定组限。一般来说，最低组下限应小于最小值。

④ 编制分布数列，计算每组次数。

（二）列表分析

把调查资料按照一定的目的、用表格的形式展现出来，即是资料的列表。市场调查资料的列表方式主要分为单栏表和多栏表。在单栏表里只有一项调查资料。多栏表，是表示两种或两种以上调查项目的表格、又称交叉表。

设计表格应注意以下几个问题：

① 必须以科学、适用、简明、美观为原则。

② 表格一般采用开口式，表的左右两端不画纵线，表的上、下通常用粗线封口，表的各栏可用（1）、（2）、（3）……统一编号。

③ 表格内的内容不要过分庞杂，最好一个表集中说明一个问题，如果反映内容较多，可以分成几张表来表达。

④ 表格上方的总标题要简明扼要，恰当地反映表的内容。表中数字要注明计量单位。

1. 单栏表

最常见的单栏表是对频数分布的分析和对平均值的分析。

（1）频数分布的分析　频数分布的分析可以显示每一问题中备选答案被选择的数量。如表 7-1 表明，有 328 个（占 65.6%）家庭拥有自己的住房，有 172 个（34.4%）家庭没有自己的住房。

表 7-1　家庭有无住房频数分布

住　房	回答者数量	百分比/%
有	328	65.6
无	172	34.4
合计	500	100

在计算百分比时，涉及百分比的基础如何选取的问题。有三种选择基础的方法：①全部被调查者人数，即利用所有参加者作为计算百分比的基数。②需回答具体问题的人数。在大部分问卷中，不是所有的人都回答全部的问题。因此，有时在计算具体问题的频数时以需要回答问题的人数作为计算百分比的基数。③做出回答的人数。计算百分比的另外一个基数是以回答了具体问题的人数。

当某些问题具有多种答案时，答案的数量会超过回答问题的人数。此时，答案的数量和回答问题的人数都可以作为计算百分比的基础。但是，在市场调查中，一般的算法是以被调查者的人数为基数计算百分比，因为我们对给出特定答案的人的数量更感兴趣。

（2）平均值分析　对有些问题，尤其是涉及被调查者态度方面的问题的回答，常需要样本的平均值来描述（如表 7-2）。

表 7-2　对房价看法的平均值分布

态　度	平　均　值
房价太贵	6.0
房价尚可	3.7
样本量	500

2. 多栏表

多栏表示进行多问题和多因素的综合分析方法。许多市场调查在分析上都只进行到多栏表。这种方法的基本思想是，结合对其他问题的回答来核对某一问题的答案。通常多栏表中各列列出各种不同因素作为各行所列因素的预测指标。在表中，百分比通常以列总计为基数进行计算。采用这种方法可以简单比较各种关系。表7-3就是一个简单的多栏表，从中可以考察被调查者年龄与有无住房情况之间的关系。

表7-3　家庭有无住房与被调查者年龄多栏表

	总数		年龄					
			35岁以下		35～60岁		60岁以上	
	人数	频数/%	人数	频数/%	人数	频数/%	人数	频数/%
总数	500	100	125	100	280	100	95	100
有	328	65.6	36	28.8	230	82.1	73	76.8
无	172	34.4	89	71.2	50	17.9	22	23.2

前面关于单栏表百分比基数的选择及多种答案的百分比计算的方法适用于所有的多栏表。

交叉分组表为总结和分析调查结果提供了一种有效而易懂的方法。然而，它也很容易由于计算机输出的大量数据而造成混乱。分析人员设计多栏表时必须牢记调研目标和事先的基本假设，从所有可能的交叉分组表中选择适合于调研目标的表格形式。大量的电子制表软件（Excel）和几乎所有的统计软件包（SASS、SPSS、SYSTAT、STATISTICA）都能够生成交叉分组表。

三、资料的分析与解释

在市场营销研究过程的所有活动中，对调研人员的技能要求最高的是资料的分析与解释。一般来讲，事实本身是没有用处的，资料只有经过分析和解释才有用。资料的分析与解释是相互联系、相互依赖的。无论是资料的分析还是资料的解释，任何一个方面的工作开展得不好，都会影响到研究结果的有效性以及对资料的充分利用。

（一）资料的分析

分析是分别检查每组资料，以找出其内涵的关键信息，并以某种有意义的形式或次序把收集的资料重新展现出来。分析实际上是回答下面的问题："每组资料里有些什么信息？"

资料分析通常从对每个问题进行单独分析开始，常用的方法是频率分布分析和平均值分析。频率分布分析可以提供每个问题中各备选答案被选择的数量及其分布百分比，平均值分析可以很好的描述有关被调查者态度问题的回答。调研人员应视具体情形选择使用频率分布分析还是平均值分析。一般来讲频率分布分析能提供较多的信息，而平均值分析只能以一个数据表达总的综合情况，而反映不了某些回答的极端情况。

资料分析还会针对每个问题进行分解分析，因为在比较的情况下会使对结果的分析更有意义。进一步的分析一般使用多栏表针对不同的被调查者类型或其他不同因素进行分析。研究者选择关键因素以及根据这些因素组成多栏表的能力将决定多栏表的使用是否成功。使用多栏表的目的是发现可能存在于某些因素之间的联系。由此可见，资料分析的本质是要有效地利用各种统计方法进行定量概括与分析。

（二）资料的解释

解释是在对资料进行分析的基础上找出信息之间或与其他已知信息的联系，即把不同组的已经分析了的资料与已存在的资料放在一起，从而产生与研究目的有关的信息。解释的主要目的是从所收集的资料中获得结论。它把分析过的资料变成跟研究目的有关的有用信息，以使收集的资料能为研究目的服务。显然资料解释是市场调查过程中结论性的工作，资料解释的全面性、准确性程度关系到调查的成果如何。

1. 资料解释的方法

① 描述法。即对数字只进行简单描述。如对描述性调查结果的解释，就属于这种情况。

② 综合说明法。这是最常见的一种方法。它是指在使用较复杂的统计分析方法时，对统计分析结果进行综合说明，得出结论。

③ 归纳推理法。即首先产生一些个别的前提，然后把这些前提与其他前提结合在一起，以形成结论。进行归纳时，调查人员往往从观察到的资料出发，加以概括，从而解释所观察的现象之间的关系。这些个别的前提可以从观察、实验、调查中获得。市场调查研究中通过对大量个体（或样本）的研究得出一般性结论的方法使用的就是归纳法。

④ 演绎推理法。即以一般到个别，将理论应用于说明具体事例的方法。演绎推理过程是从前提逻辑的推理出结论，其正确性取决于前提的正确性。一般来说，调查人员从某一前提出发，将其运用于说明具体的现象。但是，在管理方面的应用中，演绎方法的大前提常是不很可靠的。因此，尽管演绎推理方法可用在市场营销中，但必须明白其使用的前提常常不能作为经营决策时的唯一参考依据。

2. 资料解释的原则

调查人员在进行数据解释时应遵循以下一些原则。

① 在解释数据之前，应考查数据的可靠性。调查人员对数据的解释当然是依据数字事实，做出推理。为保证推理的合理性，在做出解释之前先复查数据的分析过程，再考察数据的可靠性。

② 数据解释要真实并有分寸，不要夸张或歪曲研究成果。

③ 解释要目的明确，方法简练。调研人员应从简单而又基本的方面着手，使所有的概念和分析不出现混乱。

④ 注意小样本的局限性。从一个样本中获取的结果不能简单地看作总体的普遍性结论。

⑤ 对一些不常见的重要的回答要给予适当的重视，不要失去重要的回答。因为这些回答所反映的情况可能是很好的启发因素。

⑥ 应把“解释”看作一种综合的理论分析。

资料的解释是对调查结果的综合性分析，调研人员不仅要解释调查现象和调查结果本身，还要将其放到宏观环境中，考察分析其他因素的影响，尽量得到一个综合全面的结论。

（三）资料分析和解释的关系

资料分析和解释是既密切相连又有重要区别的两个概念和工作。分析是把每组数据以某种形式重新组合起来以便从中发现有用的信息，解释是在分析的基础上把已经分析过的资料与其他的一些现存资料放在一起，通过比较得到与研究目的有关的信息。资料分析强调的是定量的统计分析方法的应用，而资料的解释强调的是定性研究或推论，两者是定量与定性的关系。

资料分析是为了对资料进行必要的解释。资料的解释实际上是对统计分析结论的判断和描述，解释统计指标的意义，寻求各种现象的内在联系及其规律。没有适当的解释，分析就没有意义；反过来，资料解释是建立在统计分析基础上的，缺少统计分析方法，只运用定性分析，项目调查的成果论证不可能很清楚，也没有说服力。因此，对数据的分析与解释是相互联系、相互依赖的，其中任何一个进行得不好都会影响到研究结果的有效性和它的充分利用。

本章小结

本章主要阐述了房地产市场调查资料的收集、整理与分析方法。

房地产市场调查资料的收集主要包括原始资料的收集和二手资料的收集。

原始资料是指市场调研人员根据需要通过在市场实地调查获取的第一手资料，具有直观、具体、零碎等特点。其来源包括实地调查、企业内部资料和消费者。原始资料的收集是市场调研中一项复杂、辛苦的工作，但又影响到调查结果。取得原始资料主要采用访问调查法、观察方法、定性研究技术以及实验法等。

二手资料是其他机构或个人提供的现成的资料，如政府部门的统计年鉴、科研机构或咨询机构提供的科研报告和调研报告，企业内部的资料等。房地产市场调研的二手资料来源于企业内部和企业外部。内部二手资料的来源主要包括经营资料、统计资料、财务资料、客户资料、人事资料、竞争对手资料和企业积累的其他资料，外部二手资料的主要来源有各类出版物、数据库、信息服务业资料和互联网。

资料整理是根据研究的目的、运用科学的方法，对调查资料进行编辑、编码的过程。资料的整理对于整个房地产市场调研的工作来说是非常重要的。它能够保证资料的准确性和完整性，也是进一步分析研究资料的基础。资料的分析是资料整理结束后的数据分析过程，它为撰写调研报告提供必要的基础。

思考题

1. 原始资料的收集方法有哪些？
2. 试简述二手资料的收集时的注意事项。
3. 市场调研资料整理的步骤有哪些？
4. 试简述资料解释的方法。
5. 熟练掌握描述性分析。

项目实训

1. 针对本校周边的房地产发展策略进行资料收集、整理与分析。
2. 运用互联网对当季度全国房地产宏观政策尽行资料收集、整理与分析。

第八章 房地产市场调查报告的撰写

名师导学

通过实地调查收集的原始资料，大多是分散的、零星的，不能直接说明问题，因此必须经过加工整理，使之变成系统的、完整的和可靠的资料，然后再对资料进行分析整理，得出正确的结论，写出调查报告。

知识目标

- 房地产调研报告的基本结构
- 房地产调研报告的写作要求

能力目标

- 撰写房地产调研报告
- 房地产调研成果口头汇报

案例导入

大丰港是江苏省委、省政府重点建设的江苏沿海三大深水海港之一。大丰港处于江苏省1040公里海岸线港口空白带的中心位置，交通运输十分便捷，集疏运条件具备。大丰港与沿海高速、宁靖盐高速、徐淮盐高速、京沪高速、新长铁路、通输运河相连。

在大丰港新一轮城市建设高潮的带动下，全港房地产业继续稳步、健康、持续发展，房地产立项数量、商品房施工面积、商品房竣工面积、实际投入资金、实际销售面积等较上年都有较大幅度增长，整个房地产呈现出欣欣向荣的态势。

港城启动区先期已建成海关、商检、海事、国土办公楼等开关通航必备的行政建筑设施，配套建成了海关桥、港华桥、浔阳路、洋辉中路、港华路等市政道路和桥梁。启动区的中远期，在港口、工业区进一步发展的基础上，将以大型房产项目的开发带动启动区商业金融、生产服务的进一步发展。

市场结论：

① 大丰市房地产市场前程看好，但其竞争也是日趋激烈，品牌竞争无论从开发经营，到施工设计，还是物业管理、销售服务越来越注重品牌的效应。

② 市场正从过去的外销主导向内销转变，由于港人（含其他外销需求部）与大陆内销置业者的消费习惯不同，新开发楼盘的规划更注重对内销市场的偏好。

案例引导

上述案例是一个地区的调研报告，全文中没有具体的逻辑，没有相应的应对方案，更

没有数据支撑，就得出了市场结论，这种调研报告的写法是错误的，并且该报告的格式也是错误的。本章给出了调研报告的具体规范，相信通过学习，同学们一定能写出优秀的调研报告。

第一节　房地产市场调查报告的写作要求

房地产市场调查报告，是房地产市场调研人员以书面形式，向使用者提供的调查结论和建议。它是一种陈述性和说明性相结合的文体，在语言运用、篇章结构等各方面有它独特的写作要求。调查报告时调查人员对某种事物或问题进行深入细致的调查后，经过认真分析研究而写成的一种书面报告，是市场调查工作的最终成果的集中体现。调查报告在市场调查中承担着重要的责任，它使得调查成果被组织整理成一种有逻辑顺序的形式，它为企业各部门的决策者提供数据支持和理论依据，它为企业恰当的市场活动提供导向作用，它对管理者的控制和改进过程提供依据。

一、调查报告的基本要求

（1）实事求是　调查报告作为调查的成果总结的表达形式，最基本的要求就是尊重事实。主要是要求尽可能地深入调查力求弄清事实，找出原因，反映事物的本来面目。尽可能地将数字做实，排除虚假资料。由于实事求是的要求，在调查报告中在不虚报数字的同时更应该完整地呈现所得结果，不瞒报数字。

（2）易于理解　调查报告作为决策依据，将广泛地被阅读，这就要求调查报告遵循一定的逻辑顺序、结构清晰、主题明确、内容清晰。

（3）简洁　作为调查报告的阅读者，往往不愿意花大把时间去看他不关心的事务，这就要求调查报告的篇幅尽量不要过长，还要把要点放在最前面，使得他们可以自行决定阅读的部分。

（4）有针对性　每一次独立的市场调查都有其针对性，调查报告作为其体现形式，针对性更是不可或缺的。针对性指的是在撰写调查报告时目的明确，目标性强，把握重点，围绕主题展开论述。

（5）中立性　调查报告中尽量避免带入调查者的主管情绪，将事实完整地呈现出来，由决策者再去提炼分析。在报告中作者应该阐明调查的局限性以及不完美的地方，以保证报告的中立。调查报告是一种特殊说明文。表达方式是在写作中运用语言反映客观事物的方法。调查报告的表达方式以说明为主。“说明”在调查报告中的主要作用是将研究对象及其存在的问题产生的原因、程度以及解决问题的办法解释清楚，使读者了解、认识和信服。在报告中不论是陈述情况、介绍背景、还是总结经验、罗列问题、分析原因以及反映事物细节、特征和状况等，都要加以说明。即使提出建议和措施也要对其进行说明。

二、调查报告的语言运用

调查报告不是文学作品，它具有较强的应用性。因此它的语言力求简明、严谨、朴实易懂、生动活泼，实现吸引人、使人容易看懂并说服人的目的。

1. 简明

在叙述事实情况时，必须使用简述的手法，把事实浓缩，力争以较少的文字清楚地表

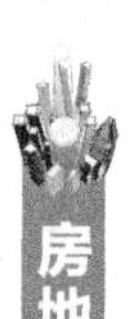

达较多的内容。要使语言简明，重要的是训练作者的思维。只有思维清晰、深刻，才能抓住事物的本质和关键，用最简练的语言概括和表述。

2. 严谨

在调研报告中既不能使用如“可能”、“大概”、“也许”等含糊词语，还要注意在选择使用表示强度的形容词或副词时，要把握词语的程度差异。例如，“显著变化”和“很大变化”；“有所反应”和“有反应”；“较大反响”和“反映强烈”之间的差别。因此，语言严谨主要体现在选词造句精确，分寸感强，要求对事物进行准确、周密的描述和恰当的评价。为确保用词精确，书写时要少用形容词，最好用数字来反映；用较强的概念时，要注意其本身的内涵和外延；同时还要区分相近、易于混淆的概念，例如，“发展速度”和“增长速度”、“效率”和“效益”、“截至”和“截止”、“启用”和“起用”。

3. 朴实

调查报告的语言应力求朴实易懂，平易近人。切忌使用不当的华丽词语，借用专业术语来显示学问，并非所有的决策者都了解相关专业的知识，这就造成了阅读和理解上的障碍，朴实易懂才能发挥其应有的作用。但朴实易懂并非平淡无味，作者要加强各方面的修养和语言文字表达的训练，提高驾驭语言文字的能力，最终才能写出语言生动活泼、朴实易懂的调查报告。

第二节　房地产市场调查报告的基本结构

市场调查报告作为一种特殊的应用文，一般由呈送函件、标题、目录、摘要、正文和附录等几部分组成。

一、呈送函件

呈送函件要指出该报告直接成交给谁，在何种情况或授权下进行该项调查的。通常采用如下格式。

致：×××房地产开发公司总经理××先生

事项：关于×市小高层居民住宅小区需求量的调查报告

××经理：

兹呈上我的关于×市小高层居民住宅小区需求量的调查报告。这份报告是于××年×月经您授权进行的。

……

分析员：×××

20××年××月××日

二、报告题目

报告的题目由报告的主要内容来决定，报告题目应简明准确地表达报告的主要内容，起画龙点睛的作用。一般是通过扼要地突出本次市场调查全过程中最具特色的环节的方式，揭示本报告所要论述的内容。标题要做到文题相符、高度概括以及吸引力强等特点。其格式可以只有正标题，例如《关于××市居民别墅消费状况与趋势的调查报告》，也可以采用正副标题形式，例如《别墅不再是富人的象征——××市居民别墅消费状况与趋势的调查报告》。作为一种习惯做法，调查报告题目的下方，紧接着注明报告成交的对象，然后另起一行，注明报告人或单位、报告日期。这些内容编排在调查报告的首页上。如下所示。

> 关于××市居民别墅消费状况与趋势的调查报告
> 呈：××公司
>
> ××市场研究公司
> ××××.××

三、报告目录

当市场调查报告的页数较多时，应使用目录或索引形式列出主要纲目及页码，编排在报告题目的后面。

四、摘要

报告应提供“报告摘要”，这是对调查报告基本内容的概括，对所有主要调查成果及结论的综述，长度一般不超过 2 页为好。主要包括四方面内容。

① 明确指出本次调查的目标，既说明此次调查的原因。

② 简要指出调查的时间、地点、对象、范围以及调查的主要项目。

③ 简要介绍调查实施的方法、手段以及对调查结果的影响。这有助于人们分辨该报告的可靠性和可依赖程度。

④ 说明调查执行结果，提炼调查中的主要发现或结论性内容。

五、报告的正文

正文是调查报告的主要部分，正文应依据调查内容充分展开，它是一份完整的市场调查报告。一般来说，报告正文应包括五个主要部分：导言、研究方法、调查成果、限制条件、结论和建议。

1. 导言

这一部分通常包括进行这项调查的原因、背景、工作范围、要达到的目的以及所做的假设。这一部分的目的主要是引导阅读者了解实情的概况，引导他们进入下面的分析。

2. 研究方法

介绍研究方法是使阅读者分析辨别调查结果的可靠性，通常对所用的研究方法进行简短的陈述，并说明选择此方法的原因。这部分通常包括整体方案和技术方案的执行结果评价，特别是对关于调查对象选择、问题的设计与依据、收集资料方式及调查时间等调查方法给予评价。

3. 调查成果

此部分为调查报告的核心部分。主要陈述通过调查了解到的事实，分析说明被调查对象的发生、发展和变化的过程。通常分为基本情况和分析两大部分。基本情况部分要真实地反映客观事实，对调查做客观地介绍说明；分析部分，通过分析，了解真相，说明问题甚至找出解决途径。调查成果的写作要求言之有据，简练准确。每层意思可以用另起一段的方式处理，而不需刻意注意文字的华丽与承接关系，但逻辑性要强，要把整个报告作为一个整体来处理。

4. 限制条件

阐明限制条件是为了达到调查报告中立性的要求。调查受时间、区域的影响会有一定的误差和局限性，被调查对象的影响也是制约调查的主要因素。

5. 结论和建议

概括全文，综合说明全文的主要观点，深化主题，在对调查资料进行深入细致的科学分析的基础上得出结论，提出建议或解决方案或根据资料对发展趋势进行估计等。

六、附录文件

调查报告的附件是指调查报告正文包含不了或没有提及，但与正文有关的材料，是对正文的补充说明。市场调查报告的附件往往是大量的，它可能要包括一系列附件，以专门地说明某一个技术性问题，或与正文结论不尽相同的可供选择的解释等。因而，附件是指调查报告正文包含不了的内容或对正文结论的说明，是正文报告的补充或更为详细的专题性说明。例如，数据的汇总表、统计公式或参数选择的依据，与本调查题目相关的整体环境资料或有直接对比意义的完整数据等，均可单独成为报告的附件。

第三节　房地产市场调查成果口头报告

一、准备介绍时使用的材料

（一）汇报提要

为每位听众提供一份关于汇报流程和主要结论的汇报提要，提要应留出足够的空白，以利于听众做临时记录或评述。

（二）视觉辅助

大多数调研者使用个人电脑、演示软件和几乎能够在任意大小的屏幕上展示报告的投影仪，因此摘要、结论和建议也应制作成可视材料。

（三）执行总结

每名听众都应有一份执行总结的复印件，使管理者在听取介绍前就能思考所要提出的问题。

（四）最终报告的复印件

报告是调查结果的一种实物凭证。调查者在介绍中省略了报告中的许多细节，所以应为委托者及感兴趣者准备报告复印件。

二、介绍的技巧

① 注意对介绍现场的选择、布置。
② 语言要生动，注意语调、语速等。
③ 注意表情和形体语言的使用。

三、介绍内容的注意事项

① 这些数据的真正含义是什么？
② 他们有什么冲击性？
③ 我们能从这些数据中获得什么信息？
④ 在现有的信息下，我们应该做什么？
⑤ 如何才能提高对事物本质的认识？
⑥ 什么使类似的信息更加有益？

本章小结

本章主要介绍了房地产市场调研报告的撰写要求、规范、方法及注意事项。同时，着重介绍了房地产市场调查报告的基本结构：一般由呈送函件、标题、目录、摘要、正文和附录等几部分组成。最后介绍了如何进行房地产市场调查成果的口头汇报，以及在口头汇报过程中应注意的问题和汇报的技巧。

思考题

1. 房地产市场调查报告撰写的基本要求。
2. 房地产市场调查报告的标准格式。
3. 口头报告应该注意哪些技巧和内容。

项目实训

致：济南市房地产开发总公司总经理崔莯霖先生
事项：济南市当代大学生未来5年内住房需求趋势调查报告
崔经理：
兹呈上我的关于《济南市当代大学生未来5年内住房需求趋势调查报告》。这份报告是于2014年12月11日经您授权进行的。
参加调查的人员有：徐宁、谢智丞、张久颉
……

项目负责人：徐宁
2007年12月30日

济南市当代大学生未来5年内住房需求趋势调查报告
呈：济南市房地产开发总公司

100.1房地产研究中心
2014年12月

目 录（略）

摘　要

为了更好地研究未来20年内××市住房的主要消费群体（当代大学生）的需求趋势，研发适合其消费的住房产品，100.1房地产研究中心于2014年12月12日至30日，以本市大学城专科（高职）及以上学历学生为调查对象，采用实地问卷调查和网络问卷调查的方法，共发出问卷1000份（含网络问卷），收回979份，有效问卷970份。选取这个样本数量，是为了保证每一个层面都能有相同数量的学生。

我们的调查中有几点局限和不足。

我们运用计算机技术（SPSS）将调查结果制成表格。

我们将在报告的总结部分讨论这项研究的结果和某些支持性建议。

一、导言

1. 调查原因

济南市房地产开发总公司正在制定和调整未来5年内的企业发展规划，受其委托，为了更好地为济南市房地产开发总公司发展规划的制定提供决策参考依据，必须进行细分市场（当代大学生）的调查和分析。

2. 背景

为了全面地了解细分市场（当代大学生）的需求趋势，我们决定采用实地调查和网络调查相结合的方法。

……

3. 目标

这项调查的首要目标是确定××市细分市场（当代大学生）未来5年内的住房需求趋势。

二、研究方法

1. 对象界定

我们从济南市大学城在校的全日制学生中选取样本，其中不包括专科以下学历及博士研究生。

2. 样本框架

在研究中，我们从秋季在校的大学城内各大学的全日制学生中选取样本。

3. 抽样方法

样本包括对1000名学生的问卷调查。我们依据学历、年级和性别对样本进行层次划分。样本中大约有500名男生和500名女生。这两组又进一步被分为大致相同人数的专科学生、本科学生和研究生学生。又进一步将以上三组按照年级分为大致相同人数的各年级学生。我们以简单随机样本为基础组织问卷调查。

4. 样本规模

由于时间和费用等限制，我们把样本的规模选定为1000名。

……

5. 收集程序

我们采用每人一份问卷的形式，因此被调查者的回答可以直接记录在问卷上（网络问

卷为按钮选择题，操作方便)。在调研过程中，我们还使用了各种形式的卡片等视觉辅助工具来帮助被调查者回答问题。

三、调查成果

1. 基本情况

共发出问卷1000份（含网络问卷），收回979份，有效问卷970份。

所调研的学生的平均年龄为21岁。其中男生占50%女生占50%，无效卷9份，有效率为99%。

专科层次学生年级分布：大一占人数的33%；大二占人数的33%；大三占人数的34%；

……

有870人（96%）选择在省内工作，480人（55%）选择在本市工作。

……

2. 分析总结

从以上数据得出，在未来5年内本省会有超过400万名毕业生，本市消化省内毕业生人数将超过220万，他们是本市未来住房需求的主要消费群体。

超过92%的毕业生选择在就业地购房。

有22%的被调查者选择购买二手房，有78%的人选择购买新房。

有接近50%的人选择普通住宅，有30%的人选择高档住宅，有20%的人选择别墅。

……

有63%的人选择分期付款，其中男生占65%；有35%的人选择一次性购房，男生占60%；有2%的人选择抵押贷款。

在购房参考因素上被调查者主要考虑交通、医疗、教育、娱乐、基础设施、公园等，因此，房地产开发商在这些方面上应着重考虑。

四、限制条件

缺少资金支持限制着我们的研究。如果能取得更多的资金支持，以扩大样本范围，研究结果也就更具代表性。

……

本项调查和许多调查一样，无法避免调研员的偏差。由于开放性问题涉及探测型技术，因此可能强化调研员的偏差。

五、结论和建议

总之，在未来5内年济南市的房地产住房需求将迎来一个购房高峰期，其主要消费群体为当代大学生（平均年龄21岁）。

……

我们建议济南市房地产开发总公司可以将满足当大大学生的未来住房的需求作为公司长期的发展规划，但同时要结合实际情况分析……

100.1房地产研究中心

2014年12月

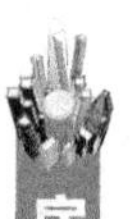

附：购房用途统计表

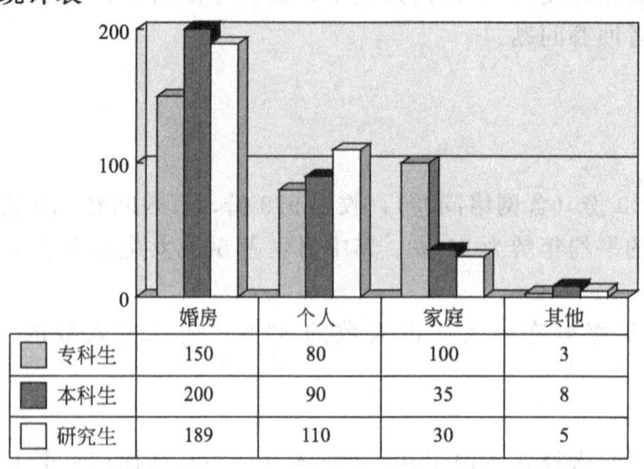

	婚房	个人	家庭	其他
专科生	150	80	100	3
本科生	200	90	35	8
研究生	189	110	30	5

第九章 房地产市场预测基本理论

名师导学

同其他市场一样，房地产市场也是一个竞争激烈的市场，每一个房地产企业在市场上都面临着众多的竞争对手。对企业来说，要想在竞争中取胜，不仅要掌握市场需求的变化，还要掌握市场供给的变化，掌握竞争对手的经营动态。只有通过科学的市场预测，才能使企业更加清楚自己在市场竞争中的地位。

知识目标

- 掌握市场预测的理论和方法
- 掌握房地产市场预测的内容与分类

能力目标

- 房地产市场预测原理与程序的应用
- 掌握不同误差的预测方法

案例导入

2015 年，对中国商业地产发展影响最大的有三个因素：①商业项目供应出现高峰。2008 年，随着宏观经济刺激政策的实施，商业地产也开始了一轮建设热潮。2009 年至 2013 年，中国商业营业用房竣工面积平均增速为 14.2%，并在 2015 年达到第一个供应高峰，投入运营的购物中心将达到约 4500 个。②零售市场在电商冲击下出现明显拐点，百货等传统零售门店闭店数量达到历史新高。③住宅地产从高速增长的黄金时代进入利润率下降、增速下降的白银时代。面临这样大的变局，商业地产也将在 2015 年进入一个“新常态”。

一、市场出现明显分化，并在可预见的未来一直保持下去

一线城市依旧是黄金市场：消费能力强、市场容量大，人均商业面积相对合理。虽然项目的绝对数量不少，但商家和商业项目的经营情况还是明显好于其他城市。

二线城市供大于求，经营面临较大困境：相比一线城市，消费能力有明显差距；商业项目增速大大高于消费力的增速（新开业购物中心的 90% 来自二线城市）；人均商业面积超过行业警戒线（重庆、杭州、长沙、成都等 16 个城市超过 1.5 平方米，沈阳、呼和浩特等甚至超过 4 平方米）。我们判断，今后相当长的时期内，二线城市都会面临空置率上升、坪效下降的困难局面。比如，沈阳优质零售物业的空置率就已经超过 15%，成都写字楼空置率已高达 36%。在这些城市从事商业运营的同行们会面临长期艰苦的局面。

三四线城市会有机会：这些地方正处于商业升级换代的一个关口，传统的商业项目陆续让位于购物中心等现代化商业形态。如果有切合三四线城市的模式和产品模型的出现，商业地产在三四线城市仍然是大有可为。嘉凯城在浙江所做的“名镇天下”产品系列，我

认为是比较好的探索。

二、商业地产与资本开始真正结合

到目前为止，真正靠追求长期回报的资本来支撑商业地产发展的企业还非常少。但是随着住宅行业的利润率越来越低，会有更多资本选择商业地产。

2014 年，万科相继和凯雷资本、东方资产、领汇合作，万达与光大、嘉实基金、快钱等金融机构合作，东方资产收购上海证大，都是传统的商业地产企业与资本进行结合的尝试。虽然国内适合商业地产发展特点的金融工具仍然匮乏，相信会有更多的商业地产企业寻求与资本的结合，回归商业地产行业金融的本质，也会有更多的资本认真寻找投资商业地产的模式和方法。这个趋势会延续并加强。短则两三年，长则三五年，商业地产与金融资本在中国应该会出现真正意义上的结合。

三、O2O 等互联网技术和思维会得到广泛应用

互联网思维和技术，已经成为中国经济新常态的关键因素，也正在成为中国商业地产开发和运营中的一个必不可少的要素。但是到底是自己去做 O2O，还是用什么方式来采用这些技术，各个企业都在进行探索。现在看来，最有可能会成功的领域会有：购物中心的现场管理；社区商业和物业管理；网购的线下体验；品牌推广。

四、业态和品牌组合会出现较大变化

发达国家中社会零售总额 60% 以上是产生于服务类业态，真正的零售类业态只占 30% 左右。随着中国经济的发展，经济结构发生变化，消费结构也会随之发生变化，零售比例下降、服务业态大大提高将是一个必然和长期的趋势，不可逆转。同时，由于零售网购已占社会零售总额的 10% 左右，而且每年还在以两位数的比例增长，中低端零售品牌、标准化程度高的商品（电器等）、传统百货商店甚至是大型超市都受到严重冲击，有的甚至会逐渐退出终端渠道。所以，购物中心的业态和品牌组合，包括主力店的类型，都正在出现较大变化，谁能发现并运用好新业态、新品牌，谁就在竞争中占得先机。

五、行业格局基本确定，新模式才能有机会

第一，商业地产开发和运营的第一梯队已经形成，短期内不会有新的企业加入。

第二，今后能在商业地产行业有所作为的其他企业必须具备两个要素：有实力，模式新。比如说万科的小股操盘、轻资产的模式，嘉凯城的小城镇城市客厅模式等。

第三，资产管理的作用和重要性会逐渐被行业认可和接受，具有商业运营能力和资本通道的不动产资产管理公司会在 2015 年里涌现。

（资料来源《搜铺网》）

案例引导

通过案例不难发现，房地产市场不是独立存在的，其预测内容广泛，小到需求，大到发展趋势，都深深地影响着房地产业的发展和企业的竞争。不妨请大家讨论下，影响当下我国或本地区房地产发展的因素还有哪些，这些因素对房地产的发展将起到怎样的影响。

第一节 房地产市场预测的含义与作用

一、房地产市场预测的含义

房地产市场需求预测的准确性在很大程度上取决于对经营活动深入研究的程度和所选

择的预测方法是否合适。选择预测方法，要从预测对象的特点出发，根据预测的目的和要求、收集资料的状况、预测费用与效益的比较等因素，进行综合考虑。预测方法种类繁多，常用的有数十种之多，而每种方法都有其自己的特点、用途和适用范围。因此，在具体应用过程中，关键在于选择得当，确定适用的、有效的方法。有时也可以同时采用几种方法进行预测，以便相互检验和补充。

预测是指人们运用科学知识和手段，对客观世界中未来不确定事件的发展变化趋向和结果，事先所作的分析和估计。

预测以科学的面貌出现在经营活动领域，是在20世纪20年代以后出现的。它是适应社会化大生产的需要而形成和发展起来的。到20世纪60年代已广泛地应用于经营活动过程中。

所谓房地产市场预测是指运用科学的方法，在房地产市场调查的前提下，根据调查所取得的资料，对房地产市场进行科学的分析和判断，预测房地产市场未来的发展趋势，以指导房地产企业开发适销对路的房屋，减少生产的盲目性。

科学的市场预测，是运用科学的知识和手段，分析研究历史资料和调查资料，对市场销售趋势或可能的结果进行事先推测和估量的活动。

二、房地产市场预测的作用

（一）有利于企业制订科学、合理的房地产开发经营计划

通过房地产市场预测，可以了解房地产市场发展变化的趋势，以及对房地产企业开发经营活动所带来的影响，使企业能按照市场的要求制订开发计划，既满足了市场的需求，又可以使企业经营获得成功。否则，一旦企业开发了市场供给基本饱和的房屋，可能会给其经济带来严重后果。

（二）有利于平衡和满足社会对房地产的需要

收入水平的提高、人口的增长、消费习惯的改变，人们的生活需要也随之改变，为了使人们对房地产的需要得到充分的满足，就必须进行科学的推算和估计，只有这样，才能与消费者在房屋数量、质量、设计、户型等方面的需要相适应。

（三）有利于企业提高管理水平，为企业未来的进一步发展奠定坚实的基础

企业明天的发展动力来自于今天的努力。只有根据对房地产市场的正确预测，不断做好每一天的每一项工作，才能使企业不断积累实力，扩大生产规模，提高管理水平和经济效益，增强竞争力，从而使企业在市场竞争中立于不败之地。

第二节 房地产市场预测的内容与分类

一、房地产市场预测的内容

房地产市场预测的内容非常广泛，不同的房地产企业或不同的预测目的，决定了房地产市场预测有不同的侧重点。我们这里所说的预测内容，是指在通常情况下，进行房地产

市场预测所应当包括的主要内容。从预测对象来看，房地产市场预测既包括对房地产市场供求关系及发展趋势的预测，也包括与房地产市场息息相关的各种经济、社会、自然环境等一切因素及其发展变化对房地产市场供求关系的影响与影响程度的预测。

（一）国民经济发展趋势预测

国民经济发展趋势预测通常是房地产市场预测的首要内容。因为房地产业是国民经济的重要组成部分，一方面它受到国民经济发展水平的制约；另一方面，又由于其基础性、先导性产业的地位及其特点，房地产业的发展又必然对经济增长发挥巨大的促进作用。这一预测主要包括国家总的经济状况的变化、国民收入状况、货币投放状况、物价变化、股市走势、市场消费结构及其发展趋向等。

（二）国家宏观经济政策预测

房地产业是构成国民经济基础的诸多产业之一，其发展方向、速度、规模必须与国民经济的其他产业相协调，因而受国家宏观经济政策制约、调控。而且房地产业具有产品生产周期长、经营风险大等特点，一旦投资失误，其损失是不可估量的。因此，要求房地产企业清楚地了解国家宏观经济政策，具有预见性，尽量将资金投入国家政策扶持的方向。这一预测包括国家关于房地产产业政策调整对房地产市场的影响，当地政府政策导向对房地产市场的影响，国家和当地政府对房地产市场商品总的供求政策对房地产企业生产带来的影响。

（三）房地产市场需求量预测

市场需求是指特定的时间、特定的地域和特定的顾客群体，对某一商品现实和潜在的需要量。对于房地产业来讲，市场需求量分潜在需求量和有效需求量，这都是房地产企业进行预测的内容，但重点应该预测有效需求量，即市场容量。

市场需求受很多因素影响，有市场主体外部的因素，如政治、法律、文化、技术、消费心理和消费习惯等；也有市场主体内部的因素，如目标市场的选择、销售价格的制定与变动、促销手段的选择与实施、营销方法的确定等。市场需求预测正是全面考察这些因素后对市场需要量进行的估计和推测。对于房地产市场预测来讲，房地产产品的范围很广泛，且同一类产品在实际需求上也存在很大的差异。如住宅、写字楼、别墅、商业用房等，在进行预测时，要首先确定房地产产品的范围。进行需求量的预测，一方面要了解某产品的社会拥有量；另一方面又要了解某一产品的社会饱和点，两者之差即为市场需求量。对市场需求量进行预测，必须研究影响市场潜量的各种因素，即研究市场营销环境。不仅要研究企业的不可控因素，如社会购买力与购买指数、购买心理、竞争等，还要研究企业的可控因素，如产品、定价、分销和促销策略变化对市场需求量的影响。通过预测社会和客户的需求量，竞争对手的开发量和营销量，来确定本企业的开发量及营销策略。

（四）营销前景预测

在房地产市场竞争日益白热化的今天，迫使我们必须对营销前景进行预测，它是对今后一段时期内最可能的房地产产品销售水平的预测，主要包括今后一段时期内房地产产品销售、开发品种、规格、地域、价格等的变化情况。当企业的市场潜量和销售潜量确定后，就可以进行这种销售前景的预测。销售潜量是指某一产品在市场上的可能销售量，但它并不等于实际销售量。对这一点，预测时应予以考虑。

（五）价格走势预测

价格是市场营销活动最重要的因素之一，每个企业都需要了解竞争产品的价格，而且还必须注意到不同价格水平会导致不同的需求量。价格的变化会影响企业经营利润的变化，也会影响市场需求的变化，还影响国家、企业与消费者之间经济利益分配关系的变化。因此需要对竞争产品的成本和价格进行预测。企业的产品价格确定后，应当及时地调查价格是否偏高或偏低，是否对消费者与经营者都有利，与竞争对手相比，是否具有优势或主动性等。了解、把握房地产价格走势的变化，是企业成功制定价格策略的关键。

（六）房地产企业盈亏预测

所谓盈亏预测即指量、本、利分析预测，或盈亏临界分析预测。简单地说就是对房地产开发企业的开发量、开发成本、利润之间的关系做出评价及预测。盈亏预测主要是预测盈亏平衡点，进而推测出实现目标利润所要达到的营销额。

（七）技术发展预测

技术发展预测主要包括对新技术、新发明、新材料、新设备、新工艺以及新产品所具有的性能、特点、应用范围、应用速度、应用领域、经济效益，以及它们对房地产产品生命周期的影响进行预测。

技术的发展对房地产产品的发展具有决定性的影响，建筑和装修的新技术、新材料和新工艺及其在房地产产品生产上的应用，都会影响消费者对房地产产品的需求，从而对房地产市场产生重大的影响。

二、房地产市场预测的分类

房地产市场预测的种类可以按不同的标准来划分。

（一）按预测的性质分类

可分为探索性预测和规范性预测。探索性预测是指前人未做过或本企业以前未做过的预测行为。对房地产而言，即指针对创新产品而言，市场上无历史数据参考分析。规范性预测是指同行业内经常做的预测行为。

（二）按预测的范围分类

可分为宏观市场预测和微观市场预测。宏观市场预测是对整个国民经济的房地产市场进行的预测。微观市场预测是对房地产市场中的某个区域市场、某类房屋或某种影响因素的发展变化情况进行的预测。

（三）按预测的时间分类

可分为短期预测、近期预测、中期预测和长期预测。

① 短期预测是指房地产企业安排年度内市场营销计划的预测。市场预测中大量采用的是短期预测。短期预测目标明确，不确定因素少，资料齐全，预见性较强，预测结果准确，主要为企业的日常经营决策服务。

② 近期预测是指预测期为 1～2 年的预测。

③ 中期预测是指预测期为 2～5 年的预测，常用于对市场潜力、价格变化、商品供求

变动趋势、国家政策措施等的预测，为企业的中期经营决策服务。

④ 长期预测，又称远景预测，是指预测期大于 5 年的预测。由于不确定因素多，且时间越长，不可控的因素越多，预测中难以全面把握和预测各种可能的变化因素，所以预测的精确度相对于短期、近期和中期预测要低，它为人们描述市场发展的远景，是房地产企业制定长远规划的基本依据。

一般来说，预测期越短，预测值越准确；预测期越长，预测值的误差越大。

(四) 按预测所采用的方法分类

可分为定量预测和定性预测。

① 定量预测是根据历史的数据，通过建模和解模，对预测对象未来发展变化趋势进行量的分析和描述的方法。它是一种知识形态的预测，也是物化信息密集型的预测，通常在原始数据比较充裕或数据来源多且稳定的情况下加以采用。对房地产而言，定量预测是对房地产市场量的方面的预测。例如，当房地产市场供求不等时，对其供求之间的差额的预估等。

② 定性预测是指通过对预测对象内在发展规律进行质的分析，判断其未来发展变化趋势的一种预测方法。定性预测通常凭借个人的知识、经验，或集体的智慧和直观的材料，对事物的性质和规律进行预测，而不是依靠复杂的数学工具进行预测。对房地产而言，定性预测是对房地产市场质的方面的预测。例如，判断房地产市场供求是否平衡，是供大于求还是供小于求等。

第三节　房地产市场预测的基本原理

市场预测之所以成为可能，是有一定的理论依据的，是基于马克思主义哲学的一个基本观点：世界是由物质组成的，物质是在不断运动的，人们通过不断的观察和实践，物质世界是可以被认识的。虽然，市场的各种因素复杂多变，有的时候偶然因素也会促使市场发生变化，但是人们经过长期的认识过程，积累了丰富的知识和经验，可以逐步了解市场变化规律，之后凭借各种先进的科学手段，根据市场发展历史和现状，推演市场发展的趋势，做出相应的估计和推测。具体而言，市场预测需要以下基本原理作指导。

一、类推原理

这一原理认为事物的发展存在着相似性或类同性，许多事物相互之间在性质、结构、模式、发展趋势等方面客观存在着相似之处。根据这种相似性，人们可以根据在已知某一事物的发展变化情况的基础上，通过类推的方法推演出相似事务未来可能的发展趋势。也就是说当人们掌握了某一类经济事件的发展变化规律后，如果又观察到有某种类似的征兆，就可以根据以往经验推测出其发展变化趋势。例如，彩色电视机的发展和黑白电视机的发展就有某些类似之处，可以利用黑白电视机的发展规律来类推彩色电视机的发展规律。类推原理在领先指标法中得到了很好的运用。

二、惯性原理

这一原理认为事物的各个发展阶段具有连续性，现在的情况是由过去演变而来的，今后的情况又是现在顺序发展的结果，因此，可以根据过去和现在的情况推测未来。

市场的发展也有一个过程，在时间上也表现为一定的连续性。尽管市场瞬息万变，但这种发展变化在长期的过程中，也存在一些规律性可以被人们所认识，如价值规律、竞争规律等。

当然，经济生活的连贯性并不意味着经济事物一成不变地重复过去，但生产力发展的连续性和宏观经济系统的相对稳定性，使预测事物未来变化的主流和趋势成为可能。惯性原理是时间序列分析法的主要依据。

三、概率原理

这一原理认为任何事物的发展都有一个被认识的过程。人们在充分认识事物之前，只知道其中有些因素是确定的，有些因素是不确定的，即存在着偶然性因素。市场的发展过程中也存在着必然性和偶然性，而且在偶然性中隐藏着必然性。通过对市场发展偶然性的分析，揭示其内部隐藏着的必然性，可以凭此推测市场发展的未来。从偶然性中发现必然性是通过概率论和数理统计方法，求出随机事件出现各种状态的概率，然后根据概率去推测预测对象的未来状态。马尔可夫预测法、交叉影响法等都需要运用概率原理。

四、相关性原理

这一原理认为任何事物都不可能孤立存在，都是与周围的各种事物相互制约、相互促进的，一个事物的发展变化，必然影响到其他有关事物的发展变化。例如，一个国家在一定时期内采用某种特定的经济政策，势必对市场发展产生某种影响。过一段时间，国家根据市场发展变化的新情况，制定新的经济政策来刺激市场，或是稳定市场、限制市场，甚至改变市场发展方向等。因此根据某一或某些事物的发展变化，可以推测出另一事物的相应变化趋势，是合理的，也是可能的。投入产出分析法就是对相关性原理的最好运用。

第四节　房地产市场预测的一般步骤

房地产市场预测必须遵循一定的工作步骤，它是提高预测工作的效率和质量的重要保证，只有遵循科学的步骤，才能达到预期效果。

房地产市场预测的一般步骤如下。

一、确定预测的目标，制定预测计划

确定预测的目标，即确定预测的具体对象和预测的类别，了解为什么进行预测和预测什么，是为了抓住重点，避免盲目性，提高预测工作的效率。预测目标必须是具体、准确和清楚的。只有预测目标明确、要求具体，才能有的放矢地开展预测工作。因为预测的目标、对象、期限、精度、成本和技术力量等不同，预测所采用的方法、资料数据收集也有所不同。例如，预测某种商品的需求量，就是一个具体的预测目标。确定了这个目标之后，才能为收集市场商情资料、选择预测方案、配备技术力量和预算所需费用指明方向。只有根据企业经营活动的需要，制定预测工作计划，编造预算，调配力量，组织实施，才能以较少费用，取得满意的预测结果。因此，确定目标是进行房地产市场预测的关键性步骤。

二、整理、分析市场调查所取得的资料

资料是预测的依据，有了充分的资料，才能为市场预测提供可靠的数据。收集有关资料是进行市场预测重要的基础工作，资料的多寡及可靠程度对预测结果是否准确有直接影响。如果某些预测方法所需的资料无法收集或收集的成本过高，即便有理想的预测方法也无法应用。资料的收集和整理力求准确、全面、及时、适用，剔除偶然性因素造成的不正常情况，以便保证预测能顺利开展，提高预测质量。

三、选择预测的方法和模型

市场预测方法很多，但并不是每个预测方法都适合所有被预测的问题。预测方法选用是否得当，将直接影响预测的精确性和可靠性。根据预测目标、房地产市场供求形态及所掌握资料的情况，选择合适的预测方法，是预测成功的关键。在预测中，有时可以把几种预测方法结合起来使用，以便综合处理信息数据并相互验证预测结果，提高预测的可信度。运用预测方法的核心是建立描述、概括预测对象特征和发展变化规律的预测模型。所谓模型，是用来明确表现已知现象与未知现象之间、原因与结果之间的相互作用、相互影响的功能性框架或数学函数。为方便计算，人们提出了一些常见的预测模型，如线性模型、二次非线性模型、生长曲线模型、类推预测模型等。在实际运用时，必须认真选择和评价，以便选用最贴近预测对象特性的预测模型。定性预测模型是逻辑思维和推理的程序，定量预测模型通常是以数学关系式表示的数学模型。定量预测模型应该在满足预测要求的前提下，尽量简单、实用和方便。

四、数据处理并估计预测误差

预测是推测和估计，很难与实际情况百分之百吻合。预测模型又是简化了的数学模型，不可能包罗影响预测对象的所有因素，因此，出现误差是不可避免的。产生误差的原因有两种：一种可能是收集的资料有遗漏和篡改或预测方法有缺陷；另一种可能是工作中的处理方法失当，工作人员的偏好影响等。为了有效地指导决策，避免决策失误，预测者还要准确估计预测的准确度如何，即误差有多大、在何种程度上是可信的，进而在分析评价的基础上，修正初步预测值，得到最终的预测结果，以便使用者在运用预测值制定决策时，能够更加全面地设计和评价行动方案。

五、撰写预测报告

预测报告是对预测工作的总结，也是向使用者做出的汇报。预测结果出来之后，要及时撰写预测报告。预测报告有两种，一种是一般性报告，另一种是专门性报告。一般性报告主要供领导参考，目的是提供市场预测结果和市场营销活动建议。其内容主要包括预测对象过去和现在的状况、影响预测对象的各种因素、预测结果、预测对象未来发展趋势以及达到预期目标的各种方式和必须条件等。专门性报告主要是供市场研究人员、咨询人员参考。其内容主要包括获取和处理数据的方法、预测方法和预测模型、预测结果和主要计算程序、检验过程等。预测报告的表述，应尽可能利用统计图表及数据说话，做到形象直观、准确可靠。一个预测的价值应体现在其应用的价值上。一个预测，无论是多么准确，

如果最后不被别人利用，那也是毫无价值的。向有关人员呈现预测的结果是一项艺术性很强的工作，它最终决定了预测的实际价值。

六、跟踪并调整预测结果

继续关注房地产市场的发展变化，一旦发现现实与预测结果不符时，应立即修改有关预测结果。

科学的预测应当注重在实践中检验预测方法的可靠性、预测模型的完备性，并通过经验积累和知识积累，掌握更多的市场需求变化的规律，不断改进预测方式和方法，为今后的房地产市场需求预测创造更加完善的条件。

房地产市场预测的各个步骤是相互联系的，在时间先后次序上可以交叉进行，不要一成不变，而应该根据预测的目的和实际工作进度，灵活运用。

本章小结

本章主要介绍了房地产市场预测的基本原理、内容和一般程步骤：确定预测的目标，制定预测计划；整理、分析市场调查所取得的资料；选择预测的方法和模型；数据处理并估计预测误差；撰写预测报告；跟踪并调整预测结果。

思考题

1. 简述房地产市场调查与预测的原理与程序。
2. 简述房地产市场调查与预测的一般步骤。

项目实训

北京房地产市场预测

一、关于宏观经济

(一) 全国经济

1. 中国前三季度 GDP 增长 9.5%
2. 中国居民消费价格前三季度上涨 4.1%
3. 中国前三季度外贸额接近去年全年
4. 中国前三季度利用外资继续增加

……

12. 宏观调控初步显效

在宏观调控下，国内经济显现以下特征：土地与信贷是这次宏观调控的两个重点，钢铁价格回落但仍需继续关注，国内生产总值没有出现大起伏，居民消费价格总水平涨势减弱，消费保持稳定增长并有趋活迹象，固定资产投资增速逐步回落，货币供应量回至央行控制范围，贷款增速减慢，部分生产资料价格涨势趋缓。随着各项宏观调控政策措施逐步落实到位，中国经济增长速度在高位上略有回落，正朝着调控的预期方向稳步发展。

(二) 北京经济

1. 前三季度北京市经济增长 13%

……

6. 近几年北京 GDP 增长情况

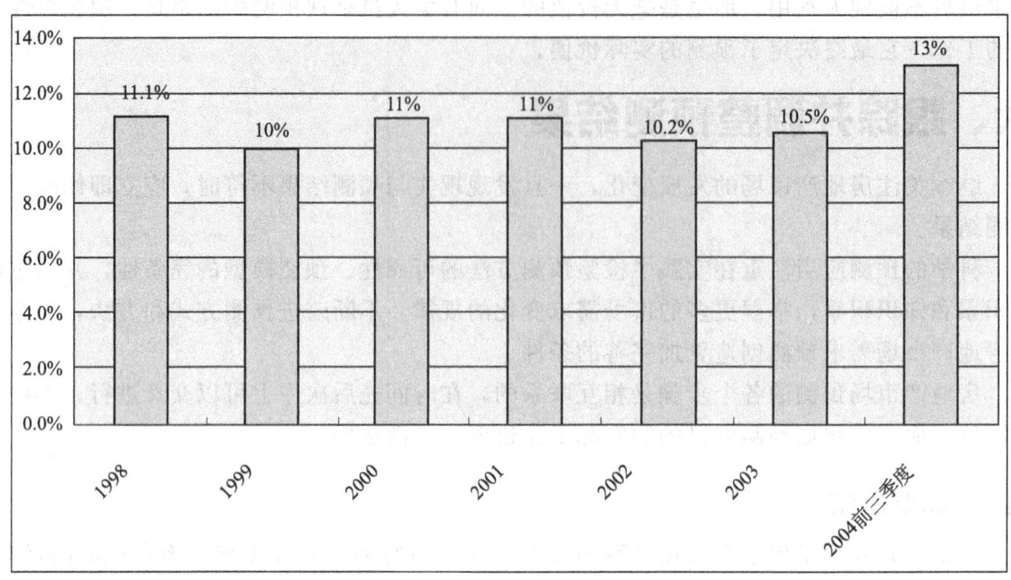

（三）各方预测

1. 中国2005年GDP预计增长8.5%

2. 世界银行：中国经济今年增长9.25%明年增长8%

3. 2005年中国经济走向预测

对2005年中国的经济动向而言，当前宏观调控所面临的异常复杂的形势必将成为一个重要的考量。国家统计局刚公布的三季度统计数据显示，2004年以来的宏观调控取得了阶段性成效，但在成效背后，投资需求过度扩张及增长结构不协调问题仍然没有得到根本性改变，如继续加大调控力度，对经济自主增长能力又有可能造成伤害。

针对经济增长仍存在较明显的结构性失衡和机制性障碍，2005年的宏观政策取向宜“进中求稳”，保持稳健的财政货币政策，同时体现经济结构的战略性调整导向，更加注意结构优化和增长方式转换。

二、关于政策法规

（一）货币金融

1. 进一步加强房地产信贷业务管理的通知

2003年6月13日，央行公布了《关于进一步加强房地产信贷业务管理的通知》，对商业银行的开发商开发贷款、土地储备贷款、个人住房贷款、个人住房公积金委托贷款等七大方面做了进一步规范，提出了更为严格的贷款条件。央行此举目的，一是防范银行的信贷风险，保持金融的持续稳定发展；二是通过严格商业银行信贷条件这个经济手段，抑制部分地区房地产投资的过热倾向。

2. 商业银行房地产贷款风险管理指引

……

（二）市场规范

1. 建立全国房地产信息发布会制度

2004年2月，国家统计局、建设部、国家发展和改革委员会发布《关于建立全国房地产信息发布会制度的通知》。信息发布主要内容包括国家三部委掌握的主要信息资料，其中，国家统计局将发布房地产统计信息，建设部将发布行业技术信息，发改委将发布行业价格信息。“发布会制度”实施后，还将建立和完善市场信息体系和预警机制，增加房地产信息透明度，增强市场的自我调节能力。

2. 建设项目用地预审管理办法

3. 加强对经济适用住房交易的管理

……

（三）土地政策

1. 土地 4 号令

2 月 10 日，北京市政府办公厅发布了全名为《关于停止经营性项目国有土地使用权协议出让的补充规定》的 4 号令：从 2004 年 1 月 9 日开始，北京将停止经营性项目土地的协议出让。这是对 2002 年发布的 33 号令《关于停止经营性项目国有土地使用权协议出让的有关规定》的补充修改，原先规定的 5 个可以继续“协议出让”的“口子”为：绿化隔离带项目、危旧房改造、小城镇建设项目、其他重大建设项目中的用地和一些规划为高科技、工业用途的经营性项目，被彻底堵死。

2. 土地 71 号令

2004 年 3 月 31 日，国土资源部、监察部联合下发了《关于继续开展经营性土地使用权招标拍卖挂牌出让情况执法监察工作的通知》（即 71 号令），要求从即日起就“开展经营性土地使用权招标拍卖挂牌出让情况”进行全国范围内的执法监察，各地要在 2004 年 8 月 31 日前将历史遗留问题处理完毕，否则国家土地管理部门有权收回土地，纳入国家土地储备体系。“8·31 大限”从此成为地产界尽人皆知的专有名词。

3. 北京突破《土地管理法》限制，建设用地将试点流转

……

三、关于总体规划

（一）相关报道

1. 市人大表决通过北京城市总体规划（草案）

市十二届人大常委会第十六次会议 11 月 10 日举行，会议听取并审议了《北京城市总体规划（2004～2020 年）》（草案），并通过了相应决议。决议原则同意该草案作为指导促进北京经济、社会和环境协调发展的总依据，由市人民政府依据本次会议审议中提出的意见，再做必要的修改，报请国务院批准后组织实施。

2. 新城市总体规划 11 个新城疏解城 8 区压力

新北京规划提出了“两轴—两带—多中心”的城市空间布局。新城是新的城市空间结构中的重要节点，根据新规划，发展新城 11 个，以疏解中心城区的压力。这些新城分别是：通州、顺义、亦庄、大兴、房山、昌平、怀柔、密云、平谷、延庆、门头沟。

3. 北京城市总体规划修编 3 月 9 日正式开始

3 月 9 日上午召开了动员大会要求总体规划修编工作要确保年内完成，四季度上报国务院批准。总体规划修编要突出四个方面的重点：新城规划及功能布局调整；交通及基础设施规划；生态环境保护规划；历史文化名城保护规划。同时做好城市安全问题和区域协调发展问题研究。规划修编将按照“政府组织、专家领衔、部门合作、公众参与、科学决策”的组织指导原则和工作方针进行。

4.《北京城市总体规划（2004～2020 年）》修编成果公示

……

（二）总体发展规划说明

1. 总则

依据我国现代化建设三步发展战略目标，以及中共北京市委、北京市政府关于加快改

革开放步伐、促进经济发展的战略部署，适应新的形势，对原《北京城市建设总体规划方案》进行了必要的修订。总体规划期限为20年（1991～2010年）。总体规划修订的重点是：调整城市发展规模，开拓新的城市发展空间；优化城市布局，建立完善的城镇体系；保护和发扬历史文化名城的优良传统，创建社会主义中国首都的独特风貌；完善市域规划，促进城乡经济和社会协调发展；改善城市环境，建设完整的城乡绿化系统；提高城市基础设施现代化水平。北京城市总体规划（2004～2020年）修编成果的定位是“国家首都、世界城市、文化名城和宜居城市”。

2. 城市规模

今后20年北京市的人口控制规模为：2000年全市常住人口从1990年的1032万增至1160万左右，流动人口从127万增至200万左右：2010年常住人口1250万左右，流动人口250万左右。全市的常住城市人口，2000年从1990年的640万增至750万左右，其中市区从1990年的520万控制到600万左右；2010年全市为850万左右，其中市区控制在650万左右。

根据城市人口的发展规模估算，2000年全市城镇建设用地将从1990年的600多平方公里增至750平方公里左右，2010年达到900平方公里左右。规划市区城市建设用地将从1990年的420多平方公里，增至2000年的500平方公里左右，2010年的610平方公里左右。

今后20年，每年竣工的建筑面积仍将维持在1000万平方米左右的水平，共新建房屋约2亿平方米。除去每年拆除的房屋，城市拥有的建筑量（不含农村建筑）将从1990年的1.9亿平方米，增至2000年的2.8亿平方米，2010年的3.6亿平方米。随着市区产业的疏散和远郊城镇的开发，远郊每年竣工的房屋建筑面积占全市新建房屋总量的比重，将从目前的20%逐步增加到40%。

3. 城市总布局

4. 卫星城和建制镇的建设

……

5. 市区的调整和改造

……

6. 住宅和社区建设

……

7. 城市交通

……

(三) 北京市“十五”时期房地产业发展规划

1. “十五”北京房地产业发展目标

……

2. “十五”北京房地产业指导思想

……

3. “十五”北京房地产业工作重点

……

4. “十五”北京房地产业发展的主要政策措施

……

四、关于奥运建设

(一) 奥运规划

1. 比赛场馆规划

建设内容：根据2008年奥运会比赛设施的调整规划，届时将设立35个比赛场馆，其中30个安排在北京。这30个场馆中，计划新建15个，改扩建11个，采用临时设施4个。此外，还要改造59个训练场馆及配套建设残奥会专用设施。京外地区的5个场馆项目中，青岛国际帆船中心、天津体育场、秦皇岛体育场为新建项目；沈阳五里河体育场、上海体育场为改造项目。

布局方案：呈“一个主中心加三个区域”的分布格局。“奥林匹克公园”是举办奥运会的“主中心区”，内有13个场馆；“西部社区”有9个场馆，其中新建五棵松文化体育中心，赛后将成为市区西南部群众文体活动场所；“大学区”安排首都体育馆等4个场馆，赛后成为大学及社区文化体育活动的场所；“北部风景旅游区”，安排北京乡村赛马场等2个场馆，便于赛后发展郊区旅游业。此外，在其他地区，改扩建工人体育场等4个场馆，为相邻地区群众开展文化体育活动创造条件。

2. 奥林匹克公园规划

……

3. 奥运商业板块策划

……

（二）奥运数据库

1. 2800亿元

2002～2008年，北京市用于奥运会相关的投资总规模将达2800亿元，其中直接用于奥运场馆和相关设施的新增固定资产投资约1340亿元。

2. 0.3%～0.5%

美国高盛研究机构的预测数字显示：北京申办奥运，将有助于7年间中国GDP增长率提高0.3%～0.5%。

北京市统计局为北京算了一笔细账：举办奥运将会对北京每年的经济增长产生2个百分点以上的拉升作用，并使全市经济在近10年中保持两位数的增长，人均国内生产总值6000美元的目标也将提前实现。

3. 100万个就业机会

我国在申奥成功之后的7年中，将因此新增100万个就业机会，相关影响将延至2008年之后。

4. 1340亿元

在奥运项目推介会上，共推出387个项目，项目的目的总金额将超过1340亿元。

……

8. 1亿平方米

未来7年，住房消费需求约1亿平方米。数字产品的消费需求将在500亿元左右。

五、关于基础设施建设

（一）北京市区将增建三条主干道

（二）朝阳今年在东郊修建52条道路 改善CBD外围交通

（三）北京市区十条大路整修完工

……

（七）六大交通枢纽全面启动

……

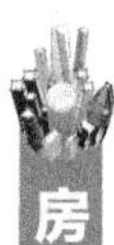

六、2004年新盘情况

(一)总体情况

1. 物业类型新盘数量

根据伟业顾问的监测统计，截至2004年11月上旬，全年北京市共推出新盘将近294个。其中住宅173个，别墅37个，写字楼46个，商业20个，商住两用房10个，经济适用房4个。

2. 盘地区分布

朝阳区仍是新盘推出最多的地区，其次是海淀区和丰台区，通州区今年随着轻轨八通线的正式开通新盘量也大大增加。

(二)各物业类型情况

1. 住宅

(1) 城区分布

从住宅新盘的地区分布来看，东城区有项目1个，西城区5个，崇文区6个，宣武区8个，朝阳区46个，海淀区24个，丰台区24个，石景山区4个，亦庄经济开发区2个，门头沟区1个，房山区8个，通州区23个，昌平区9个，顺义区3个，大兴区7个，密云1个，延庆1个。由此可见，新盘推出最多的仍是朝阳区，其次海淀区和丰台区并列第二，通州第三。

(2) 环线分布

……

(5) 规模分布

从住宅新盘的规模分布来看，10万平方米以下的项目有68个，10万～20万平方米有45个，20万～40万平方米有30个，40万平方米以上有24个。由此可见，新盘规模10万平方米以下较多占41%，10万～20万占27%。

2. 别墅

3. 写字楼

4. 商业

5. 综合

共有33个项目，总供应量为5999384平方米。

(三)历年成交数据分析

(以下成交数据来源于“房地产信息网”)

1999年以来市场成交面积一直呈加速上升态势。1999年市场总成交面积仅173万平方米，2002年市场总成交面积539万平方米，2003年市场总成交面积1043万平方米，而04年市场总成交面积达1733万平方米。

6年来，市场成交价格保持下降状态。2004年同2003年相比，市场总体成交价格下降约600元/平方米。但这种价格降低的形成，很大一部分来自于商业地产和工业地产的价格降低的影响。

1. 物业细分

(1) 住宅

2004年北京普通住宅成交面积共1514万平方米，是2003年成交面的1.87倍；2004年成交套数共129028套，是2003年成交套数的1.77倍。成交量增长显著，并且成交房屋单套平均面积有所增加。

2001年，普通住宅成交均价达到最高的6005元/平方米，其后一直处于下降状态。

2003 年普通住宅成交均价 5739 元/平方米，2004 年下降至 5659 元/平方米。

（2）公寓

……

（5）写字楼

2004 年北京写字楼的成交量较前一年略有下降，基本保持了 2003 年的水平。而同商业地产恰恰相反的是，新成交写字楼的成交均价为 13665 元/平方米，这明显高于 2003 年，并超过了 2001 年和 2002 年的价格水平。

2. 按城区细分

（1）东城、西城

2004 年，这两个城区的市场成交量较 2003 年稳中有降，土地成交面积约 54 万平方米。售价水平平均为 11274 元/平方米，较 2003 年略为降低，但东城成交均价有所提高，由 2003 年的 10782 元/平方米升至 11315 元/平方米；西城成交均价由 2003 年的 11860 元/平方米降至 11240 元/平方米。

（2）崇文、宣武

……

（8）通州

近 6 年的统计数据表明，通州区的市场成交量以每年 20 万平方米左右的速度平稳增长，2004 年的成交量为 118 万平方米。

2004 年成交户型的平均面积为 97 平方米，与 2003 年相同。

通州区 6 年来的成交均价始终呈上升走势，2004 年又比 2003 年增加 286 元/平方米。

3. 不同户型销售表现

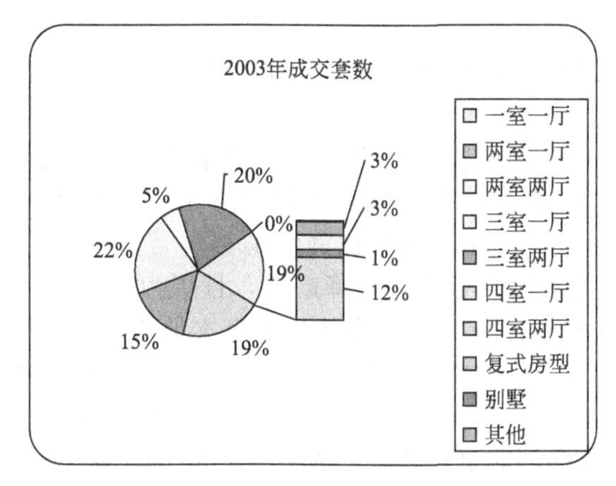

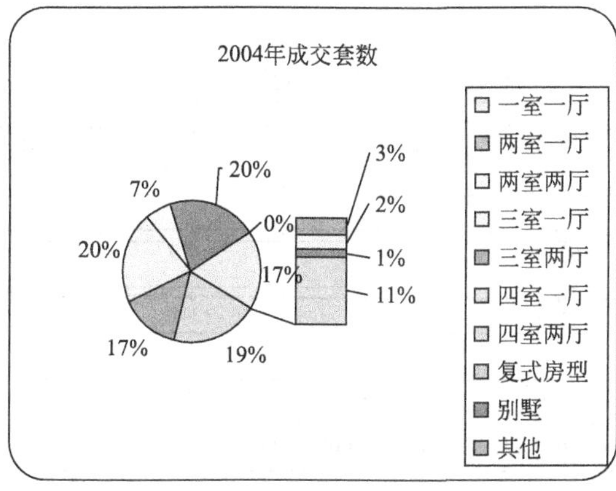

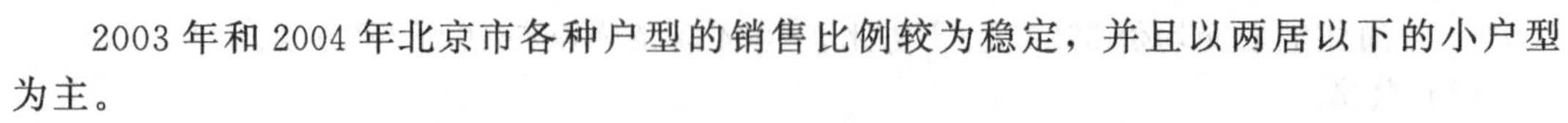

2003年和2004年北京市各种户型的销售比例较为稳定，并且以两居以下的小户型为主。

单套面积上，成交户型中，几年来各户型基本保持了稳定的面积，例外的是两室两厅这一户型的单套面积，2004年由前5年的约110平方米/套的水平提高至130平方米/套。

成交均价方面，自2000年开始，各户型整体保持了下降的趋势，而各户型降价多少则受居室配置、户型大小影响较大。三室两厅和四室一厅两种容易产生功能缺陷的户型，和两居室以下的小户型降价幅度较大。

成交均价（元/平方米）

跟踪参数	1999年	2000年	2001年	2002年	2003年	2004年
合计	7820	8022	7633	7579	6918	6310
一室一厅	5365	7341	6536	7096	6353	6195
两室一厅	6446	6159	7208	6336	5147	5059
……						

4. 购房客户来源

（1）北京本地客户

这部分客户考察对象包括：北京的企业、行政单位、事业单位、社会团体，中央的企业、机关、事业单位以及本市的城镇和非城镇居民。

北京本地购房客户的成交户型的面积呈逐年下降趋势，1999年平均面积为160平方米/套，至2003年降为126平方米/套，2004年的成交户型平均面积为120平方米。成交均价方面，2004年基本保持了2003年的水平，为8055元/平方米。

（2）外地客户

这部分客户考察对象包括：外省企业、行政机关、个人，（包括港澳台企业及个人）外国企业、个人等。

同北京本地购房客户相比，从2001年开始，外地购房客户的年总成交比例呈持续上升状态。2001年以前，外地客户在京成交面积约为北京本地客户成交面积的15%，至2003年这一比例上升至48%，2004年的比例为61%。

外地客户在京购房的户型面积亦呈下降趋势，且更为明显。1999年外地客户在北京购房的户型面积平均为206平方米/套，平均比北京本地购房客户购房面积大46平方米/套；2004年外地客户购房的平均户型面积已经降至123平方米/套，与北京本地客户持平。成交均价方面，2004年亦基本保持了2003年的价格水平，略有降低，成交均价为8788元/平方米，这个数值同北京本地客户成交均价相比也并不高出很多。

5. 住宅、公寓分析

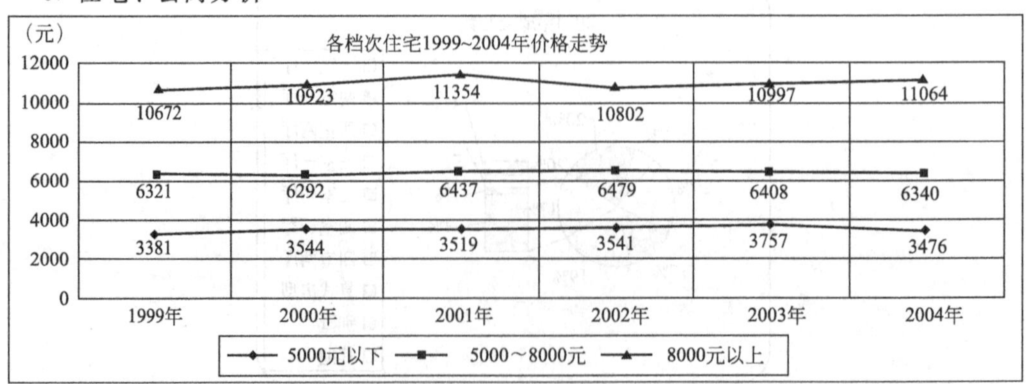

从各年成交的住宅和公寓均价来看，2004 年成交的价格，中低档住宅、公寓的成交价呈回落趋势，而高档物业的成交价格从 2002 年开始逐年上升。但总体来说，这种成交价格的变化是可以忽略的。

从总成交量上看，各档次物业都保持了相同的上升趋势，中、低档物业成交面积趋同，中档物业成交量要略高于低档物业。而高档物业成交量约为中、低档物业成交量的一半。

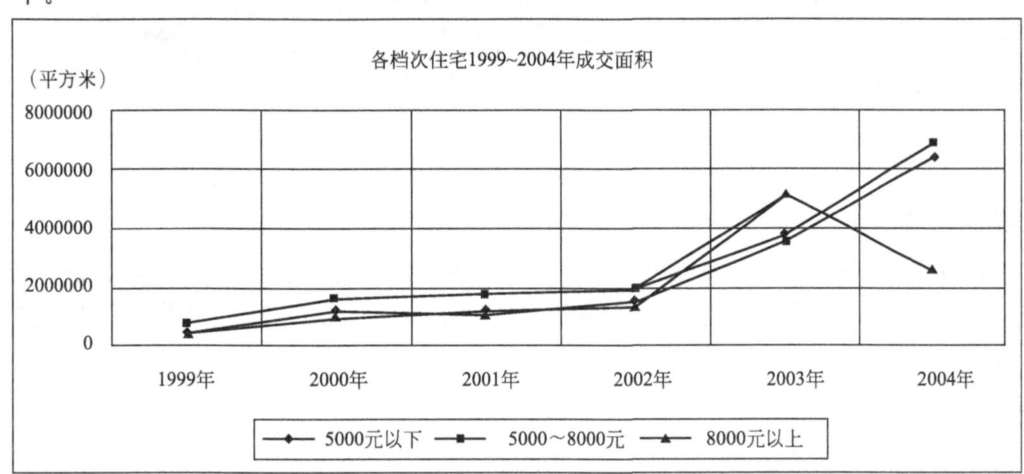

第十章

定性预测法

名师导学

房地产市场调查预测的方法有很多，对于那些无法量化的问题，我们往往可以凭借经验、知识和能力，基于以往的资料和数据进行定性预测，这种方法较比定量预测更加简单易行。

知识目标

- 熟练掌握定性预测法
- 熟练掌握对比类推法
- 熟练掌握德尔菲法

能力目标

- 各种不同定性预测方法的应用

案例导入

某企业为使下一年度的销售计划制定得更为科学，组织了一次销售预测，由经理主持，参与预测的有销售科、财务科、计划科、信息科的科长，他们的预测估计如表 10-1 所示。

表 10-1　某企业年度销售额预测值估计表　　（单位：万元）

预测人员	最高销售额	概率	销售额估计值 最可能销售额	概率	最低销售额	概率	预测期望值
销售科长	4000	0.3	3600	0.6	3200	0.1	3680
财务科长	4200	0.2	3700	0.7	3200	0.1	3750
计划科长	4900	0.1	3500	0.7	3000	0.2	3440
信息科长	4100	0.2	3600	0.6	3100	0.2	3600

表内预测期望值栏的数据点为各种情形下的销售额估计值与概率乘积之和。例如对销售科长而言，其预测期望值为 $4000\times0.3+3600\times0.6+3200\times0.1=3680$（万元）。其他各为预测者的预测期望值计算方法同上，其结果列于上表。

（资料来源：胡旭星．《市场预测方法百种》，北京：首都经济贸易大学出版社，2000）

案例引导

案例表明，由于预测者对市场的了解程度及经验等因素不同，因而他们每个人的预测结果对最终预测结果的影响及作用有可能不同，可分别给予不同的权数表示差异，最后采用加权平均法。若各位预测者的重要性相等，则可用算术平均法。

第一节 定性预测方法的概念

房地产开发企业在制定长期规划时，往往难以获得充足的数据作为依据，甚至有些情况无法通过历史数据来进行预测。这时，只能靠人的主观经验和综合分析能力，对未来事务的发展状况做出判断，也就是运用定性预测方法进行预测。定性预测法即依据直接的调查资料、个人经验、知识和能力对未来趋势做出预测。一般来说，当我们掌握历史资料不多，预测结果精确度要求不是很高时，可以采用这种方法。另外，对某些无法量化的问题，或定量化预测代价过高的问题，也可以采用定性预测法。对于市场调研者或决策者来说，操作简单、操作成本低的预测方法无疑是会被首先采用的，而这种方法就是定性预测方法，定性预测方法又称为经验判断法，是根据已掌握的历史资料和现实资料，凭借个人的经验、知识和分析判断能力，对预测对象未来发展趋势做出性质和程度判断的方法。

定性预测方法可以对预测对象做出变动方向和性质上的推断，它是市场预测方法中常用的一种方法。定性预测方法是依赖于预测人员丰富的经验和知识以及综合分析能力，对预测现象的未来发展前景做出性质和程度上的估计和推测的一种预测方法。该种方法不用或很少用数字模型，预测结果并没有经过量化或者定量分析，所以具有不确定性。

由于定性预测方法主要是凭借个人的知识、经验和分析能力来进行，因此，对于一些缺乏历史资料，或影响因素复杂又难以分清主次，或对主要影响因素难以进行定量分析的情况，使用这种预测方法是最为有效的。常用的定性预测方法有如下几种：对比类推法、集合意见法、德尔菲法。定性预测着重对事物发展的性质进行预测，主要凭借人的经验以及分析能力；着重对事物发展的趋势、方向和重大转折点进行预测。

一、定性预测方法的优点

定性预测方法不可以应用于所有的问题解决中，但其具有不可替代的优点：

第一，注重于事物发展在性质方面的预测，具有较大的灵活性；

第二，定性预测通常比定量预测操作简单，预测迅速，且操作成本低；

第三，由于定性预测搜集的资料等大部分来源于消费现场，易于充分发挥人的主观能动作用，可以从中了解到消费者的动机及感觉，这是定量预测无法做到的。

通常我们将定性预测作为定量预测的前提，将两者结合在一起，进行有效的房地产预测。

二、定性预测方法的不足

定性预测方法有很多优点，但也有其不足的地方，其表现在：

第一，定性预测方法只能预测一些简单的事情，对一些技术要求比较高的决策事件则无法提供准确的预测；

第二，定性预测易受主观因素的影响，比较注重与人的经验和主观判断能力，从而容易由于个人主观的错误而带来整个预测结果的偏差；

第三，由于个人之间的意见有时偏差较大，所以一般不易得出综合意见。

第二节　对比类推法

世界上许多事物的变化发展规律带有某种相似性，尤其是同类事物之间。所谓对比类推法是指利用事物之间具有共性的特点，把已发生事物的表现过程类推到后发生或将发生的事物上去，从而对后继事物的前景做出预测的一种方法。在房地产市场预测中，比较常用的类比预测法主要有产品类比法、地区类比法和国际类比法。

一、产品类推法

有许多产品在功能、构造技术等方面具有相似性，因而这些产品的市场发展规律往往又会呈现某种相似性，人们可以利用产品之间的这种相似性进行类推。由于某些产品之间在功能、构造、原材料、档次、生命周期方面存在相似性，产品市场的发展可能出现某种相似性。根据这种相似性，可以由一种产品的销售状况分析、判断另一种产品的销售趋势。例如，大型商场与高级酒店在发展趋势上具有某种程度的相似性，因此可以根据一个市场的发展规律大致地推测另一个市场的发展趋势。

二、地区类推法

地区类推法是依据其他地区（或国家）曾经发生过的事件进行类推。这种推算方法是把所有要预测的产品同国外同类产品的发展过程或变动趋向相比较，找出某些类似的变化规律性，用来推测目标的未来变化趋向。房地产市场在不同地区之间的发展存在着领先滞后的时间差，因而可以根据领先地区的市场情况类推滞后的市场发展趋势。例如国内的房地产市场的发展是有先后快慢之分的，所以在预测中就可以根据相似的较发达地区的以前的发展情况来类推预测该地区的房地产市场情况，特别是需求状况。

与地区类比预测法相似，房地产市场在不同国家的发展情况也具有类似性。国际类比预测法是根据房地产市场发展领先国家的情况类推滞后国家的市场发展趋势。

三、行业类推法

这种对比类推方法往往用于新产品开发预测，以相近行业的相近产品的发展变化情况来类比某种新产品的发展方向和变化趋势。房地产业很难找到相似的行业来进行类推，但独立的产品有时可以使用该方法。例如，高档别墅的市场预测可分析该区域内高档汽车的市场趋势来预测将来一定时期内的市场变化。

四、局部总体类推法

局部总体类推法是指以某一个企业的普查资料或某一个地区的抽样调查资料为基础，进行分析判断、预测和类推。某一行业或整个市场的市场量，在市场预测中，普查固然可以获得全面系统的资料，但由于主客观条件的限制，如不可能进行全面普查，只有进行局部普查或抽样调查。因此，在许多情况下，运用局部普查资料或抽样调查资料，预测和类推全面或大范围的市场变化，就成为客观需要。

事实上，事物发生的时间、地点、范围等许多条件的不同，常会使对比的事物在发展变化尚有一定差异，如房地产的市场需求量是受多种因素影响的。就普通住宅来讲，它不仅直接受消费者家庭收入水平的影响，而且受消费者的购买动机、购买习惯、兴趣爱好、供求情况和价格水平的影响，还受其他楼盘的供求情况和价格水平的影响。因此，以某一个市场的资料预测其他市场需求量，显然会产生误差。实际销售量的差异又可以近似地综合反映出各地市场需求状况的多种差异。

应当指出的是，类比预测法主要是根据市场发展之间的共性来进行预测，但是，预测时一定要注意产品、行业、地区之间的差异，考虑人口、环境、文化、习俗、经济体制的不同，否则直接照搬某一市场的发展模式，往往会使预测结果出现较大的偏差。可以说，类比预测法主要是提供一种定性分析与预测的思路。

第三节　集合意见法

集合意见法又称集体经验判断法，它是利用集体的经验、智慧，通过思考分析、判断综合，对事物未来的发展变化趋势做出估计。集体意见预测法是把预测者的个人预测意见加权平均而汇集成集体预测的方法。具体地说，就是召集一些熟悉市场并有丰富业务经验的相关人员对未来市场做出判断预测，再由预测组织者把预测意见集中起来，用加权平均方法进行数学处理，从而得到市场预测结果。这种方法集中了集体的经验和智慧，且简便易行。由于企业内的经营管理人员、业务人员等比较熟悉市场需求及其变化动向，他们的判断往往能反映市场的真实趋向，因此它是进行短、近期预测常用的方法。

一、意见集合法的预测步骤

第一步，由若干个熟悉预测对象的人员组成一个预测小组，并向小组人员提出预测项目和预测的期限要求，并尽可能地向他们提供有关资料。

第二步，小组人员根据预测要求，凭其个人经验和分析判断能力提出各自的预测方案，同时每个人说明其分析理由，并允许大家在经过充分讨论后，重新调整其预测方案，力求在方案中有质的分析，也有量的分析；有充分的定性分析，又有较准确的定量描述。在方案中要确定三个重点：①确定未来市场的可能状态；②确定各种可能状态出现的概率（主观概率）；③确定每种状态下市场销售可能达到的水平（状态值）。

第三步，预测组织者计算有关人员的预测方案的期望值，即各项主观概率与状态值乘积之和。

第四步，将参与预测的有关人员分类，由于预测参与者对市场了解的程度及经验等因素不同，因而他们每个人的预测结果对最终预测结果的影响作用有可能不同。所以要对每个人员分别给予不同的权数表示这种差异，采用加权平均法获得最终结果。若给每个预测者以相同的权数，则表示各预测者的预测结果的重要性相同，那么最后结果可直接采用算术平均法获得，也可用中位数统计法获得。

第五步，确定最终预测值。

应用集合意见法，最明显的优点是可以集思广益，避免个人独立分析判断的片面性，但它同样也存在着不足。例如，有许多企业都把完成销售计划的情况作为考核销售人员业绩的主要依据，故销售人员一般都希望尽量把计划额度压低，从而超计划部分可获得更多的奖励。这样在预测时，销售人员就不愿把那些有可能争取到的销售数字估计进去，这一切的最终结果是降低销售预测的准确性。因此，在使用销售人员预测时，可采取一定的措施加以限制，如把预测结果同评定销售业绩分开。国外用得比较多的方法是用一个经验系数去修正每个销售人员的原预测结果。具体做法是统计每个销售人员历年的预测值与实际销售额的差距，并计算出这一差距的百分比（与实际额比）作为调整系数，用调整系数来修正预测值。如某销售人员预测下一年度企业的销售额为2.2亿元，依据以往资料分析，实际值总是比该销售员的预测值高5%，因此预测的修正值为2.2×(1+5%)=2.31（亿元），最后由每个销售人员的预测修正值得到最终销售预测值。

二、常用于房地产市场定性预测中的集合意见法

有如下几种。

(1) 经理人员意见法　这种方法是由企业经理召集计划、销售。财务等有关部门负责人，广泛交换意见，共同讨论市场趋势，由经理做出判断，对市场前景进行预测。这种方法集中了各部门负责人的经验和智慧，解决问题比较快。但不足之处是个人据以判断的情报资料可能会有片面性，而且主管人员的主观判断往往会受到当时乐观或悲观气氛的影响。

例如，某房地产公司经理召集所属主管人员召开商品房销售预测会议，事前要求各主管人员在整理分析本部门有关资料、综合经营情况的基础上，先在本部门召开小型会议，提出下一年销售的推算数字和依据，同时，公司将已掌握的下一房地产发展。开发量变化、社会及个人购买力变化和市场供求形势的资料和情况提供给主管人员参阅。会议采取集体讨论方式，阐述各自的预测数据和根据，互相考查依据是否充分并相互修正，最后形成几种或趋于一种方案。该公司在具体预测时，与会人员各自提出的预测值见表10-2。

表10-2　某公司与会部门经理预测情况表

与会经理	预测销售量/套	主　要　依　据
王经理	300	本公司生产经营的商品房在市场销售中按正常幅度增长
张经理	310	本公司所开发的商品房位置好，档次较高，具有较强的竞争力
陈经理	290	整个市场的商品房投放量过大，超过当前需求
郝经理	320	本公司商品房预售情况较好，有一批已被订购，且势头不减
马经理	280	政府开发大批解困房，其他公司采取抵押贷款方式促销

对以上预测情况，经过各部门经理讨论后形成两种基本估计：第一种，下一年本公司销售预测量为300套；第二种，下一年本公司销售预测量为290套。

总经理权衡利弊后认为第一种意见适当，因此，决定下一年本公司销售量预测值为300套。

(2) 销售人员意见综合法　是指预测的组织者汇集销售人员对市场销售额或销售量的估计值后，经过统计分析做出预测的方法。用此方法得出的预测数比较接近实际，这是因为销售人员直接接触市场和顾客，比较了解消费者和竞争公司的动向，所以，销售人员所作出的销售预测比较可靠。

这种方法的工程程序一般为：

① 销售人员收集、整理有关本地区人口、收入、房地产开发及社会和个人消费情况等资料，这些资料越详细越好；

② 销售人员利用所收集、整理的资料，加上自己的估计和判断，提出预测值；

③ 取销售人员预测的平均值，作为预测推定值。

（3）顾客意见法　是指直接听取顾客意见后再确定预测数。由于潜在的购买者最清楚自己将来想要购买什么样的商品及其数量，因而他们所提供的情报是可靠的。此方法除走访调查外，还可采用房地产展销会、订货会等方式。但顾客意见法能否取得成功，主要靠顾客的合作。如果顾客因保密、关系不好或不重视调查等而采取应付或不合作态度，就很难得到可靠、准确的预测结果。

第四节　德尔菲法

一、德尔菲法的基本概念

德尔菲法是20世纪60年代由美国兰德公司（Rang Corporation）的海默（Olaf Helmer）等人发明的长期预测方法。德尔菲法也称专家意见法。此方法是由专家们对未来可能出现的各种趋势做出评价的方法。德尔菲法是在专家座谈会基础上，为了消除座谈会中专家面对面交谈可能产生的心理影响，这种方法概括地说就是反复函询的调查方法。即将所要预测的问题和必要的背景材料，用通信的方法向专家们提出，然后将他们回答的意见综合整理、归纳，匿名反馈给各个专家，再次征求意见，然后再加以综合、反馈。如此经过多次反复，直到对所预测的目标得到较为满意的结果为止。

德尔菲法的特点：一是匿名，即采用匿名函调征求意见，专家的意见互不相通，避免心理上的相互干扰，以提出较理想的预测值。二是反馈，即把意见整理集中，匿名返回到每位专家手中，再次征求其意见，使他们权衡各种意见，不断修正自己的判断。三是集中判断。即对各位专家的预测值进行统计，并反复研究，把各种意见用中位数或平均数加以综合，从而为决策提供依据。

德尔菲法的优点是：预测速度快，节省资金，可得到多种有价值的观点和意见，适用于数据资料不足、不可测因素较多的情况。此种方法可以减少多数意见造成的晕轮效应或称见风转舵效应。

二、德尔菲法的应用

由于德尔菲法应用日益广泛，所以有进一步说明的必要。在高科技快速变迁的情况下，预测工作更显不易，长期预测更难。在足够的时间和资源条件下，德尔菲法无论在方法预测还是在销售预测上，都极具效力。

（一）德尔菲法预测的步骤

第一步，选出讨论会的会员。研究结果表明，讨论会若由10～15位专家组成，得到的结果就很可靠。

第二步，将一份开放式问卷（或称最初阶段问卷）分送给讨论会成员，请他们描述在某一领域中可能发生的特殊事件。将问卷收回并整理汇总，得出一份包括所有事件的清单，然后换用更清晰的文字表示，作为第二阶段问卷的内容。

第三步，请这批专家就问卷内的问题（即事件），预测其发生的时间并说明理由。主持人收回问卷后，将资料统计出来，并汇总不同答案所依据的理由，编成第三阶段问卷。

第四步，在第三阶段问卷中，除包括相同事件外，还包括第二阶段估计事件发生的时间的中位数及其上、下四分位数及各种理由。再将这份问卷送给讨论会的成员，请他们参照这些统计数字及理由，重新决定是否修正原来的估计数字或增减理由。

如果对某一事件的新答案超出原来统计的四分位数范围，则须提出新的理由来解释，并说明与其看法不同的地方。收回这份问卷后，主持人将资料汇总，编列统计数字、理由及评论文字，再加上事件清单，编成第四阶段问卷。

第五步，这个程序背后所依据的理论，在于每经过一次新的问卷所得的答案就渐次缩小范围。因为成员从他人的意见中获取新知识，进而修正自己的看法。即使答案所列的时间仍有很大的差距，至少成员彼此也能了解不同意见背后的假设及理由。理论上，这个程序可以一直延续下去。但根据以往有关研究来看，在第四阶段后，再将问卷送出去已没有多大意义，可以告一段落。

(二) 专家的选择

第一步应先决定成员全由公司内部人员组成，还是需要聘请外界专家。其决定应考虑下列两点：

① 本次专家所得的预测结果，必须严格保密，才能产生效果；

② 本企业内是否有足够的专家，这些专家是否都具有广泛的知识。

第二步是确定一份专家名单，然后分别派人接洽。其主要目标在于选出具有各种不同背景和职位的专家。

德尔菲法能否成功，主要取决于这些专家能否全心全意且不断参与。因此，在发出最初阶段问卷之前，必须先获得对方的承诺。在获得专家承诺时，应向专家说明下列几个事项。

① 解说德尔菲法的程序，包括为何使用、过程如何及成员们大约需投入多少时间与精力等。

② 本次德尔菲法研究的目的，包括为何要从事此次研究、如何进行及对从事研究的公司有何益处等。

③ 参加的成员将得到的利益。唯有给予相当的报酬，成员才愿意花费时间和精力做真正的承诺。激励的方法很多，视成员的工作及本次研究的主题而定。如：A. 成员可以学习德尔菲法，以后自己做预测时可以运用。B. 由于德尔菲法的程序是以回归及交互影响为基础，因此成员和进行研究的公司一样，可以学习到许多新的知识。成员所提出的概念都会获得回赠，而同一领域中其他专家的情报及对未来的预测结果，都可借助程序的进行而获悉。这些情报，若是由每个人自己来汇聚，所花费的时间精力，势将数倍于此。C. 如果该次德尔菲法研究所得的情报，对成员而言没有多大用处，则最好赠送礼物或支付酬金给成员。将成员视同公司的顾问，以其投入的时间及精力的多少而获得金钱上相当的报酬。

(三) 运作时的注意事项

要做好一次成功的德尔菲法研究，过程相当不容易，运作时应注意如下几方面问题。

① 第二阶段开始的问卷，时间描述文字必须清楚明确，使每位成员对文字的解释一致。如果答案的差异是由于对问题的解释不尽相同，总会答案就没有意义。因此，诸如“一般”、“显著”、“广泛使用”、“常态”等模棱两可的字眼，最好不要使用。在问卷寄出前，应先有人查阅一遍问题及提示，并预先实行做答，以防意义混淆之处。

② 每个问题只可包括一个事件，不得出现重复的事件。否则，成员对问题的一部分

有一种看法，对另一部分又有不同的看法，就无法得到正确的情报。例如，“你认为足球与篮球运动将更普及、更不普及或不变?”或是“有人驾驶的核子动力火箭将在哪一年到达火星?”等问题，很可能造成混淆，产生错误的答案。就第二个问题而言，什么才是重要的，是人类到达火星还是核子动力到达火星。

③ 问卷形式必须易于填答。也就是说，问题须编排的易于阅读；答案应该为选择式或填空式，希望另有评论时应留有足够的空白；会见的信封及邮票须一并备妥等。

④ 无论在何种情况下，主持人须避免将自己的看法透露给成员。以避免他们对主持人的意见产生偏见，而对研究本身发生偏差。如果注册人发现了成员忽略了某些要点，也必须承认自己在选择成员时已经失败。必须重新开始，选择新的成员或将新成员加进原有的成员中。

⑤ 任何成员均不应针对其他成员的名字。这种不具名方式才能确保对概念及意见的判断公正。

⑥ 成员须有充足的时间回答问卷。

⑦ 要有足够的人员处理问卷。如果只有一个讨论会，则一位职员加上一名秘书就已足够。但若不止一个，则应增加人手。

(四) 成功的条件

德尔菲法在下类情况下特别有利。

① 全部来自多种行业。成员来自的行业多，职务背景不相同，有些成员在回答不熟悉的问题时，还可以请教他们公司的其他同事。因此，最后得到的情报数量既多，种类也异，远非其他方法可以比拟。

② 意见趋于一致。研究人员所面临的问题之一，是从各种不同意见来源产生的数据中，做出单一的预测。理论上，德尔菲法可使成员的意见趋于一致，事实上也是如此。在研究实例中，80%的问题从一开始或经过随后三个阶段的再访后，都取得相当高的一致性。而在一开始即第三阶段的答案差异，还不到2%。

③ 对理由的评论使得成员的意见趋于一致，有两股主要力量：一是统计数字，二是解释的理由。当某一成员发现自己的答案居于少数，而又不太肯定自己的立场时，会改变答案。但若有理论根据，就会更坚持己意，而这正是“少数”答案（可能就是正确的答案）成为一致答案的唯一方法。每项答案背后的理由及评论，在使成员意见趋于一致上非常有效。因此，最后的一致性不一定就是原来的多数答案，有时也会趋于少数的两端。

④ 成员高度参与。参与成员不仅对研究有兴趣，而且要充分地投入。这可以从实证研究的事实显示出来：每位成员平均投入7小时以上；大约有90%的成员自始至终都参与研究，没有中途退出。

(五) 德尔菲法的缺点

① 研究时间不易预估。拖延时间的主要原因是问卷回收时间的延迟。

② 叙述问题的文字力求明确，但仍不免于歧义发生或可做不同解释之处。

③ 参加成员对问卷不明确的提示易产生误解。在第二阶段以后的问卷内，所包括的问题数量太多。理想的德尔菲法程序应该只包括25个左右问题。

④ 专家的意见难免带有主观片面性或脱离实际，因此，一般用于长期预测、宏观预测和对新产品投产的预测。

第五节　其他定性预测法

在市场预测过程中对产品生产、销售前景做出定性预测，下列几种方法是专门针对消费倾向的定性预测法。

一、购买意见预测法

购买意见预测法是指通过一定的调查方法（如抽样调查、典型调查等）选择一部分或全部潜在购买者，直接向他们了解预测期购买商品的意向，并在此基础上对商品需求或销售做出估计的方法。在缺乏历史统计数据的情况下，运用这种方法，可以取得数据，做出推断。因而，这种方法在市场调查预测中得到广泛的应用。特别是对高档耐用消费品比较适应，能使供应商对市场提供适销对路的产品。但该预测方法的缺点是只能预测一些具有共同特征的产品，而对某种具体品牌的产品缺乏指导意义。

二、消费水平预测法

消费水平预测法主要是利用对消费水平和消费人数或户数这两个基本量的直观分析判断，并辅以简单推算来预测消费品需求量。

消费水平预测法预测房地产商品主要是利用一定时期内，房地产商品需求量等于人口数（户数）乘以消费水平这个关系来预测需求量，估计公式为：

$$S=j\times g$$

式中，S 为预测其非耐用消费品的需求量；j 为预测期某个市场范围的平均人数（户数）；g 为消费水平，即一定时期内每人（每户）均需求量或消费量，也称人均（户均）需求量。

上述估计是预测需求量的关键是估算出人口数（户数）和消费水平。人口数（户数）的估算一般可直接从统计资料中得到。需要注意的是，人口数（户数）的范围应与预测地区一致。

采用消费水平预测的关键在于能否正确估算预测期的消费水平。消费水平的估算主要有以下几种途径。

① 利用历史数据，在分析历年的消费水平基础上，估计预测期的消费水平。如历史消费水平变化平稳，可取历年消费水平的平均值为预测期的消费水平。

② 利用相关因素分析法，估计预测取得消费水平，即在预测前期的消费水平基础上，分析各种影响消费水平变化的因素，并进一步分析哪些因素促使消费水平提高或下降，最后对消费水平发展变化趋势做出推断。

③ 利用调查资料得到，可直接利用某些消费者购买力调查估算平均水平，也可利用我国各级城乡经济调查队的有关调查资料，掌握不同收入水平的家庭对某种消费品的人均（户均）需求量数据，从而推算出预测期的消费水平。

上述各种方法可同时使用并相互印证。

三、转导预测法

转导预测法是以已有的宏观市场预测值及政府机关公布的国民经济计划和统计资料为

基础，利用过去各种经济指标之间的比例关系，推算出本行业或本企业的销售额预测值。转导预测法比较简单，不需要复杂的数学运算，是一种较常用的传统的估算方法。

例如，可以根据未来某年人均居住面积计划指标和目前人均居住面积统计指标，考虑人口及其增长因素，推算出未来某年某市需要住宅总面积，再根据经济发展计划指标、收入分配政策、储蓄水平增长的预测资料，估计社会购买力增长，确定住宅市场需求量，最后估计房地产市场购买住宅比例、本公司的市场占有率等指标，推算市场对本公司开发的商品住宅的需求量。

四、市场因子推演预测法

市场因子推演预测法是通过分析市场因子来推算市场潜量的一种方法。所谓市场因子，就是市场中存在的能引起对某种产品需要的事物，如每年新建立的家庭数目就是住宅需要的市场因子。市场因子通常取决于产品的使用者的数量和有支付能力的需求及购买欲望。假定新婚家庭中有10%需要购置新住宅，而某市2008年将有15万对青年结婚，从中我们可以预测出该市仅新婚家庭需要购买住宅潜量约为1.5万套。

市场因子推演预测法一般适用于在市场因子无异常变化的情况下进行预测。

第六节 定性预测法在房地产中的应用

房地产市场定性预测中最常应用的方法是集合意见法和德尔菲法。

运用集合意见法时，往往采用加权法计算，利用如下方法：

$$F=\sum_{i=1}^{n}W_iF_i$$

式中，F 为集体意见预测值；W 为第 i 位预测者意见的权数，权数的大小根据预测者的经验、知识、权威、才能、职务等因素综合确定；n 为预测者人数。

如某房地产开发企业为预测明年本企业商品房销售量，特召集营销经理、开发经理和财务经理对此展开预测，各位经理对销售量的估计如表10-3所示。

表10-3 经理对销售量的估计

预测者	预测值/m^2	概率	营销量×概率	权数
营销经理	最高 7000	0.3	7000×0.3=2100	
	中间 6000	0.5	6000×0.5=3000	
	最低 4000	0.2	4000×0.2=800	
	平均		5900	0.5
开发经理	最高 8000	0.2	8000×0.2=1600	
	中间 6000	0.6	6000×0.6=3600	
	最低 3000	0.2	3000×0.2=600	
	平均		5800	0.3
财务经理	最高 7000	0.3	7000×0.3=2100	
	中间 5000	0.6	5000×0.6=3000	
	最低 4000	0.1	4000×0.1=400	
	平均		5500	0.2

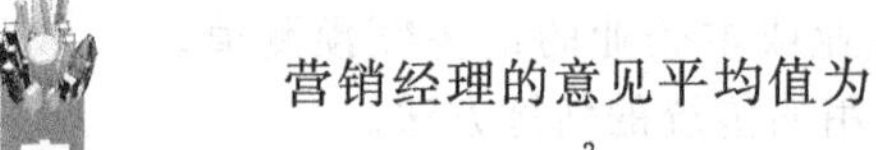

营销经理的意见平均值为

$$F_1=\sum_{i=1}^{3}P_iF_i=0.3\times7000+0.5\times6000+0.2\times4000=5900\ (\mathrm{m}^2)$$

根据类似的计算，得到开发经理意见平均值 $F_2=5800\mathrm{m}^2$；财务经理意见平均值 $F_3=5500\mathrm{m}^2$。根据三位经理对市场营销状况掌握程度和预测经验的差异，给出不同权数：营销经理 $W_1=0.5$，开发经理 $W_2=0.3$，财务经理 $W_3=0.2$，因此集体意见预测值为

$$F=\sum_{i=1}^{3}W_iF_i=0.5\times5900+0.3\times5800+0.2\times5500=5790\ (\mathrm{m}^2)$$

本章小结

本章主要介绍了定性预测的概念，以及定性预测的集中方法；了解定性预测方法的优点和缺点，有助于我们对定性预测理论和实践更深刻的认识和理解。

思考题

1. 什么是定性预测方法？
2. 什么是对比类推法？
3. 什么是德尔菲法？

项目实训

杭州写字楼市场区域开发与投资预测

一、各区基本情况

1. 黄龙区域初步成熟，投资潜力较大

黄龙区域目前凭借其独特的综合优势、准确的开发定位、高水准的设计施工、专业化的经营物管，已经成为当前杭州写字楼市场最具投资潜力的区域。该区域目前的销售价格较高，租金投资回报也比较丰厚，市场吸纳程度很高。对于投资者而言，投资风险较低且租金回报率较高，极具投资价值。

该区域目前仍有数块可以开发的地块，如浙江大学西溪校区及天目山路沿线。该区域后期的辐射范围将有所扩大，能有效带动目前的文三文二路商务写字楼市场。

2. 滨江新区、钱江新城区域长线看好

滨江新区和钱江新城作为未来杭州市沿江发展的重点商务区域，有良好的规划定位和较高的建设起点，并受到政府政策的有利扶持，从长远来看必将成为杭州未来的 CBD（中央商务区）辐射圈。但从开发的角度来看，除了前期能利用政府资源获得该区域土地开发的企业以外，该区域的开发时机尚未成熟。目前该区域正在建设的数个项目基本都有政府客户或政府招商企业客户作为保障，纯投资性开发面短期内面临着销售、招商、配套方面较大的压力。

3. 传统商圈写字楼市场压力较大

传统的武林、庆春和湖滨区域由于近期上市写字楼盘较多，面临着一定的压力。其自身商办条件提高能力有限，加之未来其他区域市场的分流作用，该区域除了少数几个具有独特优势的楼盘外，整体投资价值不高。

4. 城站区域蕴藏投资机会

城站区域交通枢纽的地位给予了它独特的区位优势，随着该区域旧城改造的深入、综合环境的改善和写字楼建设的加快，该区域蕴藏着一定的投资机会。

目前该区域的写字楼销售价格比较低，相对的租金回报率却是最高的。因此未来该区域的写字楼销售价格很可能会有明显的涨幅，且区域内仍有地块可供开发，具有一定的开发价值。

二、市场前景展望

1. 近期市场发展前景

从短期来看杭州写字楼市场总体仍然供大于求，空置率仍然会维持在一定的水平，租金上涨动力不足。特别是钱江新城区域，未来可能在短时间内出现高空置现象。写字楼的销售价格仍然具有上涨空间，直至租金回报率回落到6%左右的理性水平。因此对于开发商而言，如果能竞争到好的地块，开发写字楼仍然是一个不错的选择。

2. 中长期市场发展前景

从供求关系、经济发展前景、城市形象、城市间交通等因素综合判断，杭州写字楼市场发展潜力较大。

综合以上各点，从宏观市场层面来看，未来几年是介入杭州写字楼市场的有利时机。

三、区域发展趋势

从区域发展趋势来看，未来杭州写字楼市场区域化发展趋势将会越来越明显。

从大格局上来看，现在来大胆预测杭州未来写字楼市场会形成类似上海市场一样的三大区域：沿江区域（钱江新城和高新区），传统市中心区和城西区（以黄龙板块为中心）。沿江区域对于杭州就和浦东对于上海一样，是核心CBD区域；传统市中心区类似上海的浦西办公区；城西办公区域类似徐家汇办公区域。

四、供求变化趋势

在短期内总体上仍然是供大于求，但区域供求各具特色，需求有望在中期发生突破性增长。

武林和庆春板块近期仍然维持供大于求，空置率较高，租金增长缓慢；黄龙板块供小于求，租金价格维持高位，空置率极低；钱江新城暂时性出现供给高峰，空置率随着企业和政府机关入住下降到一定水平；其他区域供略大于求，稳步发展。

五、写字楼产品销售价格及租金变化前景

1. 销售价格稳步提升

从总体上来看，由于租金回报率较高、写字楼投资渐渐被更多人接受和写字楼品质提升等因素，杭州写字楼的销售价格将会稳步提升。

2. 价格差异逐渐拉大

从各区域情况来看，价格差异将进一步扩大。个别地段品质等难以复制的写字楼可能会出现相对“天价”，但甲级写字楼总体价格将与其他写字楼拉开差距。

3. 整体租金水平增长速度有限

由于短期内整体供大于求的态势难以根本转变，空置率会维持在一定的水平，租金增长速度有限。但个别区域如黄龙板块，其租金水平会进一步提升。

六、写字楼市场最新发展趋势

1. 单一产权写字楼租赁将成为主流

杭州目前的写字楼，除了受限于产权之外，几乎全部是出售。销售可以快速回收资金，而租赁却是细水长流。但是我们应该看到，写字楼是商业地产，它与普通住宅的开发经营模式是不一样的。对商业地产来说，后期的经营管理可能比前期的开发更重要，同时也需要更多的专业知识。目前国内写字楼市场多数采用销售的方式，但作为一种趋势，未来写字楼市场的单一产权写字楼会不断增加统一经营。

目前北京、上海、深圳只租不售的写字楼数目开始增加，而且这些写字楼租金表现明显好于同类出售写字楼。

2. 车位要求排在首位

在戴德梁行对杭州写字楼客户的问卷调查中，拟定了30个“影响写字楼客户购买决策”方面的指标。调查结果显示，排在前4位的分别是车位、办公智能化、物业管理、写字楼商务环境四项。而开发商比较重视的，甚至作为主要卖点的因素，例如外立面、标准层高、大堂等，客户重视程度并不高，分别列30个因素中的第10位、第19位和第28位。

3. 物业管理前期介入

对于写字楼来说，有经验的物业管理公司的早期介入是非常重要的，而且这种做法将成为未来写字楼开发当中应该遵循的一种理念。因为有经验的物业管理公司最了解终端用户的需求。比方有一些楼宇的布局，配套设施和各种装饰材料的选用等方面可以站在客户给开发商一些建议。基本上可以说，物业管理公司在整个写字楼的开发过程中进入得越早，起的作用就会越大。

（选自《杭州写字楼市场研究报告2006》）

选用一种定性预测的方法对本地区未来房地产前景进行预测。

第十一章 时间序列预测法

名师导学

想要连续性地对房地产市场的发展趋势和变化规律进行有效的预测，就必须掌握一门可以持续研究和预测的方法。本章我们主要介绍时间序列预测法在房地产市场调查与预测中的应用。为研究房地产市场未来的发展趋势和变化规律夯实理论基础。

知识目标

- 时间序列预测概念与分类
- 时间序列预测的步骤

能力目标

- 掌握时间序列预测方法基本原理和应用情形

案例导入

《2015 年中国经济预测与展望》日前由中国科学院发布，预测 2015 年中国全年 GDP 增速为 7.2%左右，增速较 2014 年下降约 0.2 个百分点。预计 2015 年中国第一产业增加值增速为 3.9%，第二产业为 7.1%，第三产业为 8.0%。消费、投资和净出口对 GDP 增长的拉动分别为 3.9、3.1 和 0.2 个百分点。预计 2015 年中国经济增长呈现前低后高趋势，上半年为 7.1%左右，下半年为 7.3%左右。预计一线城市商品房和全国商品房销售均价会继续上涨。

该报告涉及房地产方面的内容，预计今年一线城市商品房销售均价将达到每平方米 20100 元左右，同比上涨 6.5%，全国商品房销售均价约为每平方米 6400 元，同比上涨 1.2%。此外，2015 年商品房销售面积与销售额都将有所上涨，新开工面积和竣工面积较 2014 年保持上涨。

这样的预测主要基于一线城市人口、财富的聚集效应以及包括从土地、资金等方面的价格趋势，供求矛盾在短期内很难发生大的变化。而随着房企积极去库存效果的体现，房价止跌反弹的态势会趋于明显，导致全国商品房市场预期走高。

（资料来源《中国建设报》，备注：原文略有改动）

案例引导

时间序列预测法可用于短期、中期和长期预测。根据对资料分析方法的不同，又可分为：简单序时平均数法、加权序时平均数法、移动平均法、加权移动平均法、趋势预测法、指数平滑法、季节性趋势预测法、市场寿命周期预测法等。它的取值和具体是哪个时期无关，只和时期的长短有关。一般来说，只有属于平稳过程的时间序列，才是可以被预测的。

第一节　时间序列预测法概述

一、时间序列预测法与时间序列

时间序列预测法（也称历史引申预测法），就是将历史资料和数据，按照时间序列排列成一系列，根据时间序列所反映的经济现象的发展过程、方向和趋势，将时间序列外推或延伸，来预测经济现象未来可能达到的水平。

时间序列（也叫时间数列、历史复数或动态数列）是将某个经济变量的观测值，按时间先后顺序排列所形成的数列。时间单位可以是周、月、季度或年等。例如，超市月计算销售额，国家按年来统计国民生产总值。

时间序列预测法遵循连续性原理，即事物是发展连续的。时间序列分析法的目的是运用数学方法找出数列的发展趋势或变化规律，并使其向外延伸，预测未来的变化趋势。其内容包括：收集与整理某种社会现象的历史资料；对这些资料进行检查鉴别，排成数列；分析时间数列，从中寻找该社会现象随时间变化而变化的规律，得出一定的模式；以此模式去预测该社会现象将来的情况。因为该方法考虑影响预测的因素只是时间，所以此法的目的就是力求寻找预测目标随时间的变化规律。

二、时间序列预测法的步骤

第一步，收集历史资料，加以整理，编成时间序列，并根据时间序列绘成统计图。时间序列分析通常是把各种可能发生作用的因素进行分类，传统的分类方法是按各种因素的特点或影响效果分为四大类：①长期趋势；②季节变动；③循环变动；④不规则变动。

第二步，分析时间序列。时间序列中的每一时期的数值都是由许许多多不同的因素同时发生作用后的综合结果。

第三步，求时间序列的长期趋势 T、季节变动 S 和不规则变动 I 的值，并选定近似的数学模式来代表它们。对于数学模式中的诸多未知参数，使用合适的技术方法求出其值。

第四步，利用时间序列资料求出长期趋势、季节变动和不规则变动的数学模型后，就可以利用它来预测未来的长期趋势值 T 和季节变动值 S，在可能的情况下预测不规则变动值 I。然后用以下模式计算出未来的时间序列的预测值 Y：

$$\text{加法模式}\quad T+S+I=Y$$

$$\text{乘法模式}\quad T\times S\times I=Y$$

如果不规则变动的预测值难以求得，就只求长期趋势和季节变动的预测值，以两者相乘之积或相加之和为时间序列的预测值。如果经济现象本身没有季节变动或不需预测分季分月的资料，则长期趋势的预测值就是时间序列的预测值，即 $T=Y$。但要注意这个预测值只反映现象未来的发展趋势，即使很准确的趋势线在按时间顺序的观察方面所起的作用，本质上也只是一个平均数的作用，实际值将围绕着它上下波动。

三、时间序列预测法的分类

时间序列预测法可用于短期、中期和长期预测。根据对资料分析方法的不同，可分为如下几类。

（一）简单序时平均数法

也称算术平均法。即把若干历史时期的统计数值作为观察值，求出算术平均数作为下期预测值。这种方法基于下列假设："过去这样，今后也将这样"，把近期和远期数据等同化和平均化，因此只能适用于事物变化不大的趋势预测。如果事物呈现某种上升或下降的趋势，就不宜采用此法。

（二）加权序时平均数法

就是把各个时期的历史数据按近期和远期影响程度进行加权，求出平均值，作为下期预测值。

（三）简单移动平均法

就是相继移动计算若干时期的算术平均数作为下期预测值。

（四）加权移动平均法

即将简单移动平均数进行加权计算。在确定权数时，近期观察值的权数应该大些，远期观察值的权数应该小些。

上述几种方法虽然简便，能迅速求出预测值，但由于没有考虑整个社会经济发展的新动向和其他因素的影响，所以准确性较差。应根据新的情况，对预测结果做必要的修正。

（五）指数平滑法

即根据历史资料的上期实际数和预测值，用指数加权的办法进行预测。

此法实质是由内加权移动平均法演变而来的一种方法，优点是只要有上期实际数和上期预测值，就可计算下期的预测值，这样可以节省很多数据和处理数据的时间，减少数据的存储量，方法简便，是国外广泛使用的一种短期预测方法。

（六）季节趋势预测法

根据经济事物每年重复出现的周期性季节变动指数，预测其季节性变动趋势。推算季节性指数可采用不同的方法，常用的方法有季（月）别平均法和移动平均法两种。

1. 季（月）别平均法

就是把各年度的数值分季（或月）加以平均，除以各年季（或月）的总平均数，得出各季（月）指数。这种方法可以用来分析生产、销售、原材料储备、预计资金周转需要量等方面的经济事物的季节性变动。

2. 移动平均法

即应用移动平均数计算比例求典型季节指数。不同的时间序列预测方法只适用于一定的数据时间序列模式。因此，对时间序列模式的理解是学习时间序列预测方法的基础。

时间序列的模式，是指历史时间序列所反映的某种可以识别的事物变动趋势形态。时间序列的基本模式，可以归纳为水平型、趋势型、周期变动型和随机型四种类型，大体反映了市场供求变动的基本形态：

(1) 水平型　水平型时间序列模式是指时间序列各个观察值呈现出围绕着某个定值上下波动的变动形态。如某些非季节性的生活必需品的逐月销售量等。以某商品销售量为例，水平型模式如图 11-1 所示。

(2) 趋势型　趋势型时间序列模式是指时间序列在一定时期虽出现小范围的上下波动，但总体上呈现出持续上升或下降趋势的变动形态。如高档耐用消费品的经济寿命曲线等。趋势型时间序列模式依其特征不同又可分为线性（如图 11-2 所示）和非线性趋势模式。

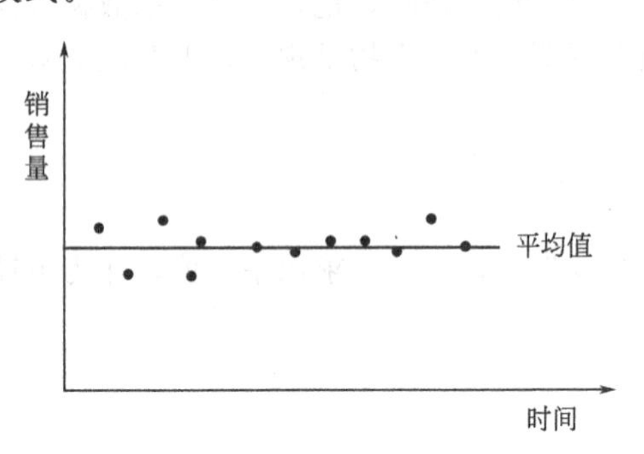

图 11-1　水平型时间序列模式

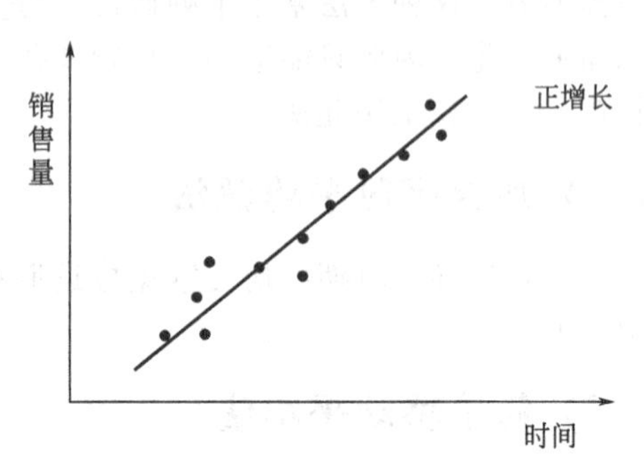

图 11-2　趋势型时间序列模式（线性）

(3) 周期变动型　周期变动型时间序列模式是指随着时间的推移，时间序列呈现出有规则的上升与下降循环变动的形态。按时间序列循环波动的周期不同，可分为季节变动型模式和循环变动型模式两类。常见的是季节变动型模式，这种模式往往是指以年为变动周期，按月或按季度编制的时间序列，如许多季节性消费品的按月、按季销售量等。如图 11-3 所示。

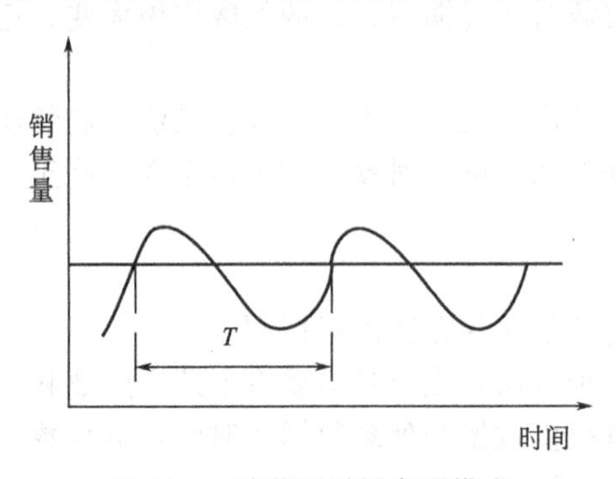

图 11-3　季节型时间序列模式

(4) 随机型　随机型时间序列模式是指时间序列所呈现的变化趋势走向升降不定、没有一定的规律可循的变动势态。这种现象往往是由于某些偶然因素引起的，如经济现象中的不规则变动、政治变动以及自然气候的突变等因素所致。对于这类时间序列模式，很难运用时间序列预测方法做出预测，但有时也可通过某种统计处理，消除不规则因素影响，找出事物的固有变化规律，从而进行分析预测。

(七) 市场寿命周期预测法

就是对产品市场寿命周期的分析研究。例如对处于成长期的产品预测其销售量，最常用的一种方法就是根据统计资料，按时间序列画成曲线图，再将曲线外延，即得到未来销售发展趋势。最简单的外延方法是直线外延法，适用于对耐用消费品的预测。这种方法简单、直观、易于掌握。

总之时间序列预测法应用范围很广泛。应用此方法时，编制时间序列应注意以下问题：

① 时间序列各数据之间的时间间隔应保持一致，否则就失去了可比性。

② 时间序列反映的是某一经济现象随时间的发展变化，但这种变化是由众多因素共

同作用的结果。不同因素的作用不同，形成相应的结果也不同，形成的时间序列呈现出来的变动趋势也不可能完全一致。

（八）时间序列预测法的运用实例

某一城市从1984年到1994年中，每年参加体育锻炼的人口数，排列起来，共有10个数据构成一个时间序列。我们希望用某个数学模型，根据这10个历史数据，来预测1995年或以后若干年中每年的体育锻炼人数是多少，以便于该城市领导人制订一个有关体育健身的发展战略或整个工作计划。不同的时间序列有不同的特征，例如一个人在一年中每天消耗的粮食基本上是相同的，把这365个数字排列起来。发现它所构成的时间序列总保持在一定水平，上下相差不太大，我们称它是“平稳”时间序列。它的取值和具体是哪个时期无关，只和时期的长短有关。一般来说，只有属于平稳过程的时间序列，才是可以被预测的。

第二节　简单平均法

简单平均法就是将一定观察期内预测目标值的算术平均数作为下一期预测值的一种简便的预测方法。具体又分为简单算术平均法、加权算术平均法和几何平均法。

一、简单算术平均法

简单算术平均法就是将观察期内预测目标时间序列值求和，取其平均值，并将其作为下期预测值。用公式表示为

$$X=\frac{\sum X_i}{n}(i=1,\ 2,\ \cdots,\ n)$$

式中，X 为观测期内预测目标的算术平均值，即下期的预测值；X_i 为预测目标在观测期内的实际值；n 为数据个数。

【例题 11-1】 某电动自行车厂2007年1～12月电动自行车销售量分别为（万辆）60，50.4，55，49.6，75，76.9，72，68，54.5，44，43.8，47。利用简单算术平均法，预测2008年1月电动自行车的销售量（分按全年、下半年、第四季度三种情况预测）。

解　(1) 根据全年的销售量进行预测，为

$$X=\frac{\sum X_i}{n}=\frac{60+50.4+55+49.6+75+76.9+72+68+54.5+44+43.8+47}{12}$$

$$=58(\text{万辆})$$

(2) 根据下半年的销售量进行预测，为

$$X=\frac{\sum X_i}{n}=\frac{72+68+54.5+44+43.8+47}{6}=54.9(\text{万辆})$$

(3) 根据第四季度的销售量进行预测，为

$$X\ \frac{\sum X_i}{n}=\frac{44+43.8+47}{6}=44.9(\text{万辆})$$

由此可以看出，由于观察期长短的不同，得到的预测值也随之不同。故观察期的长短选择对预测结果很重要。一般当数据的变化倾向较小，观察期可短些；当时间序列的变化倾向较大时，观察期应长些，这样预测值相对精确些。

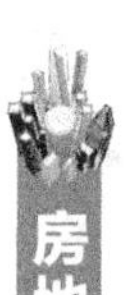

简单算术平均法使用简单，花费较少，适用短期预测或当对预测结果的精度要求不高的情况。

二、加权算术平均算法

加权算术平均法为观察期内的每一个数据确定一权数，并在此基础上，计算其加权平均数作为下一期的预算值。加权平均算法用公式表示为

$$X=\frac{\sum W_iX_i}{\sum W_i}(i=1，2，\cdots，n)$$

式中，X 为预测目标在观察期内的加权算术平均数，即下期预测值；X_i 为在观察期内的各个数据；W_i 为与 X_i 相对应的权数。

使用加权算术平均算法预测的关键就是确定权数。一般离预测值越近的数据对预测值影响越大，应确定较大的权数，离预测值较远的数据应确定较小的权数。

【例题 11-2】 采取加权平均算法，根据【例题 11-1】所所给的数据，利用 2007 年下半年数据预测 2008 年 1 月的销量。

解 设 2008 年 1 月的销量为 X，则

$$X=\frac{\sum W_iX_i}{\sum W_i}=\frac{1\times 72+2\times 68+3\times 54.5+4\times 44+5\times 43.8+6\times 47}{1+2+3+4+5+6}=49.9(\text{万辆})$$

通过测试，2008 年 1 月电动自行车的销量为 49.9 万辆。

三、几何平均算法

几何平均算法首先要计算出一定时期内预测目标时间序列的发展速度或逐期增长率，然后以此为依据进行预测。用公式表示为

$$G=\sqrt[n]{X_1\cdot X_2\cdot X_3\cdots X_n}$$

式中，G 为几何平均数，即预测值；X_i 为观察期内的逐期增长率；n 为数据的个数。

第三节　移动平均法

移动平均法是将观察期内的数据由远及近按一定跨越期进行平均的一种预测方法，随着观察期的“逐期推移”，观察期内的数据也随之向前移动，每向前移动一期，就去掉最前面一期数据，而新增原来观察期之后的数据，保证跨越期不变，然后逐个求出其算术平均值，并将预测期最近的那一个平均数作为预测值。

常用的移动平均有一次移动平均法和二次移动平均法。一次移动平均法又可分为简单移动平均法和加权移动平均法两种。下面仅对一次移动平均法做简单介绍。

一、简单移动平均法

简单移动平均法指时间序列按一定的跨越期，移动计算观察数据的算术平均数，形成一组新的数据。

简单移动平均法的基本公式表示为

$$M_t=\frac{X_{t-1}+X_{t-2}+\cdots+X_{t-n}}{n}$$

式中，M_t 为第 $t-1$ 期到第 $t-n$ 期的平均数；X_{t-1}，X_{t-2}，…，X_{t-n} 为第 $t-1$ 期到 $t-n$ 期的实际值；n 为跨越期。

【例题 11-3】 表 11-1 为某城市 2007 年各月份汽油的消耗量，并分别对跨越期为 3 和 5 的情况进行测试。

解 利用公式 $M_t=\dfrac{X_{t-1}+X_{t-2}+\cdots+X_{t-n}}{n}$，计算 $n=3$ 和 $n=5$ 时数据如表 11-1 所示。

表 11-1　2007 年各月份汽油的消耗量及平均值　　（单位：万升）

月份 t	实际使用量 X_t	3 个月移动平均值 $M_t(n=3)$	5 个月移动平均值 $M_t(n=5)$
1	120.0		
2	132.0		
3	142.0		
4	138.0	131.3	
5	146.0	137.3	
6	152.0	142.0	135.6
7	146.0	145.3	142
8	155.0	148.0	144.8
9	143.0	151.0	147.4
10	156.0	148.0	148.4
11	148.0	151.3	150.4
12	150.0	149.0	149.6

二、加权移动平均法

加权移动平均法是对跨越期内不同重要程度的数据乘以不同的权数，将这些乘积之和除以各权数之和，求得加权数，并以此来预测下一期数据。用公式表示为

$$M_{t+1}=\frac{W_1X_tW_2X_{t-1}+\cdots+W_nX_{t-n+1}}{W_1W_2+\cdots+W_n}$$

式中，M_{t+1} 为时间为 t 的加权移动平均数，即 X_{t+1} 的预测值；X_t，X_{t-1}，X_{t-n+1} 为观察期内时间序列各个数据，即预测目标在观察期内的实际值；W_1，W_2，…，W_n 为与观察期内时间序列各个数据相对应的权数。

【例题 11-4】 利用【例题 11-3】数据，令跨越期为 3，权数分别为 0.5、0.3、0.2，运用加权移动平均法预测该城市 2008 年 1 月份对汽油的需求量。

解 利用公式 $M_{t+1}=\dfrac{W_1X_tW_2X_{t-1}+\cdots+W_nX_{t-n+1}}{W_1+W_2+\cdots+W_n}$，计算结果如表 11-2 所示。

表 11-2　计算数据　　（单位：万升）

月份 t	实际使用量 X_t	加权移动平均值 $M_t(n=3)$	预测值
1	120		
2	132		
3	142		
4	138	142.0×0.5+132.0×0.3+120.0×0.2=134.6	134.6
5	146	138.0×0.5+142.0×0.3+132.0×0.2=138.0	138.0
6	152	146.0×0.5+138.0×0.3+142.0×0.2=142.8	142.8
7	146	152.0×0.5+146.0×0.3+138.0×0.2=147.4	147.4

续表

月份 t	实际使用量 X_t	加权移动平均值 $M_t(n=3)$	预测值
8	155	146.0×0.5+152.0×0.3+146.0×0.2=147.8	147.8
9	143	155.0×0.5+146.0×0.3+152.0×0.2=151.7	151.7
10	156	143.0×0.5+155.0×0.3+146.0×0.2=147.2	147.2
11	148	156.0×0.5+143.0×0.3+155.0×0.2=151.9	151.9
12	150	148.0×0.5+156.0×0.3+143.0×0.2=149.4	149.4

第四节　指数平滑法

指数平滑法是用预测目标历史数据的加权平均数作为预测值的一种预测法，是加权平均法的一种特殊情形。用公式表示为

$$S_{t+1}=\alpha X_t=(1-\alpha)S_t$$

式中，S_{t+1}为$t+1$期预测目标时间序列的预测值；X_t为t期预测目标的实际值；S_t为t期预测目标的预测值，即t期的平滑值；α为平滑系数$0\leqslant\alpha\leqslant1$。

公式表明，$t+1$期的预测值是t期实际值和预测值的加权平均数，t期实际值的权数为α，t期预测值的权数为$1-\alpha$，权数之和为1。

【例题 11-5】 某自行车厂1993～2001年销售额如表11-3所示，利用指数平滑法预测2002年的销售额。

表 11-3　某自行车厂 1993～2001 年销售额　　（单位：万元）

年份	销售额	平滑系数 $\alpha=0.1$	平滑系数 $\alpha=0.6$	平滑系数 $\alpha=0.9$
1993	4000	4566.67	4566.67	4566.67
1994	4700	4510.00	4226.67	4056.67
1995	5000	4529.0	4510.67	4635.67
1996	4900	4576.10	4804.27	4963.57
1997	5200	4608.49	4861.71	4906.36
1998	6600	4667.64	5064.68	5170.64
1999	6200	4860.88	5985.87	6457.06
2000	5800	4994.79	6114.35	6225.71
2001	6000	5075.31	5925.74	5842.57
Σ	—	5167.78	5970.3	5984.26

分析：预测步骤如下所述。

第一步，首先确定初始值S_1，这是利用指数平滑法的重要一步。由指数平滑法公式可知，要计算S_{t+1}就需要知道S_t，计算S_t就要知道S_{t-1}，以此类推，要知道S_2就要知道S_1，而S_1是没有办法计算出来的，只能估算。一般情况下，时间序列的数据越多，初始值距离预测期就越远，权数就越小，对预测值的影响也越小。初始值可以用实际值来代替，即：$S_1=X_1$，然后按照上述递推规则，求出S_{t+1}；若时间序列数据少，初始值对预测值的影响较大，可以选择前几个数据作为初始值。如本例可以将S_1确定为前三期数据的平均值，即

$$S_1=\frac{X_1+X_2+X_3}{3}=\frac{4000+4700+5000}{3}=4566.67(\text{万元})$$

第二步，选择平滑系数 α。指数平滑法中平滑系数体现了对时间序列各数据的修均能力，α 值的大小与预测结果有着直接关系。通常 α 值可以依据时间数列的波动进行选择。如果时间序列有较大的随机波动或大幅的升降时，应选择较小的平滑系数，以清除这种不规则变动对预测值的影响；如果时间序列有较小的随机变动或数据以固定比率上升、下降时，应选用较大的平滑系数；如果时间序列变动呈水平趋势，预测值与 α 的取值关系不大，可以选择居中的 α 值。

本题中，分别取 $\alpha=0.1$，$\alpha=0.6$，$\alpha=0.9$，通过计算，可以比较它们对时间数列的修均程度。

当 $\alpha=0.1$ 时

$$S_1=\frac{4000+4700+5000}{3}=4566.67(\text{万元})$$

$$S_2=0.1\times4000+(1-0.1)\times S_1=4510.00(\text{万元})$$

……

2002 年预测值=5167.78(万元)

当 $\alpha=0.6$ 时

$$S_1=\frac{4000+4700+5000}{3}=4566.67(\text{万元})$$

$$S_2=0.6\times4000+(1-0.6)\times S_1=4226.67(\text{万元})$$

……

2002 年预测值=5970.30(万元)

当 $\alpha=0.9$ 时

$$S_1=\frac{4000+4700+5000}{3}=4566.67(\text{万元})$$

$$S_2=0.9\times4000+(1-0.9)\times S_1=4056.67(\text{万元})$$

……

2002 年预测值=5984.26(万元)

第三步，确定预测值。根据本例中 α 对时间序列的修均程度，当 $\alpha=0.9$ 时，指数平滑值基本反映了时间序列各数据的情况，修均程度小，应确定 $\alpha=0.9$ 时的平滑值作为预测值。另外，在使用指数平滑法进行预测时，若对预测精度的要求比较高，还需要对平滑系数下取得的平滑值进行误差分析。

第五节　趋势外推法

趋势外推法，又称数学模型法，就是通过建立一定的数学模型，对时间序列给出恰当的趋势线，将其外推或延伸，用来预测未来可能达到的水平。趋势外推法又分为直线趋势外推法和曲线趋势外推法。

趋势外推法的基本理论是：决定事物过去发展的因素，在很大程度上也决定该事物未来的发展，其变化，不会太大；事物发展过程一般都是渐进式的变化，而不是跳跃式的变化掌握事物的发展规律，依据这种规律推导，就可以预测出它的未来趋势和状态。

趋势外推法首先由 R. 赖恩（Rhyne）用于科技预测。他认为，应用趋势外推法进行预测，主要包括以下 6 个步骤：

① 选择预测参数；

② 收集必要的数据；

③ 拟合曲线；

④ 趋势外推；

⑤ 预测说明；

⑥ 研究预测结果在制订规划和决策中的应用。

趋势外推法是在对研究对象过去和现在的发展做了全面分析之后，利用某种模型描述某一参数的变化规律，然后以此规律进行外推。为了拟合数据点，实际中最常用的是一些比较简单的函数模型，如线性模型、指数曲线、生长曲线、包络曲线等。

一、 直线趋势外推法

直线趋势外推法就是假定预测目标随时间变化的规律近似为一条直线。通过拟合直线方程描述直线的上升或下降趋势来确定预测值。设直线方程为

$$y_t = a + bt$$

式中，y_t 为预测值；t 为时间序列编号；a，b 为常数。

通过数学计算，确定 a，b 的值，求出直线方程。首先根据最小乘法可推导出两个标准方程

$$\sum y_i = na + b\sum t_i$$

$$\sum t_i = a\sum t_i + b\sum t_i^2$$

解得

$$a = \frac{1}{n}(\sum y_i - b\sum t)$$

$$b = \frac{n\sum t_i y_i - (\sum t_i)(\sum y_i)}{n\sum t_i^2 - (\sum t_i)^2}$$

t_i 是时间序列的编号，为了简化计算，通常按 $\sum t_i = 0$ 的原则编号。这样，原公式就简化为

$$a = \frac{\sum y_i}{n}$$

$$b = \frac{\sum t_i y_i}{\sum t_i^2}$$

式中，y_i 为时间序列的实际值；t_i 为时间序列各编号；n 为数据个数。

在计算时，为保证 $\sum t_i = 0$，通过对于不同资料的时间间隔是不同的。当 n 为奇数时，确定资料的中央一期为 0，与中央一期对称的其他各期之和也应为 0，则时间序列的时间间隔为 1；当 n 为偶数时，中央两期之和为 0，与这两期相邻的其他各期之和也应为 0，则资料的时间间隔为 2。

【例题 11-6】 表 11-4 是一家航空公司 1992～1998 年的总收入情况，适用趋势外推法预测 1999 年该公司的总收入。

计算出：

$$a = \frac{\sum y_i}{n} = 3\ 592.57$$

$$b = \frac{\sum t_i y_i}{\sum t_i^2} = 344.25$$

表 11-4　航空公司 1992～1998 年的总收入　（单位：百万元）

年份	总收入(y_i)	t_i	y_it_i	t_i^2	y_t
1992	2 428	−3	−7 284	9	2 559.85
1993	2 951	−2	−5 902	4	2 904.1
1994	3 533	−1	−3 533	1	3 248.35
1995	3 618	0	0	0	3 592.6
1996	3 616	1	3 616	1	3 936.85
1997	4 264	2	8 528	4	4 281.1
1998	4 738	3	14 214	9	4 625.35
Σ	25 148	0	9 639	28	—

则直线趋势方程为　　　　$y_t=3\ 592.57+344.25$

利用直线趋势方程可知 1999 年的总收入。即 $t=4$ 时，$y_t=4\ 969.57$（百万元），即 1999 年的总收入为 4 969.57 百万元。

二、曲线趋势外推法

市场中许多经济现象随时间变化的规律并非都是线性的，有时会呈现出不同形状的曲线变动趋势。曲线趋势外推法就是根据时间序列随时间变化的曲线规律来确定曲线方程，根据曲线的特点确定出预测值，下面我们介绍较常用的二次曲线趋势外推法。

二次曲线趋势外推法使用与时间去列数据的分布呈现抛物线的情况。假定曲线方程为

$$y_t=a+bt+ct^2$$

式中，y_t 为预测值；a，b，c 为常数。

倒推后可以确定常数 a，b，c 分别为

$$a=\frac{\sum y_i\sum t_i^4-\sum y_i^2t_i\sum t_i^2}{n\sum t_i^4-(\sum t_i^2)^2}$$

$$b=\frac{\sum y_it}{\sum t_i^2}$$

$$c=\frac{\sum y_it_i^2-\sum y_i\sum t_i^2}{n\sum t_i^4-(\sum t_i^2)^2}$$

确定 a，b，c 后，即确定了曲线方程，代入相应的时间 t 后，即可得到预测值。

【例题 11-7】 某面包厂 1993～2001 年的销售额如表 11-5 所示，预测 2002 年的销售额。

表 11-5　某面包厂 1993～2001 年的销售额　（单位：万元）

年份	1993	1994	1995	1996	1997	1998	1999	2000	2001
销售额	520	550	530	510	570	700	690	720	740

解　将以上各数据列表计算，代入公式，则有

$$a=\frac{\sum y_i\sum t_i^4-\sum y_i^2t_i\sum t_i^2}{n\sum t_i^4-(\sum t_i^2)^2}=596.83$$

$$b=\frac{\sum y_it}{\sum t_i^2}=31.67$$

$$c=\frac{\sum y_i t_i^2-\sum y_i \sum t_i^2}{n\sum t_i^4-(\sum t_i^2)^2}=2.64$$

则曲线方程为 $$y_t=596.83+31.67t+2.64t^2$$

当 $t=5$ 时，$y_t=821.18$，则 2002 年的销售额的预测值为 821.18 万元。

三、线性外推法

线性趋势外推法是最简单的外推法。这种方法可用来研究随时间按恒定增长率变化的事物。在以时间为横坐标的坐标图中，事物的变化接近一条直线。根据这条直线，可以推断事物未来的变化。

应用线性外推法，首先是收集研究对象的动态数列，然后画数据点分布图，如果散点构成的曲线非常近似于直线，则可按直线规律外推。

四、指数曲线法

指数曲线法是一种重要的趋势外推法。当描述某一客观事物的指标或参数在散点图上的数据点构成指数曲线或近似指数曲线时，表明该事物的发展是按指数规律或近似指数规律变化。如果在预测期限内，有理由说明该事物仍将按此规律发展，则可按指数曲线外推。

许多研究结果表明，技术发展，有时包括社会发展，其定量特性往往表现为按指数规律或近似指数规律增长，一种技术的发展通常要经过发生、发展和成熟 3 个阶段。在技术发展进入阶段之前，有一个高速发展时期。一般地说，在这个时期内，很多技术特性的发展是符合指数增长规律的。例如，运输工具的速度、发动机效率、电站容量、计算机的存储容量和运算速度等，其发展规律均表现为指数增长趋势。

对于处在发生和发展阶段的技术，指数曲线法是一种重要的预测方法，一次指数曲线因与这个阶段的发展趋势相适应，所以比较适合处于发生和发展阶段技术的预测，一次指数曲线也可用于经济预测，因为它与许多经济现象的发展过程相适应，二次指数曲线和修正指数曲线则主要用于经济方面的预测。

五、生长曲线法

生长曲线模型可以描述事物发生、发展和成熟的全过程，是情报研究中常用的一种方法。

生物群体的生长，例如人口的增加、细胞的繁殖，开始几乎都是按指数函数的规律增长的。在达到一定的生物密度以后，由于自身和环境的制约作用，逐渐趋于一稳定状态。通过对技术发展过程的研究，发现也具有类似的规律。由于技术性能的提高与生物群体的生长存在着这种非严谨的类似，因而可用生长曲线模拟技术的发展过程。

生长曲线法几乎可用来研究每个技术领域的发展，它不仅可以描述技术发展的基本倾向，而更重要的是，它可以说明一项技术的增长由高速发展变为缓慢发展的转折时期，为规划决策确定开发新技术的恰当时机提供依据。

有些经济现象也符合或近似生长曲线的变化规律，因而它也完全可以用来研究经济领域的问题。

六、包络曲线法

生长曲线描述一项单元技术的发展过程，而包络曲线描述整个技术系统的发展过程。一项单元技术有功能特性上限，而由一系列先后相继的单元技术构成的整个技术系统，不会因单元技术达到性能上限而停止发展。例如，把计算机作为整个技术系统，则分别以电子管→晶体管→中小规模集成电路到大规模集成电路作为逻辑元件的相应计算机就是它的单元技术。随着单元技术的更替，计算机技术性能在不断提高。

由于单元技术的连续更替，在时间-特性图上表现为一系列的S曲线，随时间的推移，后一条S曲线的性能比前一条S曲线的性能有所提高。如果把这一系列S曲线连成一条包络曲线，其形状也往往是一条S曲线。R. 艾尔斯（Ayres）通过对整个技术系统实际发展过程的观察和分析，列举了许多实例，用以说明整个技术系统的发展是符合包络曲线规律的。例如：粒子加速器工作能量的增加，白炽灯效率的提高，航空发动机功率的增长，交通工具速度的提高等。

这些事实说明，整个技术系统的发展也是连续的，呈现某种规律性，符合或近似包络曲线规律。这一规律是制订长远科技发展规划的一个依据。

用包络曲线外推，可以估计某个技术系统的特性参数在未来某一时间将会达到什么水平，适用于长期技术预测。此外，它还有以下两个方面的实际用途。

1. 用于分析新技术可能出现的时机

根据整个技术系统的特性参数遵循包络曲线发展的规律，当某一单元技术的性能趋于其上限时，通常会有另一新的单元技术出现，推动整个技术系统的发展。按照这个原理，如果将包络曲线法与生长曲线法结合起来使用，当现有技术的性能水平接近其上限时，规划制订者就应该估计，是否会有另一新的单元技术出现，从而相应地做出新技术的科研规划和计划，并加以实施，以保持产品的先进性。

2. 用于验证规划中制订的技术参数指标是否合理，为未来产品设计的功能特性参数提供评价依据

如果目标规定的技术参数值制订在外推的包络曲线之上，表明有可能冒进；反之，则可能是偏于保守的。

第六节　季节指数法

在市场经济中，某经济变量的变化随季节的不同而呈现出周期性变化，在一定的时间内间隔内出现相似的周期曲线，有些经济变量反映的季节变动较强，而另一些经济变量表现的季节变动相对较弱。因此，在进行市场预测时，应考虑到经济变量的季节性变化。

季节指数法就是描述时间序列的季节性变动规律，并以此为依据预测未来市场商品的供应量、需求量及价格变动趋势。

利用季节指数预测法的关键是计算时间序列的季节指数，下面介绍最常用的按月（季）平均法。

【例题 11-8】 某家电销售部2003～2005年电风扇的销售量资料如表11-6所示。已知2006年1月份的销售量为3台，试预测2006年其他各月的销售量。

表 11-6　某家电销售部 2003～2005 年电风扇的销售量　（单位：台）

年＼月	1	2	3	4	5	6	7	8	9	10	11	12	年平均
2003	5	4	10	22	40	108	94	85	62	20	5	6	38.4
2004	4	5	11	23	51	110	96	80	57	15	4	4	38.3
2005	3	3	6	18	32	100	92	81	58	13	3	2	34.3
月平均	4	4	9	21	41	106	94	82	59	16	4	4	37
季度指数	10.8	10.8	24.3	56.8	111	286	250	222	160	43.2	10.8	10.8	

分析　具体预测如下：

计算历年同月的算术平均值

$$1\text{ 月份的平均值}=\frac{5+4+3}{3}=4$$

计算全年月平均值

$$\frac{4+4+9+\cdots+4}{12}=37$$

计算各月季节指数

$$\text{季节指数}=\frac{\text{各年同月平均数}}{\text{全年月总平均数}}\times 100\%$$

$$2\text{ 月份季节指数}=\frac{4}{37}\times 100\%=10.8\%$$

调整各月季节指数

$$\text{调整各月系数}=\frac{\text{理论季节指数之和}}{\text{实际季节指数之和}}\times\text{各月实际季节指数}$$

$$1\text{ 月份调整后的季节指数}=\frac{1200}{1199.5}\times 10.8\%=10.8\%$$

$$2\text{ 月份调整后的季节指数}=\frac{1200}{1199.5}\times 10.8\%=10.8\%$$

计算预测值

$$\text{某月预测值}=\frac{\text{预测月的季节指数}}{\text{实际月的季节指数}}\times\text{上月实际数}$$

$$2006\text{ 年 }2\text{ 月份的预测值}=3\times\frac{10.8}{10.8}=3(\text{台})$$

以此类推，可以求出 2006 年各月的需求值。

本章小结

本章主要介绍了时间序列预测的方法，可用于短期、中期和长期预测。根据对资料分析方法的不同，又可分为：简单序时平均数法、加权序时平均数法、移动平均法、加权移动平均法、趋势预测法、指数平滑法、季节性趋势预测法等。

思考题

1. 简述时间序列预测法的步骤。
2. 简述时间序列预测法的分类。

项目实训

1. 选用任何一种方法预测未来 1 年内，本市房地产写字楼每季度成交量。
2. 选用不同的方法预测未来 5 年内，本市房地产每年写字楼成交量。

第十二章 回归分析预测法

名师导学

回归分析主要任务是研究事物之间的相互关系。本章分别介绍了一元线性回归分析、多元线性回归分析、非线性回归分析，并说明了各自在经济预测中的作用，最后以房地产市场为例，介绍了回归分析预测法在房地产市场中的应用。

知识目标

- 一元线性回归分析预测
- 多元线性回归分析预测
- 非线性回归分析预测

能力目标

- 房地产市场中回归分析的应用

案例导入

浙江省社会科学院发布了《2015 浙江蓝皮书》，共 6 卷报告，从经济、社会、文化、政治、法治、浙商等角度，对浙江省去年的发展情况作了全方位解读，并对今年的趋势作了预测。

以前三年计算杭州（楼盘）要消化掉存量房需 20 个月

房价一直是业界和普通市民最关心的话题。蓝皮书称，去年浙江的房地产投资增长迅猛。1~9 月全省完成房地产开发投资 5272.4 亿元，比上年同期增长 20.9%，高于全国同期 12.9%的涨幅。

不过，去年前三季度商品房销售同比下降了 12.9%，销售额下降 19.5%。四季度解除限购后，市场出现了回暖。以杭州为例，2014 年签约套数比上年增加 5.4%，但是销售金额却比 2013 年下降了 4.4%，“以价换量”销售特征明显。

进入 2015 年后，商品房市场的库存压力将不断增大。截至 2014 年 12 月 31 日，杭州新建商品住宅可售房源 97364 套，为历年来最高，如果以前三年的平均销售计算，卖完这些住宅大约需要 20 个月。

蓝皮书分析，虽然今年房地产销售有望延续去年四季度的长势，但全省主要城市房价仍然处于下行通道。不过，优质楼盘将充分体现价值，仍然存在升值空间，位置和功能性较差的楼盘则面临巨大的销售风险，一些不能满足消费者变化的房地产企业或有被市场淘汰风险。

此外，蓝皮书认为，去年限购限贷政策的取消破除了房地产市场发展的行政障碍，保

护了自住型和改善性需求。今年再对货币政策调整的空间已经不大。可能调整的主要包括补贴、减免契税、便利公积金提取和使用等方式，通过优化原有的相关制度进一步降低购房成本。

案例引导

回归分析预测法是一类比较经典，也比较实用的预测方法。在实际使用过程中，如果在选择具体的方法和模型时能对数据作较为详细的分析，对散点图的观察分析也能仔细一点的话，预测结果也就会比较令人满意。当然，回归分析最大的特点就是在偶然中发现必然，而实际情况却常常是千变万化的，有时偶然因素的影响也会超过必然，这就要求在预测工作中不能机械，要会灵活运用，要注意了解会影响预测结果的偶然情况，以便对预测结果进行适当修正，这样才能使预测结果更接近实际，也才能使预测能更好地为经济建设服务。

第一节　回归分析预测法概述

无论是自然现象之间还是社会经济现象之间，大都存在着不同程度的联系。计量经济学的主要问题之一就是要探询各种经济变量之间的相互联系程度，联系方式及其运动规律。这些变量之间的关系一般分为两类。

1. 确定性关系

在许多问题中，变量和变量之间的函数关系反映了他们之间的确定性关系。比如，企业的销售收入 Y 等于产品价格 P 与销售量 X 的乘积，用数学表达式表示为：

$$Y=PX$$

在这三个变量中，只要有两个为已知，则另一个变量就可以确定了。在电路中的欧姆定律表示电压、电阻、电流三者之间的确定性关系：$V=IR$，其中 V 表示电压，R 表示电阻，I 表示电流。在力学中，物体运动的距离、速度和时间之间也存在

$$S=VT$$

式中，S 为物体运动的距离，V 为物体运动的速度，T 为物体运动的时间。同样，在这三个变量中，任意两个都可以确定第三个。

2. 相关关系

常言道“风调雨顺，五谷丰登”，这说明降雨量与农作物产量之间有密切的联系，但是这两个变量之间的联系又不能用确定的公式表示，即不能由一个变量的数值完全确定另一个变量的值。类似这样的关系在实际生活中是大量存在的，如人的年龄与血压之间的关系，产品的生产条件与产品产量之间的关系，子女的身高与父母身高之间的关系等。这类变量之间的关系叫做相关关系。

回归分析就是分析研究客观事物中量与量之间相关关系的一种方法，是数理统计的一个分支，它在经济研究、生产实践和科学研究中有着广泛的应用领域。运用回归分析方法可以建立这类变量间关系的经验公式，在判断经验公式的有效性之后，就可以应用经验公式进行分析和预测。回归分析预测法就是从各种经济现象之间的相关关系出发，通过对与预测对象有联系的现象变动趋势的分析，推算预测对象未来状态数量表现的一种预测法。

从变量之间的依存关系来说，回归分析有：一元线性回归分析（一个变量的变化仅依赖于另一个变量的变化，且两个变量之间的关系呈直线关系）；一元非线性回归分析（一

个变量的变化仅依赖于另一个变量的变化，且两个变量之间的关系呈曲线关系）；除了一元线性回归之外，还有一个变量的变化依赖于两个或多个变量的变化的二元或多元回归分析，它们也有线性和非线性之分。

在运用回归模型进行预测时，正确判断两个变量之间的相关关系，选择预测目标的主要影响因素做模型的自变量是非常重要的。

第二节　一元线性回归分析预测法

一、一元线性回归模型

回归分析的任务之一就是要确定具有相关关系的变量之间的经验关系式（回归方程），以便由一个（或几个）变量的数值估计出另一个变量的数值。

为了说明一元线性回归模型，举一个商品需求函数的例子。为了研究某市城镇每年鲜蛋的需求量，首先考察消费者年人均可支配收入对年人均鲜蛋需求量的影响。由经济理论知，当人均可支配收入提高时，鲜蛋需求量也相应增加。但是鲜蛋需求量除受消费者可支配收入影响外，还要受到其自身价格、人们的消费习惯及其他一些随机因素的影响。为了表示鲜蛋需求量与消费者可支配收入之间非确定的依赖关系，我们将影响鲜蛋需求量的其他因素归并到随机变量 μ_i 中，建立这两个变量间的数学模型：

$$Y_i = \beta_0 + \beta_1 X_i + \mu_i \tag{12.2.1}$$

其中，Y_i 为某市城镇居民人均鲜蛋需求量，称作被解释变量；X_i 为某市城镇居民人均可支配收入，称作解释变量；μ_i 为随机误差项；β_0，β_1 为回归系数。

在数学模型（12.2.1）式中，当 X_i 发生变化时，按照一定规律影响另一个变量 Y_i，而 Y_i 的变化并不影响 X_i。即 X_i 的变化是 Y_i 变化的原因，X_i 与 Y_i 之间具有因果关系。（12.2.1）式称为回归模型，因为只有一个解释变量，变量之间的关系又是线性关系，因此，（12.2.1）式称为一元线性回归模型。

随机误差项 μ 中一般包括以下几个方面的因素。

① 回归模型中省略的变量，从前面所讲的例子可以看出，影响被解释变量的因素很多，建立模型时，一般只研究对被解释变量影响重要的因素和我们所关心的因素，将其他非重要影响因素归并到 μ 中。

② 人们的随机行为。经济行为并不是在实验室中发生的，有些因素是无法控制的。例如一个消费者受广告宣传的影响，就有可能改变对某种商品的需求，这些都属于人们的随机行为。

③ 建立的数学模型的形式不够完善。为了研究问题方便，我们往往把非线性关系线性化，或者略去了模型中的某些方程。在大多数情况下，变量是由包括多个方程的联立方程模型决定的，但我们经常用单一方程来研究经济现象，这些都必然产生误差。

④ 经济变量之间的合并误差。我们经常使用经济变量的总量数据（如总产值，总消费，总收入等）。就是把一些具有不同性能的个体数量加在一起，在加总的过程中由于涉及面广，不可避免地出现错误。

⑤ 测量误差。对于经济变量的原始统计资料，在收集和测量过程中，由于统计方法和资料处理方法的不同，都不可避免的出现误差。

总之，随机误差项具有非常丰富的内容，在回归分析模型中起着重要的作用。

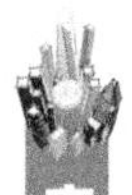

二、随机误差项的假定条件

随机项 μ 代表未被考虑到模型中去而又对 Y 有影响的所有因素产生的总效应。在回归模型中随机项 μ 的引进是很重要的，正是随机项 μ 才导致了因变量 Y 的随机性。

由于随机项 μ 的存在，使得模型中的参数 β_0 和 β_1 的数值不可能严格算出，只能进行估计，能否成功地估计出这些参数值，取决于随机项 μ 和自变量 X 的性质。因此，对于 μ 和 X 的统计假定，以及检验这些假定是否满足的方法，非常重要。

要求随机项 μ 和自变量 X 满足的统计假定有 5 个，这些假定称为经典回归模型的基本假定。

假设 1 每个 $\mu_i(i=1, 2, 3, \cdots, n)$ 均服从正态分布的随机变量。

假设 2 每个 $\mu_i(i=1, 2, 3, \cdots, n)$ 的期望值均为 0，即 $E(\mu_i)=0$ $(i=1, 2, \cdots, n)$

假设 3 每个 $\mu_i(i=1, 2, \cdots, n)$ 的方差均为同一个常数，即 $V(\mu_i)=E(\mu_i{}^2)=\sigma_u{}^2$ =常数，称之同方差假定或者等方差性。

假设 4 与自变量不同观察值 X_i 相对应的随机项 μ_j 彼此独立，即 $\mathrm{Cov}(\mu_i, \mu_j)=0(i\neq j)$

假设 5 随机项 μ_i 与自变量的任一观察值 X_j 不相关，即 $\mathrm{Cov}(\mu_i, X_j)=0$

$(i, j=1, 2, \cdots, n)$

以上假设也称为线性回归模型的经典假设或者高斯（Gauss）假设，满足该假设的线性回归模型，也称为经典线性回归模型。

三、回归参数的最小二乘估计

（一）普通最小二乘法

对模型

$$Y_i=\beta_0+\beta_1 X_i+\mu_i \tag{12.2.2}$$

两边取均值得总体方程

$$E(Y_i)=\beta_0+\beta_1 X_i \tag{12.2.3}$$

如果这里参数 β_0 和 β_1 是未知的，（12.2.3）式说明，在 X_i 已知情况下，由于随机项 μ_i 的影响，被解释变量 Y_i 的观测值出现一些变异，一般与 X_i 不在一条直线上。考虑 Y_i 所有可能的值，其平均值 $E(Y_i)$ 与 X_i 在一条直线上。称（12.2.3）式为总体回归方程，也叫做总体回归线。实际上总体回归直线是无法求得的，它只是理论上的存在。我们可以获得的信息是样本观测值 (X_i, Y_i)，$i=1, 2, \cdots, n$。

这就提出一个问题，如何做一条直线使它成为总体回归直线的最好估计？自然我们会想到给样本观测值配一条直线。使它作为样本观测值的最好拟合直线，这条直线我们叫做样本回归直线。假设样本回归方程或样本回归直线已经作出，设它为 $\hat{y}_i=\hat{\beta}_0+\hat{\beta}_1 x_i$。

样本观测值 Y_i 与估计值 $\hat{Y}_i$ 的残差为

$$e_i=Y_i-\hat{Y}_i \tag{12.2.4}$$

为了研究总体回归模型中变量 X 与 Y 之间的线性关系，需要求一条拟合直线。一条好的拟合直线应该是使残差的平方和达到最小，依此为原则，确定 X 与 Y 的线性关系。这种估计方法称为普通最小二乘法（Ordinary Least Squares，简记 OLS）。

下面用最小二乘法求总体回归系数 β_0、β_1 的估计值 $\hat{\beta}_0$、$\hat{\beta}_1$。

即令

$$\min Q(\hat{\beta}_0,\hat{\beta}_1)=\sum_{i=1}^{n}e_i{}^2=\sum_{i=1}^{n}(Y_i-\hat{\beta}_0-\hat{\beta}_1X_i)^2 \tag{12.2.5}$$

根据微积分多元函数极值原理，要使 $Q(\hat{\beta}_0,\hat{\beta}_1)$ 达到最小，上式对 $\hat{\beta}_0$，$\hat{\beta}_1$的一阶偏导数都等于零，即

$$\begin{cases}\dfrac{\partial Q(\hat{\beta}_0,\hat{\beta}_1)}{\partial\hat{\beta}_0}=0\\ \dfrac{\partial Q(\hat{\beta}_0,\hat{\beta}_1)}{\partial\hat{\beta}_1}=0\end{cases} \tag{12.2.6}$$

可推得用于估计 $\hat{\beta}_0$，$\hat{\beta}_1$的下列方程组：

$$\begin{cases}\sum(Y_i-\hat{\beta}_0-\hat{\beta}_1X_i)=0\\ \sum(Y_i-\hat{\beta}_0-\hat{\beta}_1X_i)^2=0\end{cases} \tag{12.2.7}$$

解得

$$\hat{\beta}_0=\frac{1}{n}(\sum Y_i-\hat{\beta}_1\sum X_i) \tag{12.2.8}$$

$$\hat{\beta}_1=\frac{n\sum X_iY_i-\sum X_i\sum Y_i}{n\sum X_i{}^2-(\sum X_i)^2} \tag{12.2.9}$$

令 $$\overline{X}=\frac{1}{n}\sum X_i,\ \overline{Y}=\frac{1}{n}\sum Y_i,\ x_i=X_i-\overline{X},\ y_i=Y_i-\overline{Y}$$

其中 x_i和 y_i分别叫做对应样本值与其平均值的离差。

于是，$\hat{\beta}_0$、$\hat{\beta}_1$的表达式可以简写为

$$\hat{\beta}_0=\overline{Y}-\hat{\beta}_1\overline{X} \tag{12.2.10}$$

$$\hat{\beta}_1=\frac{\sum(X_i-\overline{X})(Y_i-\overline{Y})}{\sum(X_i-\overline{X})^2}=\frac{\sum x_iy_i}{\sum x_i{}^2} \tag{12.2.11}$$

(二) 一元线性回归模型范例

【例 12-1】 给出了某市城镇居民人均鲜蛋需求量 Y（公斤），年人均可支配收入 X（元，1980 年不变价）的例子。通过抽样调查，得到 1988～1998 年的样本观测值，见表 12-1。建立 X 与 Y 之间样本回归模型

$$Y_i=\hat{\beta}_0+\hat{\beta}_1X_i+e_i$$

求回归系数估计值 $\hat{\beta}_0$、$\hat{\beta}_1$。

表 12-1　样本观测值

年份	Y_i	X_i	X_iY_i	X_i^2	x_i^2	e_i^2	y_i^2
1988	14.4	847.26	12200.54	717849.5	89012.7	0.44	4.71
1989	14.4	820.99	11822.26	674024.6	105378.1	0.28	4.71
1990	14.4	884.21	12732.62	781827.4	68330.0	0.72	4.71
1991	14.7	903.66	13283.80	816601.4	58539.8	0.42	3.50
1992	17.0	984.09	16729.53	968433.2	26088.7	1.55	0.18

续表

年份	Y_i	X_i	X_iY_i	X_i^2	x_i^2	e_i^2	y_i^2
1993	16.3	1035.26	16874.74	1071763.3	12717.1	0.08	0.07
1994	18.0	1200.90	21616.20	1442160.8	3057.0	1.32	2.04
1995	18.5	1289.77	23860.75	1663506.7	20782.1	1.43	3.72
1996	18.2	1432.93	26079.33	2053288.4	82552.8	0.03	2.66
1997	19.3	1538.97	29702.12	2368428.7	154732.1	0.54	7.45
1998	17.1	1663.63	28448.07	2767664.8	268344.7	4.40	0.28
Σ	182.3	12601.67	213349.96	15325548.8	888995.1	11.21	34.03

注：$x_i=X_i-\overline{X}$，$y_i=Y_i-\overline{Y}$。

资料来源：《天津统计年鉴》1999 年，X 的数据已用物价指数作了处理。

由表中数据知，$\overline{Y}=16.57$，$\overline{X}=1145.61$，$n=11$

所以

$$\hat{\beta}_1=\frac{n\sum X_iY_i-\sum X_i\sum Y_i}{n\sum X_i{}^2-(\sum X_i)^2}=\frac{11\times213349.96-12601.67\times182.3}{11\times15325548.8-12601.67^2}=0.005$$

$$\hat{\beta}_0=\overline{Y}-\hat{\beta}_1\overline{X}=16.57-0.005\times1145.61=10.84$$

即某市城镇居民年人均鲜蛋需求量与年人均可支配收入之间的样本回归方程为：

$$\hat{Y}_i=10.84+0.005X_i$$

对估计结果的结构分析：$\hat{\beta}_1$的值表示鲜蛋的边际需求倾向，即当以 1980 年为不变价的年人均可支配收入增加一元时，年人均鲜蛋的需求量将增加 0.005 公斤。$\hat{\beta}_0$是样本回归方程在 Y 轴上的截距，他的数值表示与收入无关的年人均鲜蛋最基本的需求量。

【例 12-2】 已知某市城镇居民当年新增储蓄 Y（亿元），可支配收入 X（亿元）1979～1992 年样本观测值见表 12-2。由于在样本区间内银行并未向居民开展低收入贷款业务，因此，当居民可支配收入为 0 时，在银行的储蓄也为 0。建立 X 与 Y 的样本回归模型

$$Y_i=\hat{\beta}X_i+e_i$$

求回归系数估计值$\hat{\beta}$。

表 12-2　样本观测值　　（单位：亿元）

年份	Y_i	X_i	X_iY_i	X_i^2
1979	1.60	15.80	25.28	249.64
1980	1.87	20.33	38.02	413.31
1981	1.29	21.17	27.31	448.17
1982	2.18	23.21	50.60	538.70
1983	2.97	24.84	73.77	617.03
1984	4.51	30.87	139.22	952.96
1985	5.71	37.87	216.24	1434.14
1986	8.71	46.81	407.72	2191.18
1987	11.33	52.88	599.13	2796.29
1988	6.02	60.95	366.92	3714.90
1989	22.37	69.10	1545.77	4774.81
1990	29.68	78.02	2315.63	6087.12
1991	28.43	88.73	2522.59	7873.01
1992	30.16	108.62	3275.98	11798.30
Σ			11604.18	43889.56

资料来源：《天津统计年鉴》，其中，Y 的数据为城镇居民储蓄存款增量，X 的数据为年收人均可支配收入与全市年末总人口数的乘积。

由公式(12.2.11) 及表 12-2 中的样本数据，估计结果

$$\hat{\beta}=\frac{\sum x_i y_i}{\sum x_i{}^2}=\frac{11604.18}{43889.56}=0.26$$

故某市城镇居民当年新增储蓄与可支配收入之间关系的样本回归方程为

$$\hat{Y}_i=0.26X_i$$

即某市城镇居民可支配收入每增加 1 亿元，向银行储蓄 0.26 亿元。

四、参数最小二乘估计量的统计性质

为了检验参数估计量的可靠性与显著性，首先必须讨论参数估计量的统计性质，即从数理统计的角度衡量参数估计量优劣。衡量的标准主要是线性性、无偏性和最小方差性。

1. 线性性

所谓线性性是指参数估计量 $\hat{\beta}$ 是 Y_i 的线性函数。即 $\hat{\beta}_0$、$\hat{\beta}_1$ 可以表示为 Y_i 的线性组合。亦即存在不全为零的 W_i 和 K_i （$i=1, 2, \cdots, n$）

$$\hat{\beta}_0=\sum W_i Y_i,\ \hat{\beta}_1=\sum K_i Y_i \tag{12.2.12}$$

证明：因为

$$\hat{\beta}_1=\frac{\sum x_i y_i}{\sum x_i^2}=\frac{\sum x_i(Y_i-\overline{Y})}{\sum x_i^2}=\frac{\sum x_i Y_i}{\sum x_i^2}-\frac{\overline{Y}\sum x_i}{\sum x_i^2}$$

因为$\sum x_i=\sum(X_i-\overline{X})=\sum X_i-\sum\overline{X}=n\dfrac{1}{n}\sum X_i-n\overline{X}=n\overline{X}-n\overline{X}=0$，于是

$$\hat{\beta}_1=\frac{\sum x_i Y_i}{\sum x_i{}^2}=\sum\frac{x_i}{\sum x_i{}^2}Y_i$$

令 $K_i=\dfrac{x_i}{\sum x_i{}^2}$，由于 x_i 为 X_i 的样本值与其平均值的离差，所以 x_i （$i=1, 2, \cdots, n$）不全为零，亦即 K_i 不全为零。则

$$\hat{\beta}_1=\sum K_i Y_i$$

类似可以证明，存在不全为零的 $W_i(i=1, 2, \cdots, n)$，$\hat{\beta}_0=\sum W_i Y_i$

综上，$\hat{\beta}_0$、$\hat{\beta}_1$ 均是 Y_i 的线性函数。

2. 无偏性

所谓无偏性是指参数估计量 $\hat{\beta}$ 的均值（期望）等于模型参数值。即

$$\begin{aligned}E(\hat{\beta}_0)&=\beta_0\\E(\hat{\beta}_1)&=\beta_1\end{aligned} \tag{12.2.13}$$

可做如下证明：由

$$\hat{\beta}_1=\sum K_i Y_i=\sum K_i(\beta_0+\beta_1 X_i+\mu_i)=\beta_0\sum K_i+\beta_1\sum K_i X_i+\sum K_i\mu_i$$

因为

$$\sum K_i=\sum\frac{x_i}{\sum x_i^2}=\frac{\sum x_i}{\sum x_i^2}=0$$

$$\sum K_i X_i=\sum\frac{x_i X_i}{\sum x_i{}^2}=\frac{\sum x_i(x_i+\overline{X})}{\sum x_i{}^2}=\frac{\sum x_i{}^2}{\sum x_i{}^2}+\frac{\overline{X}\sum x_i}{\sum x_i{}^2}=1$$

所以

$$\hat{\beta}_1=\beta_1+\sum K_i\mu_i \tag{12.2.14}$$

即 $$E(\hat{\beta}_1)=E(\beta_1)+\sum K_iE(\mu_i)=\beta_1$$

同样可以证明 $E(\hat{\beta}_0)=\beta_0$。

综上，$\hat{\beta}_0$，$\hat{\beta}_1$分别为总体回归系数 β_0，β_1的无偏估计量。

3. 最小方差性

参数估计量的最小方差性是指在所有线性、无偏估计量中，该参数估计量的方差最小。

证明：假如$\tilde{\beta}_0$、$\tilde{\beta}_1$是用其他计量经济方法得到的任一组线性无偏估计量，下面证明最小二乘估计量满足

$$\mathrm{Var}(\hat{\beta}_0)<\mathrm{Var}(\tilde{\beta}_0)$$

$$\mathrm{Var}(\hat{\beta}_1)<\mathrm{Var}(\tilde{\beta}_1) \tag{12.2.15}$$

(1) $\hat{\beta}_0$，$\hat{\beta}_1$的方差

为了证明上式的结论，首先求出 $\hat{\beta}_0$，$\hat{\beta}_1$的方差

由 $$\hat{\beta}_1=\beta_1+\sum K_i\mu_i$$

于是 $$\mathrm{Var}(\beta_1+\sum K_i\mu)=\mathrm{Var}(\sum K_i\mu_i)=\sigma_u{}^2\sum K_i^2 \tag{12.2.16}$$

其中 σ_u^2是μ_i，$i=1$，2，…，n 的方差，也叫做总体方差。

因为

$$\sum K_i^2=\sum\left(\frac{x_i}{\sum x_i^2}\right)^2=\frac{\sum x_i^2}{(\sum x_i^2)^2}=\frac{1}{\sum x_i^2}$$

所以 $$\mathrm{Var}(\hat{\beta}_1)=\frac{\sigma_u^2}{\sum x_i^2} \tag{12.2.17}$$

因为 $$\hat{\beta}_0=\overline{Y}-\hat{\beta}_1\overline{X}=\frac{1}{n}\sum Y_i-\overline{X}\sum K_iY_i=\sum\left(\frac{1}{n}-\overline{X}K_i\right)Y_i$$

$$=\sum\left(\frac{1}{n}-\overline{X}K_i\right)(\beta_0+\beta_1X_i+\mu_i)=\beta_0+\sum\left(\frac{1}{n}-\overline{X}K_i\right)\mu_i \tag{12.2.18}$$

于是

$$\mathrm{Var}(\hat{\beta}_0)=\mathrm{Var}\left[\beta_0+\sum\left(\frac{1}{n}-\overline{X}K_i\right)\mu_i\right]=\sigma_u^2\frac{\sum x_i^2+n\overline{X}^2}{n\sum x_i^2}$$

因为 $$\sum x_i^2=\sum(X_i-\overline{X})^2=\sum X_i^2-2\overline{X}\sum X_i+n\overline{X}^2$$

所以 $$\mathrm{Var}(\hat{\beta}_0)=\frac{\sigma_u^2\sum X_i^2}{n\sum x_i^2} \tag{12.2.19}$$

(2) 最小二乘估计量 $\hat{\beta}_0$，$\hat{\beta}_1$具有最小方差

由于 $\tilde{\beta}_0$、$\tilde{\beta}_1$是一元线性回归模型的线性无偏估计量，令

$\tilde{\beta}_1=\sum a_iY_i$，其中 a_i，$i=1$，2，…，n 为一组不全为零的常数。不失一般性，令 $a_i=K_i+d_i$，这里 $K_i=\frac{x}{\sum x_i^2}$，于是

$$\tilde{\beta}_1=\sum a_i(\beta_0+\beta_1X_i+\mu_i)=\beta_0\sum a_i+\beta_1\sum a_iX_i+\sum a_i\mu_i \tag{12.2.20}$$

$$E(\tilde{\beta}_1)=E(\beta_0\sum a_i+\beta_1\sum a_iX_i+\sum a_i\mu_i)=\beta_0\sum a_i+\beta_1\sum a_iX_i \tag{12.2.21}$$

由于 $\tilde{\beta}_1$是 β_1的无偏估计量，因此 $E(\tilde{\beta}_1)=\beta_1$，由此可知

$$\sum a_i=0,\ \sum a_iX_i=1 \tag{12.2.22}$$

而
$$\sum a_i=\sum K_i+\sum d_i$$
$$\sum a_iX_i=\sum K_iX_i+\sum d_iX_i$$

由前面的推导结果，$\sum K_i=\sum\frac{x_i}{\sum x_i^2}=\frac{\sum x_i}{\sum x_i^2}=0$

$$\sum K_iX_i=\sum\frac{x_iX_i}{\sum x_i^2}=\frac{\sum x_i(x_i+\overline{X})}{\sum x_i^2}=\frac{\sum x_i^2}{\sum x_i^2}+\frac{\overline{X}\sum x_i}{\sum x_i^2}=1$$

因此
$$\sum d_i=0,\ \sum d_iX_i=0 \tag{12.2.23}$$

所以
$$\tilde{\beta}_1=\beta_1+\sum a_i\mu_i$$
$$\mathrm{Var}(\tilde{\beta}_1)=\mathrm{Var}(\beta_1+\sum a_i\mu_i)=\sigma_u^2\sum a_i^2$$

而
$$\sum a_i^2=\sum(K_i+d_i)^2=\sum K_i^2+\sum d_i^2$$

因此 $$\mathrm{Var}(\tilde{\beta}_1)=\sigma_u^2(\sum K_i^2+d_i^2)=\frac{\sigma_u^2}{\sum x_i^2}+\sigma_u^2\sum d_i^2=\mathrm{Var}(\hat{\beta}_1)+\sigma_u^2\sum d_i^2$$

所以
$$\mathrm{Var}(\hat{\beta}_1)<\mathrm{Var}(\tilde{\beta}_1)$$

同样可以证明
$$\mathrm{Var}(\hat{\beta}_0)<\mathrm{Var}(\tilde{\beta}_0)$$

由于最小二乘估计量 $\hat{\beta}_0$、$\hat{\beta}_1$ 具有线性性、无偏性、最小方差性，因此被称为最佳线性无偏估计量（The Best Linear Unbiased Estimator），简称 BLUE 性质。

五、一元线性回归模型的统计检验

回归分析是要通过样本所估计的参数来代替总体的真实参数，或者说是用样本回归线代替总体回归线。尽管从统计性质上已知，如果有足够多的重复抽样，参数的估计值的期望（均值）就等于其总体的参数真值，但在一次抽样中，估计值不一定就等于该真值。那么，在一次抽样中，参数的估计值与真值的差异有多大，是否显著，这就需要进一步进行统计检验，主要包括拟合优度检验、变量的显著性检验等。

（一）拟合优度检验

拟合优度检验，顾名思义，是检验模型对样本观测值的拟合程度。检验的方法，是构造一个可以表征拟合程度的指标，在这里被称为统计量，统计量是样本的函数。从检验对象中计算出该统计量的数值，然后与某一标准进行比较，得出检验结论。有人也许会问，采用普通最小二乘估计方法，已经保证了模型最好地拟合了样本观测值，为什么还要检验拟合程度？问题在于，在一个特定的条件下做得最好的并不一定就是高质量的。普通最小二乘法所保证的最好拟合，是同一个问题内部的比较，拟合优度检验结果所表示优劣是不同问题之间的比较。例如图 12-1 中的直线方程都是由散点表示的样本观测值的最小二乘

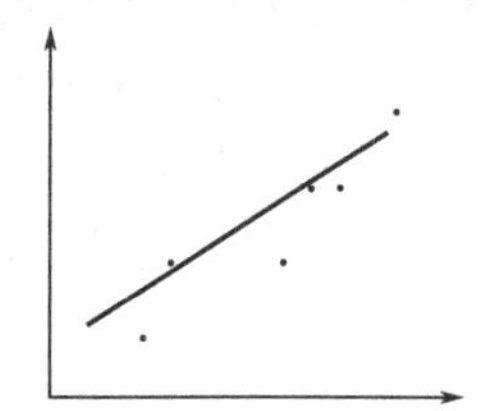
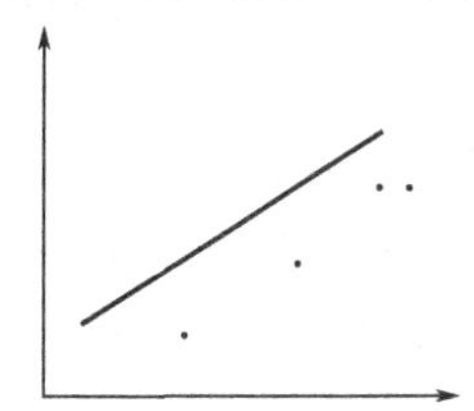

图 12-1 直线方程

估计结果，对于每个问题它们都满足残差的平方和最小，但是二者对样本观测值的拟合程度显然是不同的。

1. 总离差平方和的分解

定义

$$TSS=\sum(Y_i-\overline{Y})^2$$

$$ESS=\sum(\hat{Y}_i-\overline{Y})^2$$

$$RSS=\sum(Y_i-\hat{Y}_i)^2$$

TSS 为总体平方和，反映样本观测值总体离差的大小；*ESS* 为回归平方和，反映由模型中解释变量所解释的那部分离差的大小；*RSS* 为残差平方和，反映样本观测值与估计值偏离的大小，也是模型中解释变量未解释的那部分离差的大小。其中，Y_i 为模型被解释变量的样本观测值，$\overline{Y}$为被解释变量的样本观测值的平均值，$\hat{Y}_i$ 为模型被解释变量的估计值。在这里，*RSS* 即残差平方和，与样本容量关系很大，当 n 比较小时，它的值也较小，但不能因此而判断模型的拟合优度就好。

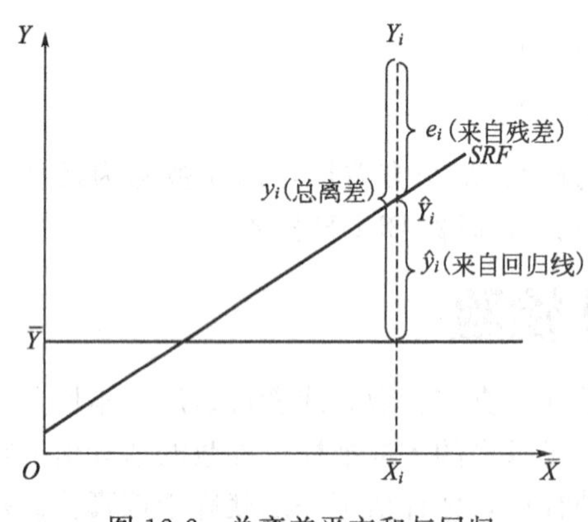

图 12-2 总离差平方和与回归平方和和残差平方和的关系

三者之间的关系是：

$$TSS=RSS+ESS \qquad (12.2.24)$$

即总离差平方和＝回归平方和＋残差平方和，图 12-2 表示了这三者之间的关系。

2. 可决系数 R^2 统计量

根据上述关系，于是可以用

$$R^2=\frac{ESS}{TSS}=1-\frac{RSS}{TSS} \qquad (12.2.25)$$

检验模型的拟合优度，称 R^2 为可决系数。显然在总离差平方和中，回归平方和所占的比重越大，残差平方和所占比重越小，回归直线与样本线拟合得越好。如果模型与样本观测值完全拟合，则有 $R^2=1$。当然，模型与样本观测值完全拟合的情况很少发生，$R^2=1$ 的情况很少。但毫无疑问的是该统计量越接近于 1，模型的拟合优度越高。

由（12.2.25）式知，可决系数的取值范围为 $0\leqslant R^2\leqslant 1$，它是一个非负的统计量。它随着抽样的不同而不同，即是随抽样而变动的统计量。为此，对可决系数的统计可靠性也应进行检验。

（二）变量的显著性检验

变量的显著性检验，旨在对模型中被解释变量与解释变量之间的线性关系在总体上是否显著成立做出推断，或者说考察所选择的解释变量是否对被解释变量有显著的线性影响。

从上面的拟合优度检验中可以看出，拟合优度高，则解释变量对被解释变量的解释程度就高，可以推测模型总体线性关系成立；反之，就不成立。但这只是一个模糊的推测，不能给出一个在统计上严格的结论。这就要求进行方程的显著性检验。方程的显著性检验所应用的方法是数理统计学中假设检验。

1. 假设检验

假设检验是统计推断的一个主要内容，它的基本任务是根据样本所提供的信息，对未知总体分布的某些方面的假设做出合理的判断。

假设检验的程序是，先根据实际问题的要求提出一个论断，称为统计假设，记为 H_0；然后根据样本的有关信息，对 H_0 的真伪进行判断，做出拒绝 H_0 或接受 H_0 的决策。

假设检验的基本思想是概率性质的反证法。为了检验原假设 H_0 是否正确，先假定这个假设是正确的，看由此能推出什么结果。如果导致一个不合理的结果，则表明“假设 H_0 为正确”是错误的，即原假设 H_0 不正确，因此要拒绝原假设 H_0。如果没有导致一个不合理现象的出现，则不能认为原假设 H_0 不正确，因此不能拒绝原假设 H_0。

概率性质的反证法的根据是小概率事件原理，该原理认为“小概率事件在一次试验中几乎是不可能发生的”。在原假设 H_0 下构造一个事件，这个事件在“原假设 H_0 是正确”的条件下是一个小概率事件。随机抽取一组容量为 n 的样本观测值进行该事件的试验，如果该事件发生了，说明“原假设 H_0 是正确”是错误的，因为不应该出现的小概率事件出现了。因而应该拒绝原假设 H_0。反之，如果该小概率事件没有出现，就没有理由拒绝原假设 H_0，应该接受原假设 H_0。

2. 变量显著性检验

用以进行变量的显著性检验的方法主要有三种：F 检验、t 检验、z 检验。它们的区别在于构造的统计量不同。应用最为普遍的 t 检验，在目前使用的计量经济学软件包中，都有关于 t 统计量的计算结果。我们在此只介绍 t 检验。

对于一元线性回归方程中的 $\hat{\beta}_1$，已经知道它服从正态分布

$$\hat{\beta}_1 \sim N\left(\beta_1,\ \frac{\sigma^2}{\sum X_i{}^2}\right)$$

进一步根据数理统计学的定义，如果真实的 σ^2 未知。而用它的无偏估计量 $\hat{\sigma}^2=\dfrac{\sum e_i{}^2}{n-2}$ 替代时，可构造如下统计量：

$$t=\frac{\hat{\beta}_1-\beta_1}{\sqrt{\dfrac{\hat{\sigma}^2}{\sum X_i^2}}}=\frac{\hat{\beta}_1-\beta_1}{S_{\hat{\beta}_1}} \tag{12.2.26}$$

则该统计量服从自由度为 $n-2$ 的 t 分布。因此，可用该统计量作为 β_1 显著性检验的 t 统计量。

如果变量 X 是显著的，那么参数 β_1 应该显著地不为 0。于是，在变量显著性检验中设计的原假设与备择假设分别为

$$H_0: \beta_1=0,\ H_1: \beta_1\neq 0$$

给定一个显著性水平 α，比如 0.05，查 t 分布表，得到一个临界值 $t_{\frac{\alpha}{2}}(n-2)$，则 $|t|>t_{\frac{\alpha}{2}}(n-2)$ 为原假设 H_0 的一个小概率事件。

在参数估计完成后，可以很容易计算 t 的数值，如果发生了 $|t|>t_{\frac{\alpha}{2}}(n-2)$，则在 $1-\alpha$ 置信度下接受原假设 H_0，即变量 X 是不显著的，未通过变量显著性检验。

对于一元线性回归方程中的 β_0，可构造如下 t 统计量进行显著性检验：

$$t=\frac{\hat{\beta}_0-\beta_0}{\sqrt{\dfrac{\hat{\sigma}^2\sum X_i^2}{n\sum x_i^2}}}=\frac{\hat{\beta}_0-\beta_0}{S_{\hat{\beta}_0}} \tag{12.2.27}$$

同样，该统计量服从自由度为 $n-2$ 的 t 分布，检验的原假设一般仍为 $\beta_0=0$。

3. 回归系数 β_0、β_1 的置信区间

假设检验可以通过一次抽样的结果检验总体参数可能值的范围，但它并没有指出在一次抽样中样本参数值到底距总体参数的真值有多"近"。要判断样本参数的估计值在多大程度上可以"近似"地代替总体参数的真值，往往需要通过构造一个以样本参数的估计值为中心的"区间"，来考察它以多大的可能性（概率）包含着真实的参数值。这种方法就是参数检验的置信区间估计。

根据 t 分布构造置信区间。由（12.2.26）式

$$t=\frac{\hat{\beta}_1-\beta}{S_{\hat{\beta}_1}}\text{（具有 } n-2 \text{ 个自由度）}$$

给出置信度 $1-\alpha$，查自由度为 $v=n-2$ 的 t 分布表，得临界值 $t_{\frac{\alpha}{2}}(n-2)$，$t$ 值落在 $(-t_{\frac{\alpha}{2}},\ t_{\frac{\alpha}{2}})$ 的概率是 $1-\alpha$，即

$$P\{-t_{\frac{\alpha}{2}}<t<t_{\frac{\alpha}{2}}\}=1-\alpha \tag{12.2.28}$$

将（12.2.26）式代入（12.2.28）式，得到

$$P\left\{-t_{\frac{\alpha}{2}}<\frac{\hat{\beta}_1-\beta_1}{S_{\hat{\beta}_1}}<t_{\frac{\alpha}{2}}\right\}=1-\alpha$$

整理得

$$P\{\hat{\beta}_1-t_{\frac{\alpha}{2}}S\hat{\beta}_1<\beta_1<\hat{\beta}_1+t_{\frac{\alpha}{2}}S\,\hat{\beta}_1\}=1-\alpha \tag{12.2.29}$$

当用一组样本观测值求出回归系数 β_1 的估计值 $\hat{\beta}_1$ 后。总体回归系数 β_1 的 $1-\alpha$ 置信区间为

$$\beta_1\in[\hat{\beta}_1-t_{\frac{\alpha}{2}}S_{\hat{\beta}_1},\ \hat{\beta}_1+t_{\frac{\alpha}{2}}S_{\hat{\beta}_1}] \tag{12.2.30}$$

同样可求出 β_0 的置信度为 $1-\alpha$ 的置信区间

$$\beta_0\in[\hat{\beta}_0-t_{\frac{\alpha}{2}}S_{\hat{\beta}_0},\ \hat{\beta}_0+t_{\frac{\alpha}{2}}S_{\hat{\beta}_0}] \tag{12.2.31}$$

由于置信区间一定程度上给出了样本参数估计值与总体参数真值的"接近"程度，因此置信区间越小越好。如何才能缩小置信区间？由（12.2.27）式不难看出：①增大样本容量 n。样本容量变大，可使样本参数估计量的标准差减小；同时，在同样的显著性水平下，n 越大，t 分布的临界值越小。②提高模拟的拟合优度。因为样本参数估计量的标准差与残差平方和成正比，模型的拟合优度越高，残差平方和应越小。

六、一元线性回归分析预测

当我们用一组样本观测值及最小二乘法得到整体回归模型 $Y_i=\beta_0+\beta_1X_i+\mu_i$ 的样本回归方程 $Y_i=\hat{\beta}_0+\hat{\beta}_1X_i$ 如果给定样本以外的解释变量的观测值 X_0，可以得到被解释变量的预测值 $\hat{Y}_0$，可作为其条件均值 $E(Y|X=X_0)$ 或个别值 Y 的一个近似估计。严格地说，这只是被解释变量的预测值的估计值，而不是预测值。原因在于两方面：一是模型中的参数估计量是不确定的；二是随机干扰项的影响。所以，我们得到的仅是预测值的一个估计值，预测值仅以某一个置信度处于该估计值为中心的一个区间中。预测在更大程度上说是一个区间估计问题。

（一）$\hat{Y}_0$ 是条件均值 $E(Y|X=X_0)$ 或个别值 Y_0 的一个无偏估计

在总体回归函数为 $E(Y|X)=\beta_0+\beta_1X$ 的情况下，Y 在 $X=X_0$ 时的条件均值为

$$E(Y|X=X_0)=\beta_0+\beta_1X_0$$

通过样本回归函数 $\hat{Y}=\hat{\beta}_0+\hat{\beta}_1X$，求得 $X=X_0$ 的拟合值为

$$\hat{Y}_0=\hat{\beta}_0+\hat{\beta}_1X_0$$

$$\begin{aligned}E(\hat{Y}_0)&=E(\hat{\beta}_0+\hat{\beta}_1X_0)\\&=E(\hat{\beta}_0)+X_0E(\hat{\beta}_1)\\&=\beta_0+\beta_1X_0\end{aligned} \tag{12.2.32}$$

另一方面，在总体回归模型为 $Y=\beta_0+\beta_1X_0+\mu$ 的情况下，Y 在 $X=X_0$ 时的值为

$$Y_0=\beta_0+\beta_1X_0+\mu$$

$$\begin{aligned}E(Y_0)&=E(\beta_0+\beta_1X_0+\mu)\\&=\beta_0+\beta_1X_0+E(\mu)\\&=\beta_0+\beta_1X_0\end{aligned} \tag{12.2.33}$$

所以在 $X=X_0$ 时，样本估计值 $\hat{Y}_0$ 是总体均值 $E(Y|X=X_0)$ 和个别值 Y_0 的无偏估计，因此可用 $\hat{Y}_0$ 作为 $E(Y|X=X_0)$ 与 Y_0 的预测值。

在【例 12-1】中，假设 2000 年、2001 年某市城镇居民以 1980 年为不变价的年人均可支配收入分别为 $X_{2000}=1863$ 元，$X_{2001}=1983$ 元。代入样本回归方程，$\hat{Y}_i=10.84+0.005X_i$，即得到 2000 年、2001 年人均鲜蛋需求量预测值为

$$\hat{Y}_{2000}=20.16\text{ 公斤},\ \hat{Y}_{2001}=20.76\text{ 公斤}$$

（二）总体条件均值与个别值预测值的置信区间

1. 总体条件均值预测值的置信区间

由于

$$\hat{Y}_0=\hat{\beta}_0+\hat{\beta}_1X_0$$

且

$$\hat{\beta}\sim N\left(\beta_1,\ \frac{\sigma^2}{\sum x_i^2}\right),\ \hat{\beta}_0\sim N\left(\beta_0,\ \frac{\sum X_i^2}{n\sum x_i^2}\sigma^2\right)$$

则

$$E(\hat{Y}_0)=E(\hat{\beta}_0+\hat{\beta}_1X_0)=E(\hat{\beta}_0)+X_0E(\hat{\beta}_1)=\beta_0+\beta_1X_0$$

$$\mathrm{Var}(\hat{Y}_0)=\mathrm{Var}(\beta_0)+2X_0\mathrm{Cov}(\hat{\beta}_0,\ \hat{\beta}_1)+X_0{}^2\mathrm{Var}(\hat{\beta}_1)$$

$$\mathrm{Cov}(\hat{\beta}_0,\ \hat{\beta}_1)=\frac{-\sigma^2\overline{X}}{\sum x_i^2}$$

因此

$$\mathrm{Var}(\hat{Y}_0)=\frac{\sigma^2\sum X_i^2}{n\sum x_i^2}-\frac{2X_0\overline{X}}{\sum x_i^2}\sigma^2+\frac{X_0^2\sigma^2}{\sum x_i^2}=\sigma^2\left[\frac{1}{n}+\frac{(X_0-\overline{X})}{\sum x_i^2}\right]$$

故

$$\hat{Y}_0\sim N\left\{\beta_0+\beta_1X_0,\ \sigma^2\left[\frac{1}{n}+\frac{(X_0-\overline{X})^2}{\sum x_i^2}\right]\right\} \tag{12.2.34}$$

将未知的 σ^2 代以它的无偏估计量 $\hat{\sigma}^2$，则可构造 t 统计量：

$$t=\frac{\hat{Y}_0-(\beta_0+\beta_1X_0)}{S_{\hat{Y}_0}}\sim t(n-2) \tag{12.2.35}$$

其中

$$S_{\hat{Y}_0}=\sqrt{\hat{\sigma}^2\left[\frac{1}{n}+\frac{(X_0-\overline{X})^2}{\sum x_i^2}\right]}$$

于是，在 $1-\alpha$ 的置信度下，总体均值 $E(Y|X_0)$ 的置信区间为

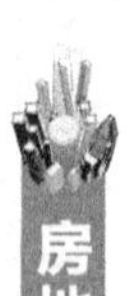

$$\hat{Y}_0-t_{\frac{\alpha}{2}}\times S_{\hat{Y}_0}<E(Y|X_0)<\hat{Y}_0+t_{\frac{\alpha}{2}}\times S_{\hat{Y}_0} \tag{12.2.36}$$

2. 总体个别值预测值的置信区间

由 $Y_0=\beta_0+\beta_1X_0+\mu$ 知

$$Y_0\sim N(\beta_0+\beta_1X_0,\ \sigma^2)$$

于是

$$\hat{Y}_0-Y_0\sim N\left\{0,\ \sigma^2\left[1+\frac{1}{n}+\frac{(X_0-\overline{X})^2}{\sum x_i^2}\right]\right\} \tag{12.2.37}$$

将未知的 σ^2 代已它的无偏估计量 $\hat{\sigma}^2$，则可构造 t 统计量：

$$t=\frac{\hat{Y}_0-Y_0}{S_{\hat{Y}_0-Y_0}}\sim t(n-2) \tag{12.2.38}$$

其中

$$S_{\hat{Y}_0-Y_0}=\sqrt{\hat{\sigma}^2\left[1+\frac{1}{n}+\frac{(X_0-\overline{X})^2}{\sum x_i^2}\right]}$$

从而在 $1-\alpha$ 的置信度下，Y_0 的置信区间为

$$\hat{Y}_0-t_{\frac{\alpha}{2}}\times S_{\hat{Y}_0-Y_0}<Y_0<\hat{Y}_0+t_{\frac{\alpha}{2}}\times S_{\hat{Y}_0-Y_0} \tag{12.2.39}$$

(三) 一元线性回归预测分析实例

表 12-3 给出某城市 1993～2006 年城市居民家庭人均可支配收入与商品房平均价格的数据，试对商品房平均价格进行一元线性回归分析。

表 12-3　某城市商品房平均价格和家庭人均可支配收入

年份	商品房平均价格 Y /(元/m²)	家庭人均可支配收入 X/元	年份	商品房平均价格 Y /(元/m²)	家庭人均可支配收入 X/元
1993	455.4	975	2000	1301.7	2484
1994	810.5	1082	2001	1403.0	3340
1995	776.3	1293	2002	1964.7	4383
1996	898.2	1571	2003	2018.3	4353
1997	959.3	1675	2004	2254.3	4714
1998	996.7	1844	2005	2210.0	4931
1999	1151.5	2094	2006	2437.0	5364

整个计算过程可分解成以下几个步骤：

(1) $\overline{X}=2865.21$　$\overline{Y}=1402.64$　$\sum X_i=40113$　$\sum Y_i=19636.9$

$\sum X_i^2=147646243$　$\sum Y_i^2=33014674.33$

$\sum X_iY_i=69504518.4$　$i=1,2,\cdots,14$ 即 $n=14$

(2) 计算 $\sum x_i^2$、$\sum y_i^2$、$\sum x_iy_i$

$$\sum x_i^2=\sum X_i^2-n\overline{X}^2=147646243-14\times2865.21^2=32714246.18$$

$$\sum y_i^2=\sum Y_i^2-n\overline{Y}^2=33014674.33-14\times1402.64^2=5471088.76$$

$$\sum x_iy_i=\sum X_iY_i-n\overline{XY}=69504518.4-14\times2865.21\times1402.64=13240504.24$$

(3) 计算 $\hat{\beta}_0$，$\hat{\beta}_1$

$$\hat{\beta}_1=\frac{\sum x_iy_i}{\sum x_i^2}=\frac{13240504.24}{32714246.18}=0.404$$

$$\hat{\beta}_0=\overline{Y}-\hat{\beta}_1\overline{X}=1402.64-0.404\times2865.21=245.10$$

（4）计算

$$ESS=\sum\hat{y}_i^2=\hat{\beta}_1\sum x_iy_i=0.404\times13240504.24=5349163.71$$

$$RSS=\sum\hat{e}_i=\sum y_i^2-\hat{\beta}_1\sum x_iy_i=5471088.76-5349163.71=121925.05$$

$$\hat{\sigma}^2=\frac{\sum e_i^2}{n-2}=\frac{121925.05}{12}=10160.42$$

$$S_{\hat{\beta}_1}=\sqrt{\frac{\sigma^2}{\sum x_i^2}}=\sqrt{0.00031058}=0.0176$$

$$S_{\hat{\beta}_0}=\sqrt{\frac{\sigma^2X^2}{\sum x_i^2}}=\sqrt{1290.68409197}=35.9261$$

$$R^2=\frac{\hat{\beta}_1\sum x_iy_i}{\sum y_i^2}=\frac{5349163.71}{5471088.76}=0.978$$

（5）$t_{\hat{\beta}_1}=\frac{\hat{\beta}_1}{S_{\hat{\beta}_1}}=\frac{0.404}{0.0176}=22.95 t_{\hat{\beta}_0}=\frac{\hat{\beta}_0}{S_{\hat{\beta}_0}}=\frac{245.10}{35.9261}=6.82$

给定显著性水平 $\alpha=0.05$，查 t 分布表，$t_{\frac{\alpha}{2}}(n-2)=t_{0.025}(12)=2.179$，因为 $t_{\hat{\beta}_1}$，$t_{\hat{\beta}_0}>2.179$ 所以变量 X 是显著的。

综合上述分析，该城市商品房平均价格 Y 与居民人均可支配收入 X 的关系的一元线性回归方程为

$$\hat{Y}=245.10+0.404X$$

该式说明，人均可支配收入增加一元，商品房的平均价格可增加 0.404 元。

预测：如果 2009 年该城市的居民家庭人均可支配收入 $X_{2009}=7350$ 元，则利用回归方程，可以预测 2009 年该城市商品房平均价格为

$$\hat{Y}_{2009}=245.10+0.404\times7350=3214.5\ 元/\text{m}^2$$

可以证明 2009 年该市商品房平均价格的真实值 Y_{2009}，可能落在下面区间内：

$$\hat{Y}_{2009}-t_{\frac{\alpha}{2}}\times S_{2009}<Y_{2009}<\hat{Y}_{2009}+t_{\frac{\alpha}{2}}\times S_{2009}$$

其中，$S_{2009}=\sqrt{\hat{\sigma}^2\left[1+\frac{1}{n}+\frac{(X_{2009}-\overline{X})^2}{\sum x_i^2}\right]}=124.38$

则 Y_{2009} 的置信区间为（2943.48，3485.52），即 Y_{2009} 以 95% 的可能性取值于上述区间。

第三节 多元线性回归分析预测法

在第二节里，我们讨论了只包含一个解释变量的一元线性回归模型，即假定我们所研究的经济变量只受一个原因变量的影响。然而在实际经济问题中，一个经济变量往往要受到多个因素的影响。例如，商品的需求量不但要受到商品本身价格的影响，而且还要受到消费者的偏好、消费者的收入水平、其他相关商品价格，表现在回归模型中的解释变量有多个。这样的模型被称为多元线性回归模型。多元线性回归模型参数估计的原理与一元线性回归模型相同，只是计算更为复杂。

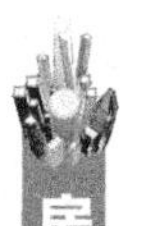

一、多元线性回归模型

(一) 多元线性回归模型

多元线性回归模型的一般形式为

$$Y_i=\beta_0+\beta_1 X_{1i}+\beta_2 X_{2i}+\cdots+\beta_k X_{ki}+\mu_i \quad (i=1, 2, \cdots, n) \qquad (12.3.1)$$

其中，k 为解释变量的数目，$\beta_j\,(j=1, 2, \cdots, k)$ 称为回归系数。人们习惯上把常数项看成为一个虚变量的参数，在参数估计过程中该虚变量的样本观测值始终取 1。这样，模型中解释变量的数目为 $(k+1)$。

同一元回归分析一样，(12.3.1) 式也被称为总体回归函数的随机表达形式。它的非随机表达形式为

$$E(Y|X_{1i}, X_{2i}, \cdots, X_{ki})=\beta_0+\beta_1 X_{1i}+\beta_2 X_{2i}+\cdots+\beta_k X_{ki} \qquad (12.3.2)$$

可见，多元回归分析是以多个解释变量的固定值为条件的回归分析，(12.3.2) 表示各解释变量 X 值固定时 Y 的平均响应。β_j 也被称为偏回归系数 (partial regression coefficient)，表示在其他解释变量保持不变的情况下，X_j 每变化一个单位时，Y 的均值 $E(Y)$ 的变化。

由 (12.3.2) 表示的 n 个随机方程的矩阵表达式为

$$\boldsymbol{Y}=\boldsymbol{X}\beta+\mu \qquad (12.3.3)$$

其中

$$\boldsymbol{Y}=\begin{bmatrix} y_1 \\ y_2 \\ \vdots \\ y_n \end{bmatrix}_{n\times 1} \qquad \boldsymbol{X}=\begin{bmatrix} 1 & x_{11} & x_{21} & \cdots & x_{k1} \\ 1 & x_{12} & x_{22} & \cdots & x_{k2} \\ \vdots & \vdots & \vdots & \vdots & \vdots \\ 1 & x_{1n} & x_{2n} & \cdots & x_{kn} \end{bmatrix}_{n\times(k+1)}$$

$$\beta=\begin{bmatrix} \beta_0 \\ \beta_1 \\ \beta_2 \\ \vdots \\ \beta_k \end{bmatrix}_{(k+1)\times 1} \qquad \mu=\begin{bmatrix} \mu_1 \\ \mu_2 \\ \vdots \\ \mu_n \end{bmatrix}_{n\times 1}$$

与一元回归分析相仿，在给出总体中的一个样本时，估计样本回归函数，并让它近似代表未知的总体回归函数。

样本回归函数可表示为

$$\hat{Y}_i=\hat{\beta}_0+\hat{\beta}_1 X_{1i}+\hat{\beta}_2 X_{2i}+\cdots+\hat{\beta}_{ki} X_{ki} \qquad (12.3.4)$$

其随机表达式为

$$\hat{Y}_i=\hat{\beta}_0+\hat{\beta}_1 X_{1i}+\hat{\beta}_2 X_{2i}+\cdots+\hat{\beta}_{ki} X_{ki}+e_i \qquad (12.3.5)$$

其中，e_i 称为残差，可看成是总体回归函数中随机干扰项 μ_i 的近似替代。

同样，样本回归函数的矩阵表达式分别为

$$\hat{Y}=X\hat{\beta}$$

$$Y=X\hat{\beta}+e$$

其中
$$\hat{\beta}=\begin{pmatrix}\hat{\beta}_0\\ \hat{\beta}_1\\ \vdots\\ \hat{\beta}_k\end{pmatrix},\quad e=\begin{pmatrix}e_1\\ e_2\\ \vdots\\ e_n\end{pmatrix}$$

（二）多元线性回归模型的基本假定

为了使参数估计量具有良好的统计性质，对多元回归模型（12.3.1）式可做出类似于一元线性回归分析那样的若干基本假设。

假设1：$E(\mu_i)=0 \quad (i=1, 2, \cdots, n)$

假设2：对于解释变量 X_1，X_2，…，X_k 的所有观测值，随机误差项有相同的方差，即

$$\mathrm{Var}(\mu_i)=E(\mu_i^2)=\sigma^2,\ i=1, 2, \cdots, n$$

假设3：随机误差项彼此之间不相关，即

$$\mathrm{cov}(\mu_i, \mu_j)=E(\mu_i\mu_j)=0 \quad i\neq j,\ i, j=1, 2, \cdots, n$$

假设4：解释变量 X_1，X_2，…，X_k 是确定性变量，不是随机变量，与随机误差项彼此不相关，即

$$\mathrm{cov}(X_{ij}, \mu_j)=0,\ i=1, 2, \cdots, k,\ j=1, 2, \cdots, n$$

假设5：解释变量 X_1，X_2，…，X_k 之间不存在精确的（完全的）线性关系，即解释变量的样本观测值矩阵 X 是满秩矩阵，应满足关系式

$$rank(X)=k+1<n$$

假设6：随机误差项服从正态分布，即 $\mu_i \sim N(0, \sigma^2)$，$i=1, 2, \cdots, n$

二、多元线性回归模型的参数估计

（一）普通最小二乘估计

1. 普通最小二乘估计及其矩阵表达

随机抽取被解释变量和解释变量的 n 组样本观测值：

$$(X_{ji}, Y_i),\ i=1, 2, \cdots, n;\ j=0, 1, 2, \cdots k$$

如果模型的参数估计值已经得到，则有：

$$\hat{Y}_i=\hat{\beta}_0+\hat{\beta}_1 X_{1i}+\hat{\beta}_2 X_{2i}+\cdots+\hat{\beta}_{ki} X_{ki} \quad i=1, 2, \cdots, n \tag{12.3.6}$$

那么，根据最小二乘原理，参数估计值应该是下列方程组的解。即

$$\begin{cases}\dfrac{\partial}{\partial\hat{\beta}_0}Q=0\\ \dfrac{\partial}{\partial\hat{\beta}_1}Q=0\\ \dfrac{\partial}{\partial\hat{\beta}_2}Q=0\\ \quad\vdots\\ \dfrac{\partial}{\partial\hat{\beta}_k}Q=0\end{cases}$$

其中

$$Q=\sum_{i=1}^{n}e_i^2=\sum_{i=1}^{n}(Y_i-\hat{Y}_i)^2$$
$$=\sum_{i=1}^{n}[Y_i-(\hat{\beta}_0+\hat{\beta}_1X_{1i}+\hat{\beta}_2X_{2i}+\cdots+\hat{\beta}_kX_{ki})]^2 \tag{12.3.7}$$

于是得到关于待估参数估计值的线性代数方程组：

$$\begin{cases}\sum Y_i=\sum(\hat{\beta}_0+\hat{\beta}_1X_{1i}+\hat{\beta}_2X_{2i}+\cdots+\hat{\beta}_kX_{ki})\\ \sum Y_iX_{1i}=\sum(\hat{\beta}_0+\hat{\beta}_1X_{1i}+\hat{\beta}_2X_{2i}+\cdots+\hat{\beta}_kX_{ki})X_{1i}\\ \sum Y_iX_{2i}=\sum(\hat{\beta}_0+\hat{\beta}_1X_{1i}+\hat{\beta}_{2i}X_{2i}+\cdots+\hat{\beta}_kX_{ki})X_{2i}\\ \vdots\\ \sum Y_iX_{ki}=\sum(\hat{\beta}_0+\hat{\beta}_1X_{1i}+\hat{\beta}_2X_{2i}+\cdots+\hat{\beta}_kX_{ki})X_{ki}\end{cases} \tag{12.3.8}$$

解该（$k+1$）个方程组成的线性代数方程组，即可得到（$k+1$）个待估参数的估计值 $\hat{\beta}_j$，$j=0$，1，2，…，k，转化成矩阵的方程组表现形式为

即 $$(X'X)\hat{\beta}=X'Y$$

由于 $X'X$ 满秩，故有 $\hat{\beta}=(X'X)^{-1}X'Y$

将上述过程用矩阵表示如下：

根据最小二乘原理，需寻找一组参数估计值 $\hat{\beta}$，使得被解释变量的观测值与估计值之差的平方和为最小

$$Q=\sum_{i=1}^{n}e_i^2=\sum_{i=1}^{n}(Y_i-\hat{Y}_i)^2$$
$$=\boldsymbol{e}'\boldsymbol{e}=(\boldsymbol{Y}-\boldsymbol{X}\hat{\beta})'(\boldsymbol{Y}-\boldsymbol{X}\hat{\beta}) \tag{12.3.9}$$

其中

$$\boldsymbol{e}=\begin{bmatrix}e_1\\ e_2\\ \vdots\\ e_n\end{bmatrix}$$

根据最小二乘原理，参数估计值应该是下列方程组

$$\frac{\partial}{\partial\hat{\beta}}(\boldsymbol{Y}-\boldsymbol{X}\hat{\beta})'(\boldsymbol{Y}-\boldsymbol{X}\hat{\beta})=0$$

的解。求解过程如下：

$$\frac{\partial}{\partial\hat{\beta}}(\boldsymbol{Y}'-\hat{\beta}'\boldsymbol{X}')(\boldsymbol{Y}-\boldsymbol{X}\hat{\beta})=0$$

$$\frac{\partial}{\partial\hat{\beta}}(\boldsymbol{Y}'\boldsymbol{Y}-\hat{\beta}'\boldsymbol{X}'\boldsymbol{Y}-\boldsymbol{Y}'\boldsymbol{X}\hat{\beta}+\hat{\beta}'\boldsymbol{X}'\boldsymbol{X}\hat{\beta})=0$$

$$\frac{\partial}{\partial\hat{\beta}}(\boldsymbol{Y}'\boldsymbol{Y}-2\hat{\beta}'\boldsymbol{X}'\boldsymbol{Y}+\hat{\beta}'\boldsymbol{X}'\boldsymbol{X}\hat{\beta})=0$$

$$-\boldsymbol{X}'\boldsymbol{Y}+\boldsymbol{X}'\boldsymbol{X}\hat{\beta}=0$$

即得到

$$\boldsymbol{X}'\boldsymbol{Y}=\boldsymbol{X}'\boldsymbol{X}\hat{\beta}$$

于是，参数的最小二乘估计值为

$$\hat{\beta}=(\boldsymbol{X}'\boldsymbol{X})^{-1}\boldsymbol{X}'\boldsymbol{Y}$$

2. 离差形式的普通最小二乘估计

因为 $X'X\hat{\beta}=X'Y$ 将 $Y=X\hat{\beta}+e$ 代入得

$$X'X\hat{\beta}=X'X\hat{\beta}+X'e$$

于是

$$X'e=0$$

由此，容易得到多元回归分析中的样本回归模型的离差形式：

$$y_i=\hat{\beta}_1 x_{1i}+\hat{\beta}_2 x_{2i}+\cdots+\hat{\beta}_k x_{ki}+e_i\text{，}i=1\text{，}2\text{，}\cdots\text{，}n \tag{12.3.10}$$

其矩阵形式为

$$y=x\hat{\beta}+e$$

于是容易推出，离差形式下参数的最小二乘估计结果：

$$\hat{\beta}=(x'x)^{-1}x'y$$

$$\beta_0=\overline{Y}-\hat{\beta}_1\overline{X_1}-\cdots-\hat{\beta}_k\overline{X_k} \tag{12.3.11}$$

3. 随机误差项方差估计量的性质

由于被解释变量的估计值与观测值之间的残差

$$\begin{aligned}\boldsymbol{e}&=\boldsymbol{Y}-\boldsymbol{X}\hat{\beta}\\&=\boldsymbol{X}\beta+\mu-\boldsymbol{X}\ (\boldsymbol{X}'\boldsymbol{X})^{-1}\boldsymbol{X}'\ (\boldsymbol{X}\beta+\mu)\\&=\mu-\boldsymbol{X}\ (\boldsymbol{X}'\boldsymbol{X})^{-1}\boldsymbol{X}'\mu\\&=\left[\boldsymbol{I}-\boldsymbol{X}\ (\boldsymbol{X}'\boldsymbol{X})^{-1}\boldsymbol{X}'\right]\mu\\&=\boldsymbol{M}\mu\end{aligned}$$

残差的平方和为

$$\boldsymbol{e}'\boldsymbol{e}=\mu'\boldsymbol{M}'\boldsymbol{M}\mu(I\text{ 为单位矩阵})$$

因为 $\boldsymbol{M}=[\boldsymbol{I}-\boldsymbol{X}(\boldsymbol{X}'\boldsymbol{X})^{-1}]\boldsymbol{X}'$ 为对称等幂矩阵，即

$$\boldsymbol{M}=\boldsymbol{M}'$$

$$\boldsymbol{M}^2=\boldsymbol{M}'\boldsymbol{M}=\boldsymbol{M}$$

所以有

$$\boldsymbol{e}'\boldsymbol{e}=\mu'\boldsymbol{M}\mu$$

$$\begin{aligned}E(\boldsymbol{e}'\boldsymbol{e})&=E\{\mu'[\boldsymbol{I}-\boldsymbol{X}(\boldsymbol{X}'\boldsymbol{X})^{-1}\boldsymbol{X}']\mu\}\\&=\sigma_{\mu}^2 tr[\boldsymbol{I}-\boldsymbol{X}(\boldsymbol{X}'\boldsymbol{X})^{-1}\boldsymbol{X}']\\&=\sigma_{\mu}^2\{tr\boldsymbol{I}-tr[\boldsymbol{X}(\boldsymbol{X}'\boldsymbol{X})^{-1}\boldsymbol{X}']\}\\&=\sigma_{\mu}^2[n-(k+1)]\end{aligned}$$

其中符号“tr”表示矩阵的迹，其定义为矩阵主对角线元素的和。于是

$$\sigma_{\mu}^2=\frac{E(\boldsymbol{e}'\boldsymbol{e})}{n-k-1}$$

以上过程既导出了随机误差项方差的估计量为

$$\hat{\sigma}_{\mu}^2=\frac{\boldsymbol{e}'\boldsymbol{e}}{n-k-1} \tag{12.3.12}$$

（二）参数估计量的性质

当多元回归模型满足基本假设的情况时，其参数的普通最小二乘估计仍然具有线性

性、无偏性和有效性。

1. 线性性

由于

$\hat{\beta}=(X'X)^{-1}X'Y=CY$,其中 $C=(X'X)^{-1}X'$ 仅与固定的 X 有关。可见，参数估计量是解释变量 Y 的线性组合。

2. 无偏性

参数估计量 $\hat{\beta}$ 的无偏性证明如下：

$$
\begin{aligned}
E(\hat{\beta}) &= E[(\boldsymbol{X}'\boldsymbol{X})^{-1}\boldsymbol{X}'\boldsymbol{Y}] \\
&= E[(\boldsymbol{X}'\boldsymbol{X})^{-1}\boldsymbol{X}'(\boldsymbol{X}\beta+\mu)] \\
&= \beta+(\boldsymbol{X}'\boldsymbol{X})^{-1}E(\boldsymbol{X}'\mu) \\
&= \beta
\end{aligned}
$$

这里利用了解释变量与随机误差项不相关的假设，即

$$E(\boldsymbol{X}'\mu)=0$$

3. 有效性

参数估计量 $\hat{\beta}$ 的有效性证明如下：

$$
\begin{aligned}
\mathrm{Cov}(\hat{\beta}) &= E[\hat{\beta}-E(\hat{\beta})][\hat{\beta}-E(\hat{\beta})]' \\
&= E(\hat{\beta}-\beta)(\hat{\beta}-\beta)' \\
&= E[(\boldsymbol{X}\boldsymbol{X}')^{-1}\boldsymbol{X}'NN'\boldsymbol{X}(\boldsymbol{X}'\boldsymbol{X})^{-1}] \\
&= (\boldsymbol{X}'\boldsymbol{X})^{-1}\boldsymbol{X}'E(\mu\mu')\boldsymbol{X}(\boldsymbol{X}'\boldsymbol{X})^{-1} \\
&= E(\mu\mu')(\boldsymbol{X}'\boldsymbol{X})^{-1} \\
&= \sigma_{\mu}^{2}\boldsymbol{I}(\boldsymbol{X}'\boldsymbol{X})^{-1} \\
&= \sigma_{\mu}^{2}(\boldsymbol{X}'\boldsymbol{X})^{-1}
\end{aligned}
$$

其中利用了

$$
\begin{aligned}
\hat{\beta} &= (\boldsymbol{X}'\boldsymbol{X})^{-1}\boldsymbol{X}'\boldsymbol{Y} \\
&= (\boldsymbol{X}'\boldsymbol{X})^{-1}\boldsymbol{X}'(\boldsymbol{X}\beta+\mu) \\
&= \beta+(\boldsymbol{X}'\boldsymbol{X})^{-1}\boldsymbol{X}'\mu
\end{aligned}
$$

和

$$E(\mu\mu')=\sigma_{\mu}^{2}\boldsymbol{I}$$

$\boldsymbol{I}$ 为单位矩阵。

根据高斯—马尔可夫定理，表示的方差在所有无偏估计量的方差中是最小的。所以该参数估计量具有有效性。

(三) 样本容量问题

模型参数估计是在样本观测值的支持下完成的，计量经济学模型，说到底是从已经发生的经济活动的样本数据中寻找经济活动中内含的规律性，所以，它对样本数据具有很强的依赖性。而收集与整理样本数据又是一件困难的工作，于是选择合适的样本容量，既能满足建模的需要，又能减轻收集数据的困难，是一个重要的实际问题。

从建模需要来讲，当然是样本容量越大越好，这是显而易见的。这里需要讨论的是满足基本要求的样本容量和最小样本容量。

1. 最小样本容量

所谓“最小样本容量”，即从最小二乘原理和最大或然原理出发，欲得到参数估计量，不管其质量如何，所要求的样本容量的下限。

从参数估计量

$$\hat{\beta}=(\boldsymbol{X}'\boldsymbol{X})^{-1}\boldsymbol{X}'\boldsymbol{Y}$$

中可以看到，欲使 $\hat{\beta}$ 存在，必须使得 $(\boldsymbol{X}'\boldsymbol{X})^{-1}$ 存在。为使得 $(\boldsymbol{X}'\boldsymbol{X})^{-1}$ 存在，必须满足

$$|\boldsymbol{X}'\boldsymbol{X}|\neq 0$$

即矩阵 $(\boldsymbol{X}'\boldsymbol{X})$ 为 $(k+1)$ 阶满秩矩阵。而矩阵乘积的秩不超过各个因子矩整的秩，即

$$R(\boldsymbol{AB})\leqslant\min[R(\boldsymbol{A}),\ R(\boldsymbol{B})]$$

其中，符号 R 表示矩阵的秩。所以，只有当

$$R(\boldsymbol{X})\geqslant k+1$$

时，矩阵 $(\boldsymbol{X}'\boldsymbol{X})$ 才为 $(k+1)$ 阶满秩矩阵。而 $\boldsymbol{X}$ 为 $n(k+1)$ 阶矩阵，其秩最大为 $(k+1)$，此时必须有

$$n\geqslant k+1$$

即样本容量必须不少于模型中解释变量的数目（包括常数项）。这就是最小样本容量。

2. 满足基本要求的样本容量

虽然当 $n\geqslant k+1$ 时可以得到参数估计量，但除了参数估计量质量不好以外，一些建立模型所必需的后续工作也无法进行。例如，参数的统计检验要求样本容量必须足够大，Z 检验在 $n<30$ 时不能应用；t 检验为检验变量显著性的最常用方法，经验表明，当 $n-k\geqslant 8$ 时 t 分布较为稳定，检验才较为有效。所以，一般经验认为，当 $n\geqslant 30$ 或者至少 $n\geqslant 3(k+1)$ 时，才能说满足模型估计的基本要求。

如果出现样本容量较小，甚至少于“最小样本容量”，那么只依靠样本信息是无法完成模型估计的。这时需要引入非样本信息，例如先验信息和后验信息，并采用其他估计方法，例如贝叶斯（Bayes）估计方法，才能完成模型的参数估计。

三、多元线性回归模型的统计检验

计量经济学模型是应用数理统计方法建立的一类经济数学模型，模型必须满足数学理论与方法上的要求，所以在模型参数估计后，暂时抛开模型的经济内涵，仅仅把它作为一个数学问题，经验其是否满足数学理论与方法上的要求，是本节的任务。主要包括拟合优度检验、方程的显著性检验和变量的显著性检验，统称为多元线性回归模型的统计检验。

（一）拟合优度检验

同一元线性回归模型的拟合优度检验。

$$TSS=RSS+ESS$$

即总离差平方和可分解为回归平方和与残差平方和两部分。回归平方和反映了总离差平方和中可由样本回归线解释的部分，它越大，残差平方和越小，表明样本回归线与样本观测值的拟合程度越高。因此，可用回归平方和和占总离差平方和的比重来衡量样本回归线对样本观测值的拟合程度：

$$R^2=\frac{ESS}{TSS}=1-\frac{RSS}{TSS}$$

该统计量越接近于1，模型的拟合程度越高。

当模型参数估计量已经得到后，可以很方便地计算 R^2。在应用过程中发现，如果在模型中增加一个解释变量，模型的解释功能增强了，回归平方和既然就增大了，R^2 就增大了。这就给人一个错觉：要使得模型拟合得好，就必须增加解释变量。但是，在样本容量一定的情况下，增加解释变量必定使得自由度减少。所以调整的思路是将残差平方和分别除以各自的自由度，以剔除变量个数对拟合优度的影响。记 $\overline{R}^2$ 为调整的可决系数（adjusted coefficient of determination），则有

$$\overline{R}^2 = 1 - \frac{RSS/(n-k-1)}{TSS/(n-1)} \tag{12.3.13}$$

式中，$(n-k-1)$ 为残差平方和的自由度，$(n-1)$ 为总体平方和的自由度。显然，如果增加的解释变量没有解释能力，则对残差平方和 RSS 的减小没有多大帮助，却增加待估参数的个数，从而使 $\overline{R}^2$ 有较大幅度的下降。

调整的可决系数与未经调整的可决系数之间存在如下关系：

$$\overline{R}^2 = 1 - (1 - R^2)\frac{n-1}{n-k-1} \tag{12.3.14}$$

在实际应用中，$\overline{R}^2$ 达到多大才算模型通过了检验？没有绝对的标准，要看具体情况而定。模型的拟合优度并不是判断模型质量的唯一标准，有时甚至为了追求模型的经济意义，可以牺牲一点拟合优度。而且，在下一部分中，我们将推导出 $\overline{R}^2$ 与另一个统计量 F 的关系，那时会对 $\overline{R}^2$ 有新的认识。

（二）方程的显著性检验（F 检验）

方程的显著性检验，旨在对模型中被解释变量与解释变量之间的线性关系在总体上是否显著成立做出推断。

从上面的拟合优度检验中可以看出，拟合优度高，则解释变量对被解释变量的解释程度就高，可以推测模型总体线性关系成立；反之，就不成立。但这只是一个模糊的推测，不能给出一个在统计上严格的结论。这就要求进行方程的显著性检验。方程的显著性检验所应用的方法是数理统计学中假设检验。

1. 方程显著性的 F 检验

用以进行方程的显著性检验的方法主要有三种：F 检验、t 检验、z 检验。它们的区别在于构造的统计量不同，即设计的“事件”不同。应用最为普遍的 F 检验。

检验模型中被解释变量与解释变量之间的线性关系在总体上是否显著成立，即是检验方程

$$Y_i = \beta_0 + \beta_1 X_{1i} + \beta_2 X_{2i} + \cdots + \beta_k X_{ki} + \mu_i \qquad i = 1, 2, \cdots, n$$

按照假设检验的原理与程序，提出原假设为

$$H_0: \beta_1 = 0, \beta_2 = 0, \cdots, \beta_k = 0$$

即模型线性关系不成立。

由于 Y_i 服从正态分布，根据数理统计学中的定义，Y_i 的一组样本的平方和服从 χ^2 分布。所以有

$$ESS = \sum(\hat{Y}_i - \overline{Y})^2 \sim \chi^2(k)$$

$$RSS = \sum(Y_i - \hat{Y}_i)^2 \sim \chi^2(n-k-1)$$

即回归平方和、残差平方和分别服从自由度为 k 和 $(n-k-1)$ 的 χ^2 分布。进一步根据数理统计学中的定义，如果构造一个统计量

$$F=\frac{ESS/k}{RSS/(n-k-1)} \tag{12.3.15}$$

则该统计量服从自由度为（k，$n-k-1$）的 F 分布。根据变量的样本观测值和估计值，计算 F 统计量的数值；给定一个显著性水平 α，查 F 分布表，得到一个临界值 $F_{\alpha}(k, n-k-1)$。于是

$$F>F_{\alpha}(k, n-k-1)$$

为原假设 H_0下的一个小概率事件。如果发生了 $F>F_{\alpha}(k, n-k-1)$，则在（$1-\alpha$）水平下拒绝原假设 H_0，即模型的线性关系显著成立，模型通过方程显著性检验。如果未发生 $F>F_{\alpha}(k, n-k-1)$，则在（$1-\alpha$）水平下接受原假设 H_0，即模型的线性关系显著不成立，模型未通过方程显著性检验。

2. 关于拟合优度检验与方程显著性检验关系的讨论

拟合优度检验和方程显著性检验是从不同原理出发的两类检验，前者是从已经得到估计的模型出发，检验它对样本观测值的拟合程度，后者是从样本观测值出发检验模型总体线性关系的显著性。但是二者又是关联的，模型对样本观测值的拟合程度高，模型总体线性关系的显著性就强。那么，找出两个用作检验标准的统计量之间的数量关系，在实际应用中互为验证，是有实际意义的。

用拟合优度和显著性检验分别表示的两个统计量之间存在下列关系：

$$\overline{R}^2=1-\frac{n-1}{n-k-1+kF} \tag{12.3.16}$$

或者

$$F=\frac{\overline{R}^2/k}{(1-\overline{R}^2)/(n-k-1)} \tag{12.3.17}$$

由上式可知 F 与$\overline{R}^2$同向变化：当$\overline{R}^2=0$ 时，$F=0$；$\overline{R}^2$越大，F 值也越大；当$\overline{R}^2=1$ 时，F 为无穷大。因此，F 检验是所估计回归的总显著性的一个度量，也是$\overline{R}^2$的一个显著性检验。也就是说，检验原假设 H_0：$\beta_1=0$，$\beta_2=0$，…，$\beta_k=0$，等价于检验$\overline{R}^2=0$ 这一虚拟假设。

（三）变量显著性检验（t 检验）

对于多元线性回归模型，方程的总体线性关系是显著的，并不能说明每个解释变量对被解释变量的影响都是显著的，必须对每个解释变量进行显著性检验，以决定是否作为解释变量被保留在模型中。如果某个变量对被解释变量的影响并不显著，应该将它剔除，以建立更为简单的模型。这就是变量显著性检验的任务。

变量显著性检验的数理统计学基础相同于方程显著性检验，检验的思路与程序也与方程显著性检验相似，在此不再重复。

1. t 统计量

我们在关于参数估计量的有效性证明中，已经导出了参数估计量的方差为

$$\mathrm{Cov}(\hat{\beta})=\sigma_{\mu}^2(\boldsymbol{X}'\boldsymbol{X})^{-1}$$

以 c_{jj} 表示矩阵（$\boldsymbol{X}'\boldsymbol{X}$）$^{-1}$主对角线上的第 j 个元素，于是参数估计量 $\hat{\beta}_j$ 的方差为

$$\mathrm{Var}(\hat{\beta}_i)=\sigma_{\mu}^2 c_{jj} \quad j=1, 2, \cdots, k$$

其中，σ_{μ}^2 为随机误差项的方差，在实际计算时，用它的估计量代替，即

$$\hat{\sigma}_{\mu}^2=\frac{\boldsymbol{e}'\boldsymbol{e}}{n-k-1}$$

其中

$$e=\begin{bmatrix}e_1\\e_2\\\vdots\\e_n\end{bmatrix}=\begin{bmatrix}Y_1-\hat{Y}_1\\Y_2-\hat{Y}_2\\\vdots\\Y_n-\hat{Y}_n\end{bmatrix}$$

这样，当模型参数估计完成后，就可以计算每个参数估计量的方差值。

因为$\hat{\beta}_j$服从正态分布，这在数理统计学中作为定理得到了证明；又因为$\hat{\beta}_i$为无偏估计量，均值为β_j，因此$\hat{\beta}_j$服从下列正态分布

$$\hat{\beta}_j \sim N(\beta_j,\ \sigma_\mu^2 c_{jj})$$

前面已经说明

$$e'e \sim \chi^2(n-k-1)$$

进一步根据数理统计学中的定义，构造一个统计量

$$t=\frac{\hat{\beta}_j-\beta_j}{\sqrt{c_{jj}\dfrac{e'e}{n-k-1}}} \tag{12.3.18}$$

则该统计量服从自由度为（$n-k-1$）的t分布，即

$$t \sim t(n-k-1) \tag{12.3.19}$$

该统计量即为用于变量显著性检验的t统计量。

2. t 检验

如果变量X_j是显著的，那么参数β_i应该显著地不为0。于是，在变量显著性检验中设计的原假设为：

$$H_0: \beta_j=0$$

给定一个显著性水平α，得到一个临界值$t_{\frac{\alpha}{2}}$（$n-k-1$）。按照$\alpha/2$查t分布表中的临界值。于是

$$|t|>t_{\frac{\alpha}{2}}(n-k-1)$$

为原假设H_0下的一个小概率事件。在参数估计完成后，可以很容易计算t的数值。注意，模型中包括几个解释变量，就要计算几个t的数值。如果发生了$|t|>t_{\frac{\alpha}{2}}(n-k-1)$，则在（$1-\alpha$）水平下拒绝原假设$H_0$，即变量$X_j$是显著的，通过变量显著性检验。如果未发生$|t|>t_{\frac{\alpha}{2}}$（$n-k-1$），则在（$1-\alpha$）水平下接受原假设$H_0$，即变量$x_i$是不显著的，未通过变量显著性检验。

经常遇到一些实际问题，各个变量的t值相差较大，有的在很高的显著性水平下显著，有的则在不太高的显著性水平下显著，是否都认为通过显著性检验？没有绝对的显著性水平。关键仍然是考察变量在经济关系上是否对解释变量有影响，显著性检验起到验证的作用；同时还要看显著性水平不太高的变量在模型中以及模型应用中的作用，不要简单地剔除变量。

（四）参数的置信区间

参数的假设检验用来判别所考察的解释变量是否对被解释变量有显著的线性影响，但并未回答在一次抽样中，所估计的参数值离参数的真实值有多接近。这需要进一步通过对参数的置信区间的估计来考察。

在变量的显著性检验中已经知道

$$t=\frac{\hat{\beta}_j-\beta_j}{\sqrt{c_{jj}\frac{e'e}{n-k-1}}}\sim t(n-k-1)$$

容易推出：在 $1-\alpha$ 的置信度下 β_j 的置信区间是

$$(\hat{\beta}_j-t_{\frac{\alpha}{2}}\times S_{\hat{\beta}_j}，\hat{\beta}_j+t_{\frac{\alpha}{2}}\times S_{\hat{\beta}_j}) \tag{12.3.20}$$

四、 多元线性回归模型预测

（一）$E(Y_0)$的置信区间

从参数估计量性质的讨论中易知

$$E(\hat{Y}_0)=E(X_0\hat{\beta})=X_0E(\hat{\beta})=X_0\beta=E(Y_0)$$

$$\text{Var}(\hat{Y}_0)=E[(X_0\hat{\beta}-X_0\beta)^2]=E[X_0(\hat{\beta}-\beta)X_0(\hat{\beta}-\beta)]$$

由于 $X_0(\hat{\beta}-\beta)$ 为标量，因此

$$\begin{aligned}\text{Var}(\hat{Y}_0)&=E[X_0(\hat{\beta}-\beta)(\hat{\beta}-\beta)'X_0']\\&=X_0E(\hat{\beta}-\beta)(\hat{\beta}-\beta)'X_0'\\&=\sigma^2X_0(X'X)^{-1}X_0'\end{aligned}$$

容易证明　　$\hat{Y}_0\sim N[X_0\beta，\sigma^2X_0(X'X)^{-1}X_0']$

取随机干扰项的样本估计量 $\hat{\sigma}^2$，可构造如下 t 统计量：

$$\frac{\hat{Y}_0-E(Y_0)}{\hat{\sigma}\sqrt{X_0(X'X)^{-1}X_0'}}\sim t(n-k-1)$$

于是，得到 $1-\alpha$ 的置信度下 $E(Y_0)$ 的置信区间：

$$\hat{Y}_0-t_{\frac{\alpha}{2}}\times\hat{\sigma}\sqrt{X_0(X'X)^{-1}X_0'}<E(Y_0)<\hat{Y}_0+t_{\frac{\alpha}{2}}\times\hat{\sigma}\sqrt{X_0(X'X)^{-1}X_0'} \tag{12.3.21}$$

（二）Y_0的置信区间

如果已经知道实际的预测值 Y_0，那么预测误差为

$$e_0=Y_0-\hat{Y}_0$$

容易证明

$$E(e_0)=E(X_0\beta+\mu_0-X_0\hat{\beta})=0$$

$$\begin{aligned}\text{Var}(e_0)&=E(e_0^2)=E[\mu_0-X_0(X'X)^{-1}X'\mu]^2\\&=\sigma^2[1+X_0(X'X)^{-1}X_0']\end{aligned}$$

e_0服从正态分布，即

$$e_0\sim N\{0，\sigma^2[1+X_0(X'X)^{-1}X_0']\}$$

取随机误差项的样本估计量 $\hat{\sigma}^2$，可得 e_0的方差的估计量

$$\hat{\sigma}_{e_0^2}=\hat{\sigma}^2[1+X_0(X'X)^{-1}X_0']$$

构造 t 统计量

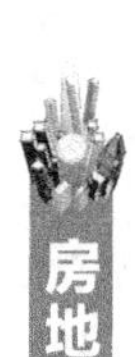

$$t=\frac{\hat{Y}_0-Y_0}{\hat{\sigma}_{e_0}}\sim t(n-k-1)$$

可得给定 $1-\alpha$ 的置信水平下 Y_0 的置信区间：

$$\hat{Y}_0-t_{\frac{\alpha}{2}}\times\hat{\sigma}\sqrt{1+X_0(X'X)^{-1}X_0'}<E(Y_0)<\hat{Y}_0+t_{\frac{\alpha}{2}}\times\hat{\sigma}\sqrt{1+X_0(X'X)^{-1}X_0'} \tag{12.3.22}$$

(三) 实例

居民消费包括城镇居民消费与农村居民消费，而作为我国最大的消费市场——农村消费市场，包含着更大的潜力。收入是影响农村消费市场主体——农民消费的最重要因素。稍加分析，我们发现农村居民的收入来源是很多的，既包括现金收入，又包括自产自用的实物收入，要分析这些收入对农村居民消费的影响，应该建立多元线性回归模型。

变量的选取。通过查阅统计年鉴和实际经济分析的需要，我们选取农村人均消费性支出 C 作为被解释变量，结合数据的可得性，选取农村居民人均现金收入 Y_m 和人均实物收入 Y_g 作为解释变量。表 12-4 给出了改革开放以来 20 年的时间序列数据。

表 12-4 时间序列数据

年份	人均消费性支出 C	人均现金收入 Y_m	人均实物收入 Y_g
1978	116.06	63.88	87.91
1979	134.51	84.68	99.33
1980	162.21	105.47	110.75
1981	190.81	134.52	119.45
1982	220.23	160.05	146.45
1983	248.29	217.78	194.32
1984	273.8	246.93	228.72
1985	317.42	288.63	258.68
1986	356.95	324.5	268.52
1987	398.29	356.98	296.6
1988	476.66	449.8	335.5
1989	535.37	503.22	371.75
1990	584.63	525.36	465.02
1991	619.79	573.39	472.71
1992	659.01	782.45	472.93
1993	769.65	879.8	554.02
1994	1016.81	1215.66	573.72
1995	1310.36	1577.17	760.7
1996	1572.08	1895.68	911.05
1997	1617.15	2099.38	899.82

注：资料来源历年《中国统计年鉴》、《中国农村住户调查资料》。

选择如下多元线性回归模型：

$$C=\beta_0+\beta_1 Y_m+\beta_2 Y_g+\mu$$

运用最小二乘法，估计参数，运用计量软件，得到

$$\hat{\beta}_0=36.93，\hat{\beta}_1=0.5239，\hat{\beta}_2=0.5637$$

所以估计的回归直线为：

$$\hat{C}=36.93+0.5239Y_m+0.5637Y_g$$

其中$\hat{\beta}_0$，$\hat{\beta}_1$，$\hat{\beta}_2$都是符合经济意义检验的

① 变量$C\equiv1$，Y_m和Y_g的t统计量的值分别为：

$$\hat{t}_{\beta_0}=2.59、\hat{t}_{\beta_1}=13.31、\hat{t}_{\beta_2}=5.98$$

给定显著水平$\alpha=0.05$，查表得临界值$t_{0.025}$（17）$=2.11$，显然上述t统计量的值都大于临界值，则变量C，Y_m和Y_g都是显著的，即对消费C都存在显著线性关系影响。

② F统计量$=3576.028>F_{0.05}(3,17)=3.20$，模型总体也是显著的。

③ $R^2=0.9976$，说明回归直线对样本点的模拟非常好。

④ 分析和预测：

$\hat{\beta}_1=0.5239$，$\hat{\beta}_2=0.5637$分别表示现金收入和实物收入的边际消费倾向。说明农村居民人均现金收入每增加1元，假定其他因素不变，农村居民人均消费性支出增加0.5239元；假定其他因素不变，农村居民人均实物收入每增加1元，人均消费性支出增加0.5637元。两种收入的消费倾向接近，实物收入的消费倾向在样本区间稍高。

如果已知$Y_{m2002}=3000$元，$Y_{g2002}=1400$元，即通过多元线性回归模型预测的2002年农村居民人均消费性支出为$C_{2002}=2397.929$元。

第四节　非线性回归分析预测法

一、变量间的非线性关系

在第三节中，我们讨论的线性回归模型有如下形式：

$Y_i=\beta_0+\beta_1 X_{1i}+\beta_2 X_{2i}+\cdots+\beta_k X_{ki}+\mu_i$，它有两个特点：即被解释变量$Y$不仅是解释变量$X_1$，$X_2$，…，$X_k$的线性函数，而且也是相应参数$\beta_0$，$\beta_1$，$\beta_2$，…，$\beta_k$的线性函数。这种模型我们称为标准的线性回归模型。然而在复杂的实际问题中，情况并非如此简单，只有很少一部分经济变量之间存在这种标准的线性关系，对于大多数经济变量而言，他们之间存在的是一种非线性关系。一般的非线性回归模型可以表示成如下形式：

$$Y=f(X_1,X_2,\cdots,X_k;\beta_0,\beta_1,\beta_2,\cdots,\beta_p)+\mu$$

其中，f是关于解释变量X_1，X_2，…，X_k和未知参数β_0，β_1，β_2，…，β_p的一个非线性函数。

对于非线性回归模型，按其形式和估计方法的不同，又可分为以下三种类型。

第一种类型是，虽然被解释变量Y与解释变量X_1，X_2，…，X_k之间不存在线性关系，但与未知参数β_0，β_1，β_2，…，β_p之间存在着线性关系。我们把这种类型的非线性回归模型仍归入线性模型的范畴，称之为非标准线性回归模型。非标准线性回归模型一般可以表示成如下形式：

$$Y=\beta_0+\beta_1 f_1(X_1, X_2, \cdots, X_k)+\beta_2 f_2(X_1, X_2, \cdots, X_k)$$
$$+\cdots+\beta_p f_p(X_1, X_2, \cdots, X_k)+\mu$$

其中，f_1，…，f_p是关于X_1，X_2，…，X_k的p个已知的非线性参数，β_0，β_1，β_2，…，β_p是$(p+1)$个未知参数。不难看出，它是关于未知参数β_0，β_1，β_2，…，β_p的一个线性函数。例如，根据平均成本与产量为U型曲线的理论，总成本C可以用产量X的三次多项式来近似表示，得如下形式的总成本函数模型：

$$C=\beta_0+\beta_1 X+\beta_2 X^2+\beta_3 X^3+\mu$$

显然，这是一个非标准的线性回归模型。

第二种类型是，虽然被解释变量Y与解释变量X_1，X_2，…，X_k和未知参数β_0，β_1，β_2，…，β_p之间都不存在线性关系，但是可以通过适当的变化将其化为标准的线性回归模型。我们把这种类型的非线性回归模型称之为可线性化的非线性回归模型。例如在实际中有广泛应用的柯布-道格拉斯生产函数模型，简称C-D生产函数模型，其形式为

$$Y=AK^{\alpha}L^{\beta}e^{\mu}$$

其中，Y表示产出量，K表示资金投入量，L表示劳动投入量，A为效率系数，α和β分别为K和L的产出弹性，A、α和β均为待估的未知参数。在这个模型中，被解释变量Y无论对于解释变量K和L，还是对于未知参数A、α和β都不是线性的，所以它是一个非线性回归模型。但是只要在模型的两边取对数

$$\ln Y=\ln A+\alpha\ln L+\beta\ln K+\mu$$

就能将C-D生产函数模型转换成关于未知参数$\ln A$、α和β的一个标准的线性回归模型。

第三种类型是，不但被解释变量Y与解释变量X_1，X_2，…，X_k和未知参数β_0，β_1，β_2，…，β_p之间都不存在线性关系，而且也不能通过适当的变换将其化为标准的线性回归模型，我们把这种类型的非线性回归模型称之为不可线性化的非线性回归模型。例如模型

$$Y=\alpha_0+\alpha_1 e^{\beta_1 x_1}+\alpha_2 e^{\beta_2 x_2}+\mu$$

无论通过什么变换都不可能将其线性化，因而也就不可能应用前两节介绍的线性回归分析方法进行参数估计。

二、非线性回归模型的线性化转换

(一) 非标准线性回归模型线性化方法

在线性模型中曾经提及，现实经济现象中变量之间往往呈现非线性关系，但在许多情况下，又可以通过简单的变换，使之变成线性。解释变量非线性问题就属于这种情况。通过变量置换就可以化为线性模型。经验表明，解释变量非线性问题一般都可以化为线性模型。

1. 多项式函数模型

多项式函数模型的一般形式为

$$Y_i=\beta_0+\beta_1 X_i+\beta_2 X_i^2+\cdots+\beta_k X_i^k+\mu_i$$

令

$$Z_{1i}=X_i, Z_{2i}=X_i^2, \cdots, Z_{ki}=X_i^k$$

则可将原模型化为标准的线性回归模型

$$Y_i = \beta_0 + \beta_1 Z_{1i} + \beta_2 Z_{2i} + \cdots + \beta_k Z_{ki} + \mu_i \tag{12.4.1}$$

即可利用多元线性回归分析方法进行处理。

2. 双曲函数模型

双曲函数模型的一般形式为

$$\frac{1}{Y_i} = \alpha + \beta \frac{1}{X_i} + \mu_i$$

令

$$Y_i^* = \frac{1}{Y_i},\ X_i^* = \frac{1}{X_i}$$

则可将原模型化为标准的线性回归模型

$$Y_i^* = \alpha + \beta X_i^* + \mu_i \tag{12.4.2}$$

即可利用一元线性回归分析方法进行处理。

3. 对数函数模型

对数函数模型的一般形式为

$$Y_i = \alpha + \beta \ln X_i + \mu_i$$

令

$$X_i^* = \ln X_i$$

则可将原模型化为标准的线性回归模型

$$Y_i = \alpha + \beta X^* + \mu_i \tag{12.4.3}$$

即可利用一元线性回归分析方法进行处理。

（二）可以化为线性的非线性回归模型

如果一般的非线性回归模型可以通过适当的变换实现线性化，则称之为可线性化的非线性回归模型。例如著名的柯布-道格拉斯生产函数模型

$$Q = AK^\alpha L^\beta$$

和不变替代弹性（CES）生产函数模型

$$Q = A(\delta_1 K^{-\rho} + \delta_2 L^{-\rho})^{-\frac{1}{\rho}}$$

在假设随机误差项的对数形式服从正态分布的情况下，即引入随机误差项后可以写成

$$Q = AK^\alpha L^\beta \mu$$

和

$$Q = A(\delta_1 K^{-\rho} + \delta_2 L^{-\rho})^{-\frac{1}{\rho}} \mu$$

尽管包含参数非线性，仍然可以首先化为线性问题。对前者两边取对数得到

$$\ln Q = \ln A + \alpha \ln K + \beta \ln L + \ln \mu$$

对后者两边取对数得到

$$\ln Q = \ln A - \frac{1}{\rho} \ln(\delta_1 K^{-\rho} + \delta_2 L^{-\rho}) + \ln \mu$$

将式中 $\ln(\delta_1 K^{-\rho} + \delta_2 L^{-\rho})$ 在 $\rho = 0$ 处展开泰勒级数，取关于 ρ 的线性项，即得到一个线性近似式

$$\ln Q \approx \ln A + \delta_1 \ln K + \delta_2 \ln L - \frac{1}{2} \rho \delta_1 \delta_2 \left[\ln\left(\frac{K}{L}\right) \right]^2 + \ln \mu \tag{12.4.4}$$

然后进行模型的估计。

(三) 不可以化为线性的包含参数非线性的问题

不可以化为线性的包含参数非线性的问题是下面要讨论的真正非线性模型。它的一般表达式为

$$Y_i = f(X_i, B) + \mu_i \qquad i=1, 2, \cdots, n \tag{12.4.5}$$

其中，f 是非线性函数，$X_i=(x_{1i}, x_{2i}, \cdots, x_{ki})$，$B=(\beta_1, \beta_2, \cdots, \beta_k)'$，$n$ 为样本容量。例如，上述生产函数模型，如果随机误差项直接服从正态分布，在引入随机误差项后模型写成

$$Q = AK^{\alpha}L^{\beta} + \mu$$

和

$$Q = A(\delta_1 K^{-\rho} + \delta_2 L^{-\rho})^{-\frac{1}{\rho}} + \mu$$

就是典型的非线性模型。

对于这类模型，之前介绍的模型估计方法不再适用，必须发展新的方法估计模型，主要有非线性最小二乘法和非线性最大或然法。下面我们主要介绍非线性最小二乘法。

三、非线性普通最小二乘法

(一) 普通最小二乘原理

模型 $Y_i = f(X_i, B) + \mu_i$ 中，如果随机误差项服从 0 均值、同方差的正态分布，且无序列相关，则可以从普通最小二乘原理出发，构造模型的估计方法。

对于只有一个参数的非线性模型，(12.4.5) 式写成：

$$y_i = f(x_i, \beta) + \mu_i \qquad i=1, 2, \cdots, n \tag{12.4.6}$$

如果参数估计值已经得到，则应使得残差平方和最小。即

$$S(\hat{\beta}) = \sum_{i=1}^{n}[y_i - f(x_i, \hat{\beta})]^2 \tag{12.4.7}$$

最小。(12.4.7) 取极小值的一阶条件为

$$\frac{dS}{d\hat{\beta}} = -2\sum_{i=1}^{n}\left\{(y_i - f(x_i, \hat{\beta})\left[\frac{-df(x_i, \hat{\beta})}{d\hat{\beta}}\right]\right\} = 0$$

即

$$\sum_{i=1}^{n}\left\{(y_i - f(x_i, \hat{\beta})\left[\frac{df(x_i, \hat{\beta})}{d\hat{\beta}}\right]\right\} = 0 \tag{12.4.8}$$

现在的问题在于如何求解非线性方程 (12.4.8)。

对于多参数非线性模型，用矩阵形式表示 (12.4.5) 式为

$$Y = f(\mathbf{X}, B) + N \tag{12.4.9}$$

其中各个符号的意义与线性模型相同。向量 B 的普通最小平方估计值 $\hat{B}$ 应该使得残差平方和

$$S(\hat{B}) = [Y - f(\mathbf{X}, \hat{B})]'[Y - f(\mathbf{X}, \hat{B})]$$

达到最小值。即 $\hat{B}$ 应该满足下列条件

$$\frac{\partial}{\partial \hat{B}}[S(\hat{B})]=-2\frac{\partial}{\partial \hat{B}}[f(\boldsymbol{X},\hat{B})'] \cdot [Y-f(\boldsymbol{X},\hat{B})]=0$$

即

$$\frac{\partial}{\partial \hat{B}}[f(\boldsymbol{X},\hat{B})'] \cdot [Y-f(\boldsymbol{X},\hat{B})]=0 \tag{12.4.10}$$

其中，$\frac{\partial}{\partial \hat{B}}[f(\boldsymbol{X},\hat{B})']$ 是一个（$k \times n$）阶偏微分矩阵，其第（j，i）个元素为 $\frac{\partial}{\partial \beta_j}[f(X_i,\hat{B})']$。求解（12.4.10）式的原理和方法与求解（12.4.8）相同，只是数学描述更为复杂。在下面关于求解方法的讨论中，我们只以（12.4.8）为例，即以单参数非线性模型为例。

（二）高斯-牛顿迭代法

对于非线性方程组（12.4.8），直接解法已不适用，只能采用迭代解法，高斯-牛顿迭代法就是较为实用的一种。

1. 高斯-牛顿迭代法的原理

迭代是从（12.4.7）出发的。

根据经验给出参数估计值 $\hat{\beta}$ 的初值 $\hat{\beta}_{(0)}$，将（12.4.7）中的 $f(x_i,\hat{\beta})$ 在 $\hat{\beta}_{(0)}$ 处展开泰勒级数，取一阶近似值。即有

$$f(x_i,\hat{\beta}) \approx f(x_i,\hat{\beta}_{(0)})+\left.\frac{df(x_i,\hat{\beta})}{d\hat{\beta}}\right|_{\hat{\beta}_{(0)}}(\hat{\beta}-\hat{\beta}_{(0)}) \tag{12.4.11}$$

令

$$z_i(\hat{\beta})=\frac{df(x_i,\hat{\beta})}{d\hat{\beta}}$$

于是

$$z_i(\hat{\beta}_{(0)})=\left.\frac{df(x_i,\hat{\beta})}{d\hat{\beta}}\right|_{\hat{\beta}_{(0)}}$$

代入（12.4.7），得到

$$\begin{aligned} S(\hat{\beta}) &= \sum_{i=1}^{n}[y_i - f(x_i,\hat{\beta}_{(0)}) - z_i(\hat{\beta}_{(0)})(\hat{\beta}-\hat{\beta}_{(0)})]^2 \\ &= \sum_{i=1}^{n}[y_i - f(x_i,\hat{\beta}_{(0)}) + z_i(\hat{\beta}_{(0)})\hat{\beta}_{(0)} - z_i(\hat{\beta}_{(0)})\hat{\beta}]^2 \\ &= \sum_{i=1}^{n}[\tilde{y}_i(\hat{\beta}_{(0)}) - z_i(\hat{\beta}_{(0)})\hat{\beta}]^2 \end{aligned} \tag{12.4.12}$$

其中，$\tilde{y}_i(\hat{\beta}_{(0)})=y_i-f(x_i,\hat{\beta}_{(0)})+z_i(\hat{\beta}_{(0)})\hat{\beta}_{(0)}$，可见，一旦给出参数估计值 $\hat{\beta}$ 的初值 $\hat{\beta}_{(0)}$，可以计算出(12.4.12)中的 $\tilde{y}_i(\hat{\beta}_{(0)})$和 $z_i(\hat{\beta}_{(0)})$的确定的观测值。于是，将(12.4.7)取极小值变成对(12.4.12)取极小值。

如果有一个线性模型

$$\tilde{y}_i(\hat{\beta}_{(0)})=z_i(\hat{\beta}_{(0)})\hat{\beta}+\varepsilon_i \tag{12.4.13}$$

很容易求得其参数 $\hat{\beta}$ 的普通最小二乘估计值 $\hat{\beta}_{(1)}$，该估计值使得残差平方和

$$S(\hat{\beta}_{(1)})=\sum_{i=1}^{n}[\tilde{y}_i(\hat{\beta}_{(0)})-z_i(\hat{\beta}_{(0)})\hat{\beta}_{(1)}]^2 \qquad (12.4.14)$$

最小。比较（12.4.12）与（12.4.14）后发现，满足使（12.4.14）达到最小的估计值$\hat{\beta}_{(1)}$同时也是使（12.4.12）达到最小的$\hat{\beta}$。换句话说，线性模型（12.4.13）的普通最小二乘估计值就是模型（12.4.6）的一个近似估计值。因为它是在给定参数估计值$\hat{\beta}$的初值$\hat{\beta}_{(0)}$的情况下得到的，将它记作为参数估计值$\hat{\beta}$的第一次迭代值$\hat{\beta}_{(1)}$。它是通过对线性模型（12.4.13）进行普通最小二乘估计而得到的，而线性模型（12.4.13）实际上并不存在，故称之为线性伪模型。

将$\hat{\beta}_{(1)}$作为$\hat{\beta}$的新的给定值，将（12.4.7）中的$f(x_i, \hat{\beta})$在$\hat{\beta}_{(1)}$处展开泰勒级数，取一阶近似值，又可以构造一个新的线性伪模型，对其进行普通最小二乘估计，得到$\hat{\beta}$的第二次迭代值$\hat{\beta}_{(2)}$…如此迭代下去，直到收敛（连续两次得到的参数估计值之差满足确定的标准）。至此完成了非线性模型（12.4.6）的普通最小二乘估计。

2. 高斯-牛顿迭代法的步骤

在对上述采用高斯-牛顿迭代法实现非线性模型参数最小二乘估计的原理了解之后，可以将高斯-牛顿迭代法的步骤简洁地归纳如下。

第一步：给出参数估计值$\hat{\beta}$的初值$\hat{\beta}_{(0)}$，将$f(x_i, \hat{\beta})$在$\hat{\beta}_{(0)}$处展开泰勒级数，取一阶近似值；

第二步：计算$z_i=\frac{df(x_i,\hat{\beta})}{d\hat{\beta}}\Big|_{\hat{\beta}_{(0)}}$和$\tilde{y}_i=y_i-f(x_i,\hat{\beta}_{(0)})+z_i\cdot\hat{\beta}_{(0)}$的样本观测值；

第三步：采用普通最小二乘法估计模型$\tilde{y}_i=z_i\hat{\beta}+\varepsilon_i$，得到$\hat{\beta}$的估计值$\hat{\beta}_{(1)}$；

第四步：用$\hat{\beta}_{(1)}$代替第一步中的$\hat{\beta}_{(0)}$，重复这一过程，直至收敛。

3. 牛顿-拉夫森迭代法

牛顿-拉夫森迭代法作为高斯-牛顿迭代法的改进，当给出参数估计值$\hat{\beta}$的初值$\hat{\beta}_{(0)}$，将（12.4.7）式在$\hat{\beta}_{(0)}$处展开泰勒级数，取二阶近似值。即

$$S(\hat{\beta})\approx S(\hat{\beta}_{(0)})+\frac{dS(\hat{\beta})}{d\hat{\beta}}\bigg|_{\hat{\beta}_{(0)}}(\hat{\beta}-\hat{\beta}_{(0)})+\frac{1}{2}\frac{d^2S(\hat{\beta})}{d\hat{\beta}^2}\bigg|_{\hat{\beta}_{(0)}}(\hat{\beta}-\hat{\beta}_{(0)})^2 \qquad (12.4.15)$$

注意，这里与高斯-牛顿迭代法有两点不同：一是直接对$S(\hat{\beta})$展开泰勒级数，而不是对其中的$f(x_i, \hat{\beta})$展开；二是取二阶近似值，而不是取一阶近似值。

使（12.4.15）达到极小的条件是：

$$\frac{dS(\hat{\beta})}{d\hat{\beta}}=0$$

即

$$\frac{dS(\hat{\beta})}{d\hat{\beta}}\approx\frac{dS(\hat{\beta})}{d\hat{\beta}}\bigg|_{\hat{\beta}_{(0)}}+\frac{d^2S(\hat{\beta})}{d\hat{\beta}^2}\bigg|_{\hat{\beta}_{(0)}}\cdot(\hat{\beta}-\hat{\beta}_{(0)})=0$$

则有

$$\hat{\beta}=\beta_{(0)}-\left(\frac{d^2S(\hat{\beta})}{d\hat{\beta}^2}\bigg|_{\hat{\beta}_{(0)}}\right)^{-1}\cdot\frac{dS(\hat{\beta})}{d\hat{\beta}}\bigg|_{\hat{\beta}_{(0)}} \qquad (12.4.16)$$

由（12.4.16）得到的$\hat{\beta}$并不是最后的参数估计值，将它作为第一次迭代值$\hat{\beta}_{(1)}$，再进行上述过程，直至收敛。

无论是高斯-牛顿迭代法还是牛顿-拉夫森迭代法，都存在一个问题，即如何保证迭代所逼近的是总体极小值（即最小值）而不是局部极小值？这就需要选择不同的初值，进行多次迭代求解。

第五节　回归分析预测法在房地产市场中的应用

我们以山东省房地产市场为例子，说明回归分析预测法在房地产市场需求规模预测中的作用。根据房地产业的特点和性质，我们首先假定房地产业投资额 IRE 与以下几个变量有关：全社会固定资产投资总额 IFA、国内生产总值 GDP、城镇居民人均可支配收入水平 INC、国家财政支出 EXP。根据多元线性回归预测的数学模型，我们可建立对山东省房地产市场进行预测的多元线性回归方程如下：

$$IRE=\beta_0+\beta_1 IFA+\beta_2 GDP+\beta_3 INC+\beta_4 EXP$$

根据山东省统计年鉴的数据，我们有如表 12-5 所示的数据。

表 12-5　1990～2003 年山东省房地产业产值与相关经济指标表

年度	IRE	IFA	GDP	INC	EXP
1990	9.2	335.66	1511.19	1466.22	123.85
1991	16.14	439.82	1810.54	1687.56	132.06
1992	37.48	601.50	2196.53	1974.48	145.70
1993	60.97	892.48	2779.49	2515.08	188.36
1994	102.58	1108	3872.18	3444.36	218.77
1995	121.10	1320.97	5002.34	4264.08	275.87
1996	103.28	1558.01	5960.42	4890.24	358.98
1997	107.77	1792.22	6650.02	5190.79	423.33
1998	131.92	2056.97	7162.20	5380.08	487.82
1999	173.61	2222.17	7662.10	5808.96	550
2000	223.29	2542.65	8542.44	6489.97	613.08
2001	297.35	2807.79	9438.31	7101.08	753.78
2002	391.16	3509.29	10552.06	7614.50	860.65
2003	581.87	5328.44	12435.93	8399.91	1010.64

对表中的数据借助统计分析软件 EVIEWS 进行分析，可得如下所示的结果。根据该结果，我们有对房地产业投资额的多元线性回归模型如下：

$$IRE=0.197IFA-0.207GDP+0.185INC+0.644EXP-97.338$$

（1）线性回归方程的显著性检验

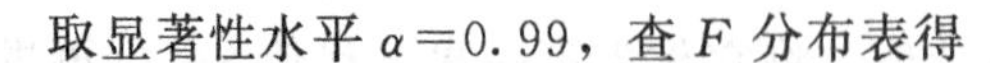

取显著性水平 $\alpha=0.99$，查 F 分布表得

$$F_{1-\alpha}(K, n-k-1)=F_{0.01}(4, 9)=6.42$$

而根据本检验结果

$$F=315.558>F_{0.01}(4, 9)=6.42$$

F 检验通过，说明回归方程是高度显著的。

(2) 回归系数的显著性检验

取显著水平 $\alpha=0.95$，查 t 分布表得：

$$t_{\frac{1-\alpha}{2}}(n-k-1)=t_{0.025}(9)=2.262$$

根据检验结果，我们有

$$t_{\mathrm{IFA}}=8.867$$

回归系数全部通过 t 检验，说明全部变量均对房地产市场需求规模（用房地产投资总额来表示）有显著影响，可以用做进行预测。

对当前到2010年的山东省房地产业产值IRE进行预测。预测置信水平取 $\alpha=0.95$，可得预测区间在IRE±32.38亿元。我们有如表12-6所示的预测结果。

表12-6 预测结果

年度	IRE	IFA	GDP	INC	EXP
2004	423.11	4169.99	12209.11	8765.82	938.77
2005	457.12	4473.48	13021.89	9303.78	1005.46
2006	491.14	4776.98	13834.67	9841.73	1072.15
2007	525.15	5080.48	14647.45	10379.69	1138.84
2008	559.17	5383.98	15460.22	10917.64	1205.54
2009	593.18	5687.47	16273.00	11455.59	1272.23
2010	627.20	5990.97	17085.78	11993.55	1338.92

可以看出，随着山东省经济的持续发展，房地产总投资所代表的房地产市场需求将会持续增长，市场空间会持续扩大。这对山东省房地产企业来说无疑是具有重要意义。

回归模型表明，山东省房地产市场的规模主要与山东省固定资产投资总额、山东省国内生产总值、城镇居民人均可支配收入水平、山东省财政支出有关，而且全部是正相关。与山东省国内生产总值正相关，说明房地产业在相当长的时期内还会同国民经济一起发展。当前世界上，我国经济可以说是一枝独秀，而且其发展势头并未有明显放缓的迹象，在这个大的背景下，山东省房地产业的发展是可以预期的。与城镇居民人均可支配收入正相关，说明山东省房地产业的消费拉动效应明显。与山东省财政支出和全社会固定资产投资总额正相关，说明山东省房地产业具有显著的投资拉动效应，其市场规模是与全社会，包括政府和民间的投资活动密切相关的。投资活跃，则市场活跃，投资疲软，则市场萎缩。因此各房地产企业应密切关注国家及山东省投资政策的变化及其趋势，掌握各种投资活动的运动轨迹，以从中发现各种市场机会。

本章小结

本章主要介绍了回归分析预测法的基本步骤、目标及影响因素。并运用实例进行分析和建立模型，最后进行实际预测。

思考题

1. 什么是一元线性回归分析预测？
2. 什么是多元线性回归分析预测？
3. 什么是非线性回归分析预测？

项目实训

运用本章学过的回归预测方法，通过当地房地产市场商品房的销售量与价格之间的关系，预测未来两年内该商品的销售情况。

参 考 文 献

[1] 张永邱．房地产市场调研基础教程．上海：学林出版社，2006.
[2] 张建坤，黄安永．房地产市场营销学．南京：东南大学出版社，1996.
[3] 郭松海，刘景堂，姜悦明．房地产市场理论与实务．北京：经济日报出版社，1995.
[4] 陈祝平．市场调研与分析．上海：上海大学出版社，2004.
[5] 魏炳麒．市场调查与预测．大连：东北财经出版社，2002.
[6] 范翰章，端然．房地产市场学．大连：大连理工大学出版社，1998.
[7] 胡祖光，王俊豪，吕筱萍．市场调研与预测．北京：中国发展出版社，2006.
[8] 陈殿阁．市场调查与预测．北京：清华大学出版社，北京：北京交通大学出版社，2004.
[9] 郭大水．市场调查与市场预测．天津：天津大学出版社，1996.
[10] 景奉杰．市场营销调研．北京：高等教育出版社，2004.
[11] [美] 小卡尔·迈克丹尼尔等．当代市场调研．范秀成等译．北京：机械工业出版社，2000
[12] 盛聚．概率论与数理统计．北京：高等教育出版社，1998.
[13] 胡绍平．营销调查．北京：经济管理出版社，1998.
[14] 冯丽云．现代市场调查与预测．北京：经济管理出版社，2000.
[15] 李哲夫．社会调查与统计分析．北京：人民出版社，1999.
[16] 郁广健．市场调查与预测 110 方法和实例．北京：中国国际广播出版社，1999.
[17] [美] 菲利普·科特勒．营销管理-分析、计划、执行和控制．梅清豪译．上海：上海人民出版社，1999.
[18] 田志龙．市场研究．武汉：华中理工大学出版社，1993.
[19] 陆娟．市场营销研究-理论与实务．南京：南京大学出版社，1996.
[20] 陈亚荣．市场营销的定量分析方法．北京：中国纺织出版社，1997.
[21] 施雨．概率论与数理统计应用．西安：西安交通大学出版社，1998.
[22] 何灿．应用统计．长沙：湖南科学技术出版社，1997.